研究生"十四五"规划精品系列教材

实用急危重症救治流程

主　编　裴红红　张正良　潘龙飞
副主编　柏　玲　党晓燕　彭　卓　李　萍　古长维
编　委　（按姓氏笔顺排序）
　　　　王立明　牛泽群　白郑海　冯　辉　刘　仲
　　　　刘　杰　邬　媛　孙宝妮　苏利娟　杜　双
　　　　杨　妮　时雨宏　欣　邱晓娟　张　丽
　　　　张　瑞　张静静　周　阳　郑少微　赵　丽
　　　　高彦霞

图书在版编目（CIP）数据

实用急危重症救治流程/裴红红，张正良，潘龙飞主编．—西安：西安交通大学出版社，2023.9（2024.6重印）
ISBN 978-7-5693-3266-7

Ⅰ.①实… Ⅱ.①裴… ②张… ③潘… Ⅲ.①急性病—诊疗 ②险症—诊疗 Ⅳ.①G459.7

中国国家版本馆CIP数据核字（2023）第097418号

Shiyong Jiwei Zhongzheng Jiuzhi Liucheng

书　　　名	实用急危重症救治流程
主　　编	裴红红　张正良　潘龙飞
责任编辑	郭泉泉
责任校对	张永利
装帧设计	伍　胜
出版发行	西安交通大学出版社 （西安市兴庆南路1号　邮政编码 710048）
网　　址	http://www.xjtupress.com
电　　话	（029）82668357　82667874（市场营销中心） （029）82668315（总编办）
传　　真	（029）82668280
印　　刷	西安五星印刷有限公司
开　　本	787mm×1092mm　1/16　印张 19　字数 411千字
版次印次	2023年9月第1版　2024年6月第2次印刷
书　　号	ISBN 978-7-5693-3266-7
定　　价	75.80元

如发现印装质量问题，请与本社市场营销中心联系。
订购热线：（029）82665248　（029）82667874
投稿热线：（029）82668805

版权所有　侵权必究

前 言

急危重症具有发病突然、原因不明、生命体征不稳定、救治时间窗窄、可提供给医师诊断的临床资料少等特点。急危重症涉及领域广泛，具有横向整合各科医学的特性。这些均向急诊、急危重症医务工作者提出了巨大挑战。

随着信息技术、生物技术和其他高新技术的发展和应用，临床新技术不断涌现，尤其是近年发展起来的循证医学采用信息技术，经过大样本的分析研究，在取得充分可靠证据的基础上，提出了科学可靠的诊疗流程、用药方法，使得临床诊断与治疗策略不断优化。如何把救治措施与特效药物以最快速度送达急危重症患者体内，进而充分发挥治疗作用，让医师在挽救更多生命的同时力求保障患者高质量地回归家庭与社会，这是我们面临的一大难题。

基于以上挑战与难题，结合实际工作，我们该如何缩短救治时间、规范医疗操作技术、减少医师之间的救治水平差距、实现绿色通道呢？带着对这些问题的思考与探索，我们编写了这本《实用急危重症救治流程》，目的在于为急诊科、重症医学科、其他相关专业临床医师及实习生在急危重症的救治中提供参考。

本书的编写坚持科学性、先进性、适用性、实用性的原则，以最新的规划教材、指南、专家共识等为依据，参考同行的优秀流程，吸纳同行意见，结合我科的临床实践，修订、编纂而成。全书共分 5 章，内容紧紧围绕急危重症救治的基本技能、核心技术、规范流程展开，体现"少而精""一目了然"的特色，避免冗繁、重复的叙述，理论联系实际，增强内容的可理解性。本书既可作为临床实践教材指导临床教学活动，又可作为指南、共识规范急危重症临床救治的工作行为。

因临床医学有关疾病基础理论知识、临床诊疗手段、临床诊疗方案的不断更新和发展，以及编撰时间的限制，本书难免有不足之处，期望读者朋友们在学习、使用的过程中提出宝贵意见，以便修订和完善。

本书的出版还得到了杜立峰教授的慷慨资助以及西安市科技计划项目（23KPZT0035）的支持，在此深表感谢。

裴红红
2023 年 6 月

目　录

第一章　常见急危重症的救治流程和措施 ………………………………………… 1
　第一节　急救通则 …………………………………………………………………… 1
　第二节　心肺复苏的操作流程 ……………………………………………………… 2
　第三节　血流动力学不稳定的室性心动过速、心室扑动和心室颤动的救治流程
　　　　　………………………………………………………………………………… 11
　第四节　PEA/心脏停搏的救治流程 ………………………………………………… 12
　第五节　心动过速（包括室上性心动过速、心房扑动、心房颤动）的救治流程
　　　　　………………………………………………………………………………… 13
　第六节　急诊心动过缓的救治流程 ………………………………………………… 14
　第七节　急诊心脏起搏的操作流程 ………………………………………………… 14
　第八节　病态窦房结综合征的救治流程 …………………………………………… 18
　第九节　急性循环衰竭（休克）的救治流程 ……………………………………… 19
　第十节　弥散性血管内凝血的救治流程 …………………………………………… 35
　第十一节　急性心力衰竭的救治流程 ……………………………………………… 36
　第十二节　重症肺炎的分类与诊断 ………………………………………………… 44
　第十三节　ARDS 的诊断标准 ……………………………………………………… 46
　第十四节　呼吸衰竭的救治流程 …………………………………………………… 47
　第十五节　急性呼吸困难的救治流程 ……………………………………………… 48
　第十六节　无创正压通气的临床应用 ……………………………………………… 49
　第十七节　哮喘的分级与医院内救治流程 ………………………………………… 55
　第十八节　咯血（致命性大咯血）的救治流程 …………………………………… 57
　第十九节　高血压急症的救治流程 ………………………………………………… 59
　第二十节　急性主动脉综合征的筛查流程 ………………………………………… 66
　第二十一节　颅内压增高症的救治流程 …………………………………………… 67
　第二十二节　昏迷的救治流程 ……………………………………………………… 68
　第二十三节　上消化道出血的救治流程 …………………………………………… 69
　第二十四节　急性肾衰竭的救治流程 ……………………………………………… 74
　第二十五节　血液净化治疗 ………………………………………………………… 75
　第二十六节　严重高血糖的救治流程 ……………………………………………… 82
　第二十七节　低血糖症的救治流程 ………………………………………………… 86

第二十八节	肾上腺危象的救治流程	87
第二十九节	全身性强直-阵挛性发作持续状态的救治流程	88
第三十节	过敏的救治流程	89
第三十一节	晕厥的救治流程	90
第三十二节	眩晕的救治流程	91
第三十三节	发热的救治流程	92
第三十四节	重症腹泻的救治流程	93
第三十五节	水、电解质平衡紊乱的救治流程	94
第三十六节	酸碱平衡紊乱的救治流程	95
第三十七节	中毒的救治流程	96
第三十八节	中暑的救治流程	99
第三十九节	经口气管插管的操作流程	100
第四十节	三腔两囊管的操作流程	104
第四十一节	ICU床旁纤维支气管镜的操作流程	105
第四十二节	ICU疼痛、躁动与谵妄的救治流程	110
第四十三节	抢救药物的计算方法、剂量及注意事项（成人）	122
第四十四节	ICU肠外营养、肠内营养支持指南	145

第二章 急性血栓性疾病的救治流程 …… 149

第一节	急性胸痛的救治流程	149
第二节	急性缺血性脑卒中的救治流程	183
第三节	急性肺栓塞的救治流程	194
第四节	急性肢体缺血的救治流程	208
第五节	下肢深静脉血栓的救治流程	211

第三章 外科急危重症的救治流程及常用手术 …… 216

第一节	急性致命性创伤的救治流程	216
第二节	复合伤的救治流程	217
第三节	多发伤的救治流程	219
第四节	批量伤病员的现场分拣流程及方法	220
第五节	开胸心脏按压术的操作流程	223
第六节	急性胰腺炎的救治流程	226
第七节	毒蛇咬伤的救治流程	228
第八节	节肢动物咬/蜇伤的救治流程	229
第九节	其他动物咬伤的救治流程	230
第十节	淹溺的救治流程	231
第十一节	烧伤的救治流程	232
第十二节	手术分级及手术医师分级	233
第十三节	急诊外科围手术期管理流程	234
第十四节	胸腔闭式引流术的操作流程	235

第十五节 清创缝合术的操作流程	236
第十六节 绷带包扎的操作原则与基本方法	237
第十七节 石膏固定术的操作流程	237

第四章 常用床旁辅助诊疗技术的操作流程 239
第一节 经皮气管切开术的操作流程 ……………………………… 239
第二节 有创血流动力学监测的操作流程 ………………………… 243
第三节 IABP 的操作流程 …………………………………………… 252
第四节 ECMO 的操作流程 ………………………………………… 257

第五章 规章制度 274
第一节 急诊预检分诊流程 ………………………………………… 274
第二节 急诊 ICU 患者的准入、转出指征 ………………………… 276
第三节 其他科室危重症患者急诊 ICU 的诊疗流程 ……………… 277
第四节 EICU 医院感染预防与控制的基本要求 …………………… 277
第五节 EICU 医院感染预防与控制的操作规程 …………………… 278
第六节 急诊科突发事件的应急预案 ……………………………… 282

参考文献 …………………………………………………………………… 288
致　谢 ……………………………………………………………………… 293

第一章　常见急危重症的救治流程和措施

第一节　急救通则

急救通则见图 1-1。

```
┌─────────────────────────────────────────────────┐
│    一位需要进行抢救的患者或可能需要抢救的患者     │
└─────────────────────────────────────────────────┘
┌─────────────────────────────────────────────────┐
│  第一步　紧急评估：判断患者有无危及生命的情况    │
│  ·有无气道梗阻。                                │
│  ·有无呼吸，呼吸的频率/节律是否正常，有无呼吸困难。│
│  ·有无脉搏，循环状态是否稳定。                  │
│  ·有无活动性出血。                              │
│  ·意识是否清楚                                  │
└─────────────────────────────────────────────────┘
┌─────────────────────────────────────────────────┐
│  第二步　立即解除危及生命的情况                  │
│  ·气道梗阻：开放气道，清理异物，吸引分泌物，建立人工气道。│
│  ·呼吸困难：吸氧，给予支气管舒张剂，给予呼吸支持，进行病因治疗。│
│  ·呼吸或/和循环停止：进行心肺复苏（CPR）。      │
│  ·活动性出血：控制出血                          │
└─────────────────────────────────────────────────┘
┌─────────────────────────────────────────────────┐
│  第三步　次级评估：判断严重的情况或其他紧急情况  │
│  ·进行简要、快速、系统的病史采集、体格检查。    │
│  ·进行主要的辅助检查。                          │
│  ·给予经验性或试验性治疗                        │
└─────────────────────────────────────────────────┘
┌─────────────────────────────────────────────────┐
│  第四步　优先处理最严重、最紧急的临床情况        │
│  ·固定重要部位的骨折，闭合胸、腹部伤口。        │
│  ·建立静脉通路或骨髓通路（对危重患者或90 s无法建立静脉通路者，需建立骨髓通路）。│
│  ·吸氧：目标是保持血氧饱和度≥95%。             │
│  ·抗休克。                                      │
│  ·纠正呼吸、循环、代谢、内分泌紊乱              │
└─────────────────────────────────────────────────┘
┌─────────────────────────────────────────────────┐
│  第五步　主要的一般处理                          │
│  （根据病种和基础疾病的不同进行个性化决策）      │
│  ·体位：卧床休息，取侧卧位（可防止误吸和窒息），对高颅压及机械通气者，抬高床头30°。│
│  ·监护：心电、血压、脉搏和呼吸监护，尿量及出入量，必要时行有创血流动力学监测。│
│  ·生命体征：血压（90～160）/（60～100）mmHg，心率50～100次/分，呼吸12～25次/分。│
│  ·严重脓毒症：完成病原学采集后，1 h内经验性应用广谱抗生素，6 h集束化治疗目标达标。│
│  ·损伤：处理广泛的软组织损伤。                  │
│  ·其他：治疗其他特殊急诊问题                    │
└─────────────────────────────────────────────────┘
┌─────────────────────────────────────────────────┐
│  第六步　完善性、补充性处理                      │
│  ·进行完整、全面的病史采集与体格检查。          │
│  ·进行针对性的检查和治疗。                      │
│  ·正确分流患者：入住ICU/住院/留观/出院。        │
│  ·完善病历记录。                                │
│  ·与患者及其家属充分沟通，共同决定进一步的治疗方案│
└─────────────────────────────────────────────────┘
```

图 1-1　急救通则

第二节　心肺复苏的操作流程

一、成人基础生命支持（BLS）的操作流程

成人 BLS 的操作流程见图 1-2。

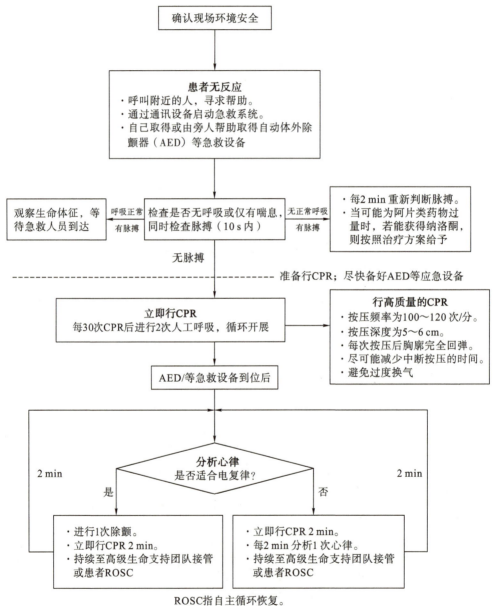

图 1-2　成人 BLS 的操作流程

二、成人高级生命支持的操作流程

成人高级生命支持的操作流程见图1-3。

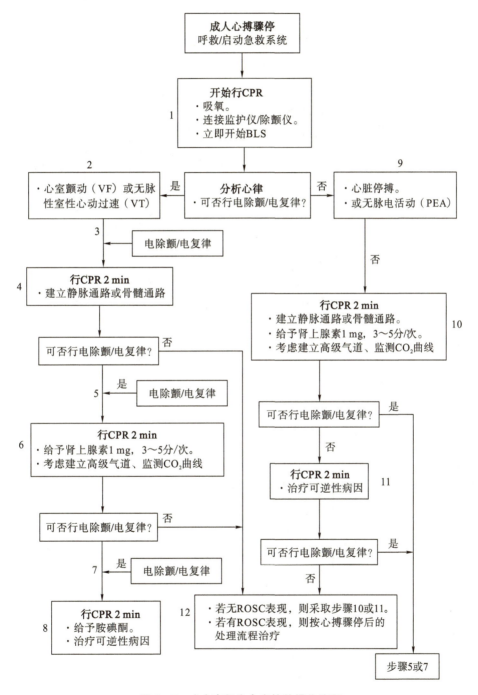

图1-3 成人高级生命支持的操作流程

三、心搏骤停后的处理流程

心搏骤停后的处理流程见图1-4。

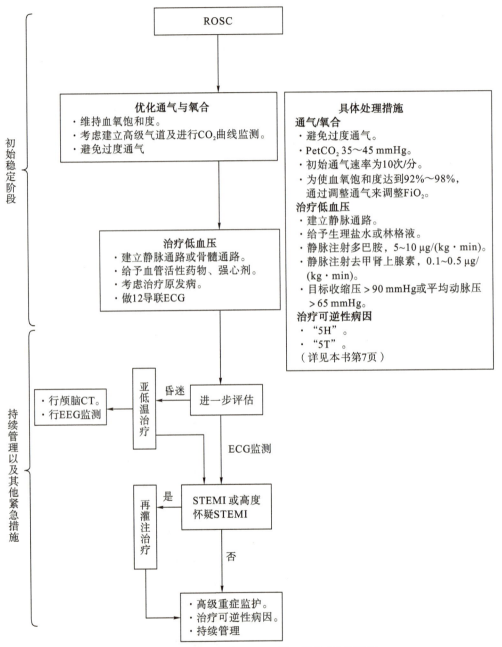

ECG指心电图；EEG指脑电图；STEMI指ST段抬高心肌梗死；PetCO$_2$指呼气末二氧化碳分压；FiO$_2$指吸入气氧浓度。

图1-4 心搏骤停后的处理流程

四、与阿片类药物相关的危及生命的（成人）紧急情况的救治流程

与阿片类药物相关的危及生命的（成人）紧急情况的救治流程见图1-5。

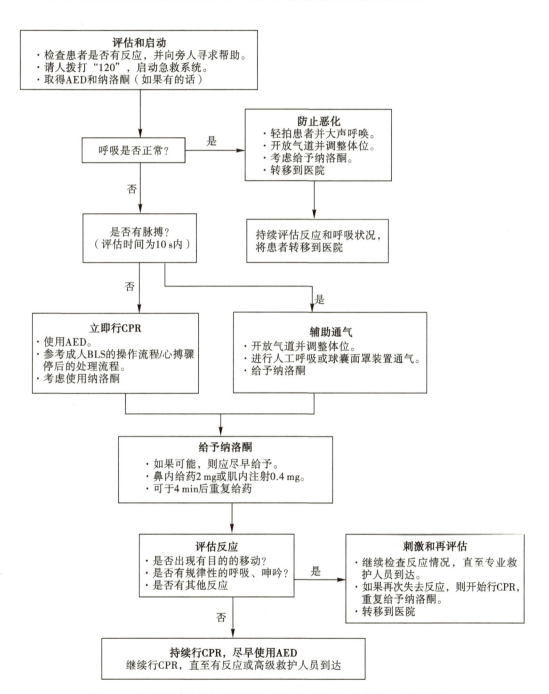

图1-5　与阿片类药物相关的危及生命的（成人）紧急情况的救治流程

五、附件1：CPR的注意事项

(一) 高质量的CPR

1. 复苏操作时的要求

(1) 成人的按压深度为5～6 cm，儿童的按压深度应达胸廓前后径的1/3以上。

(2) 按压频率为100～120次/分。

(3) 尽量减少胸外心脏按压中断的时间，胸外心脏按压持续时间百分比＞80%。

(4) 按压后要让胸廓充分回弹。

(5) 避免过度通气。

1) 呼吸时产生最小的胸廓起伏。

2) 呼吸频率＜10次/分（建立高级气道）。

2. 判断患者对复苏的反应

(1) 冠状动脉灌注压＞20 mmHg。

(2) 动脉舒张压（DBP）＞25 mmHg。

(3) $PetCO_2$＞20 mmHg。

(二) ROSC的标志

(1) 可触及其他大动脉搏动。

(2) $PetCO_2$迅速≥40 mmHg。

(3) 有创动脉波动。

(三) 电除颤能量

(1) 双相波：第1次给予制造商建议的能量（例如初始能量为120～200 J），若该值未知，则使用可选的最大能量；第2次的能量和随后的能量应相当，且可考虑使用更高的能量。

(2) 单相波：360 J。

(3) 儿童初次除颤的能量为2 J/kg，再次除颤的能量为4 J/kg。

(四) 药物治疗

(1) 肾上腺素（静脉通路或骨髓通路给药）：1 mg，3～5分/次。

(2) 胺碘酮（静脉通路或骨髓通路给药）：首剂给药应为300 mg；若无效或效果不佳，则再次给药150 mg。

(3) 利多卡因：仅作为胺碘酮的替代药物（静脉通路或骨髓通路给药），首剂1～1.5 mg/kg，第二剂0.5～0.75 mg/kg，5～10分/次，累积最大剂量为3 mg/kg。

(五) 高级气道

(1) 建立声门高级气道或进行气管插管。

(2) 通过描记CO_2曲线图或测定$PetCO_2$，确认并监测气管插管的放置。

(3) 置入高级气道后，每6 s进行1次通气（10次/分），并持续进行胸外心脏按压。

（六）心搏骤停后 ROSC

（1）脉搏和血压。

（2）PETCO$_2$ 突然持续升高（通常≥40 mmHg）。

（3）动脉内监测到自发性动脉压力波。

（七）处理引起心搏骤停的可逆性病因

1. "5H"

（1）低血容量（hypovolemia）。

（2）低氧血症（hypoxemia）。

（3）氢离子酸中毒（hydrogen ion acidosis）。

（4）低钾血症/高钾血症（hypokalemia/hyperkalemia）。

（5）低体温（hypothermia）。

2. "5T"

（1）中毒（toxin）。

（2）心包压塞（cardiac tamponade）。

（3）冠状动脉血栓形成（coronary thrombosis）。

（4）肺动脉血栓（pulmonary artery thrombosis）。

（5）张力性气胸（tension pneumothorax）。

（八）人工呼吸的注意事项

1. 过度通气没有必要

胸外心脏按压时产生的肺血容量约是正常时的 1/3，较正常少的通气量即可满足气血交换的需要。

2. 过度通气有害

（1）过度通气会使通气/血流比例失常，不利于气体交换。

（2）过度通气会进一步增加人工呼吸时的胸内正压，限制静脉血液回流至心脏，减少回心血量，从而使心输出量进一步减少。

（3）过度换气导致的呼吸性碱中毒可使脑动脉收缩，减少脑灌注，加重脑损害。

（4）过度换气导致的呼吸性碱中毒会使氧离曲线左移，不利于组织利用氧。

3. 避免过度换气的方法

（1）未建立高级气道前，胸外心脏按压与人工呼吸要同步，比例是 30∶2（进行胸外心脏按压时人工呼吸要停止）。

（2）建立高级气道后，胸外心脏按压与人工呼吸不同步（进行胸外心脏按压时人工呼吸不停止），胸外心脏按压持续进行，人工呼吸 10 次/分。

（3）ROSC 后，胸外心脏按压与人工呼吸不同步（进行胸外心脏按压时人工呼吸不停止），胸外心脏按压持续进行，人工呼吸 10 次/分。

（4）进行人工呼吸时，每次潮气量为 500～600 mL，以产生最小的胸廓起伏度。

4. 人工呼吸的方法

人工呼吸的方法包括口对口人工呼吸、口对口鼻人工呼吸、简易呼吸器人工呼吸、呼吸机辅助呼吸。

5. 简易呼吸器与气管插管

（1）在复苏的最初几分钟内，简易呼吸器与气管插管后人工呼吸一样有效。

（2）在复苏几分钟后，若自主循环仍然未恢复，则气管插管后人工呼吸更有效。

（3）当简易呼吸器不能很好地进行人工呼吸时，建议进行气管插管后人工呼吸。

（4）进行气管插管时，胸外心脏按压停止的时间要控制在 10 s 内。

六、附件 2：复苏药物的选择

（一）给药途径的选择

1. 静脉途径

急救时应放置较大的外周静脉注射针，一般药物经由外周静脉到达心脏需要 1～2 min，静脉注射后再推注 20 mL 液体，有助于药物进入中心循环。但建立外周静脉通路时不应中断 CPR，此时 CPR 要比药物干预更重要。

2. 骨髓途径

骨髓腔内有不会塌陷的血管丛，它是一种可供选择的给药途径，其效果相当于中心静脉通路。如果无法建立静脉通路的话，则可建立经骨髓给药通路。

3. 气管途径

如果静脉通路不能建立，则可经气管内给予复苏药物，复苏药物的用量应是经静脉给药剂量的 2～2.5 倍，给药时，应使用 5～10 mL 注射用水或生理盐水将药物稀释后再注入气管内。需注意：碳酸氢钠不能经气管给药。

（二）给药时机

（1）在行 1 或 2 次电击和（或）CPR 后，如 VF/VT 持续存在，则推荐给予血管活性药，但不能因给药而中断 CPR。

（2）应当在行 CPR 的过程中和检查心律后尽快给药，其流程为：行 CPR—分析心律—给药—行电除颤。药物准备应在心律分析前完成，以便其后迅速给药，使药物能在随后行 CPR 的过程中进入中心循环。

（3）在行 2 或 3 组电除颤、CPR 和应用血管活性药后，若 VF/VT 仍持续存在，则可使用抗心律失常药物；对有长 QT 间期的尖端扭转型室性心动过速患者，可选用镁剂。

（三）复苏药物的选择

1. 血管活性药

如今已很难获得有安慰剂对照的血管活性药的临床试验结果。血管活性药对 VF/VT 患者来说，可能有益于神经功能的恢复，并可提高出院存活率。有证据表明，应用血管活性药有助于初始阶段自主循环的恢复。具体如下。

（1）肾上腺素：在复苏过程中的作用主要是激动 α 受体，这种作用能提高复苏过程中心脏和脑的灌注压。目前推荐对成人患者给予肾上腺素 1 mg，每隔 3～5 min 可重复一次。

(2) 血管加压素：相关证据表明，心搏骤停时给予肾上腺素和血管加压素都可以改善 ROSC。对现有证据的审查显示，这两种药物的效果类似，联合使用肾上腺素和血管加压素，并不比单独使用肾上腺素有优势。为了简单起见，目前临床上已从成人心搏骤停救治流程中去除使用血管加压素。

2. 抗心律失常药

（1）胺碘酮：在盲法、随机对照成人院外心搏骤停临床试验中，与安慰剂和利多卡因（1.5 mg/kg）相较，泵入胺碘酮（300 mg 或 5 mg/kg 20～120 min）能提高入院存活率及 VF/VT 患者对电除颤的反应。2020 年美国心脏协会（AHA）《心肺复苏及心血管急救指南》推荐对 CPR、电除颤和血管加压素无反应的 VF/VT 患者可首选胺碘酮，初始剂量为 300 mg，静脉注射；若无效，则可再加用 150 mg。

（2）利多卡因（lidocaine）：随机临床研究显示，利多卡因可降低自主循环的恢复率和增加心室停搏的发生率。2020 版 AHA《心肺复苏及心血管急救指南》推荐将利多卡因作为无胺碘酮时的替代药物。胺碘酮的初始剂量为 1～1.5 mg/kg，静脉推注。如 VF/VT 持续，则可给予额外剂量（0.5～0.75 mg/kg），每隔 5～10 min 静脉推注一次，最大剂量为 3 mg/kg。

（3）镁剂：能有效中止尖端扭转型室性心动过速。将 1～2 g 硫酸镁溶于 50～100 mL 的 5% 葡萄糖溶液 10 mL 中，缓慢静脉推注，而后将 1～2 g 硫酸镁溶于 5% 葡萄糖溶液中，静脉滴注（5～60 min）。

（4）碳酸氢钠：目前无数据支持在复苏过程中应用碳酸氢钠有益，相反，应用碳酸氢钠可带来较多的副作用。因此，只在特定情况下考虑应用碳酸氢钠，如心搏骤停前存在代谢性酸中毒、高钾血症或三环类抗抑郁药过量，则初始剂量为 1 mmoL/kg，此时应尽可能在血气监测结果的指导下应用。

（5）阿托品：为治疗急性心动过缓的一线药物，推荐剂量：每 3～5 min 静脉推注 0.5 mg，直到总量达 3 mg（硫酸阿托品＜0.5 mg 可反常地进一步降低心率）。阿托品的使用不应耽误低灌注患者体外起搏器的安装。急性冠状动脉缺血或心肌梗死患者慎用阿托品。Ⅱ度Ⅱ型或Ⅲ度房室传导阻滞（AVB）或Ⅲ度 AVB 伴新的宽 QRS 波群患者应避免依赖阿托品，后者的阻滞部位可能在非结性组织（如在希氏束或更远的传导系统）。这些缓慢型心律失常患者对阿托品的抗胆碱能作用可能无反应，对其应首选经皮起搏或应用异丙肾上腺素作为经静脉临时起搏的过渡措施。

七、附件 3：脑复苏及亚低温治疗的流程

（一）脑复苏

1. 脑复苏的原则

（1）应尽快恢复脑血流，缩短无灌注和低灌注的时间。

（2）应维持合适的脑代谢。

（3）应中断细胞损伤的级联反应，减少神经细胞凋亡。

2. 低灌注和缺氧的处理

（1）积极处理低血压，维持脑供血。

（2）维持动脉血二氧化碳分压（$PaCO_2$）在 35～40 mmHg，原因在于高碳酸血症可使脑血管扩张、脑血流增加，而通气过度可导致 $PaCO_2$ 降低、血管阻力增加、脑血流减少。

3. 血糖控制
（1）见严重高血糖的抢救流程。
（2）复苏期间应避免输注含糖液体，除非有低血糖发生。

4. 抗癫痫
（1）见癫痫的救治流程。
（2）常用的抗癫痫药物有苯二氮䓬类、苯妥英钠及苯巴比妥类等。

（二）亚低温治疗的流程

1. 目标
复苏过程中监测中心体温（如直肠、膀胱、食道的温度），维持低温（32～36 ℃）至少 24 h。

2. 适应证
（1）年龄 18～70 岁。
（2）行 CPR 后 ROSC、仍昏迷的患者。
（3）广泛性脑挫裂伤、脑水肿、脑肿胀、脑干伤及中毒性脑病等其他严重的颅脑损伤，格拉斯哥昏迷评分（GCS）＜8 分。
（4）难以控制的中枢性高热。

3. 禁忌证
（1）严重的休克患者。
（2）患有严重的心肺疾患。
（3）年龄＜16 岁或＞70 岁。
（4）孕妇。
（5）出血的患者。

4. 方法
（1）降温：具体如下。

1）镇静、肌松：先给予镇静剂咪达唑仑 2 mg 和肌松剂罗库溴铵 50 mg 静脉注射，后将咪达唑仑 15 mg 加入 0.9％氯化钠 15 mL 中，将罗库溴铵 150 mg 加入 0.9％氯化钠 25 mL 中，各以 1 mL/h 的速度静脉泵入，或给予盐酸右美托咪定注射液（将 2 mL：200 μg 右美托咪定加入 48 mL 0.9％氯化钠中，形成总的 50 mL 注射液，浓度为 4 μg/mL），负荷量为 1 μg/kg，维持量为 0.3～0.6 μg/（kg·h），并根据神经刺激的结果来调整用量，以使患者处于昏睡、无四肢肌张力增高、无皮肤毛孔收缩、无寒战状态。

2）亚低温治疗：在患者体表（如腹股沟、腋下、颈部等）大血管处敷冰袋，在头部使用冰帽、在全身使用控温毯，使体温以每小时 0.5～1.0 ℃ 的速度下降。如果体温下降不能达标，则可以在 20～30 min 内输注 500～1000 mL 冰盐水，使肛温达到 32～36 ℃，维持 24 h（CPR 患者）或 3～5 d（其他患者）。

3）使用呼吸机辅助呼吸。

（2）监护：具体如下。

1）持续进行心电、血压、脉搏和血氧饱和度监测。

2）每 4 h 监测一次电解质、血气、凝血功能。

（3）复温：具体如下。

1）当目标体温达到后，对 CPR 患者可在 24 h 后复温；对其他患者依据病情可持续给予亚低温治疗 3～5 d。

2）用自然复温法进行复温，即首先停用物理降温措施，然后逐渐停用肌松剂及镇静药物，给患者加一层薄被，保持体温每小时上升 0.25～0.50 ℃。

3）在一些观察性研究中，发现目标体温管理（TTM）结束后恢复体温时发热会使神经损伤恶化，不过这类研究的结论存在矛盾。因为 TTM 后预防发热相对有益，而发热可能产生危害，所以建议预防发热。

第三节 血流动力学不稳定的室性心动过速、心室扑动和心室颤动的救治流程

血流动力学不稳定的室性心动过速、心室扑动和心室颤动的救治流程（有目击者的心搏骤停）见图 1-6。

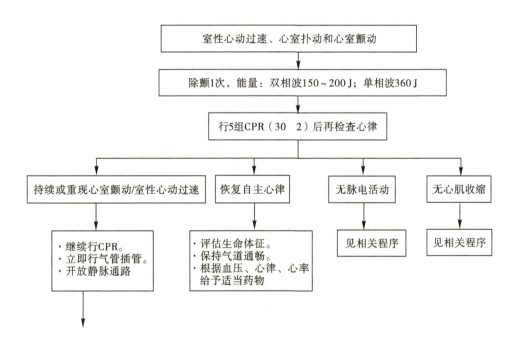

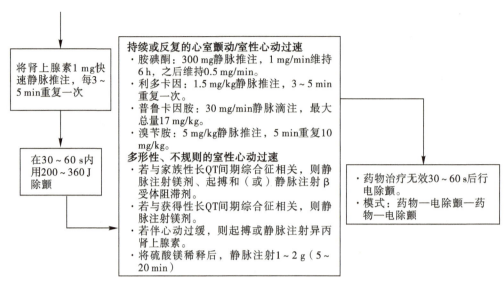

图1-6 血流动力学不稳定的室性心动过速、心室扑动和心室颤动的救治流程

第四节　PEA/心脏停搏的救治流程

PEA/心脏停搏的救治流程见图1-7。

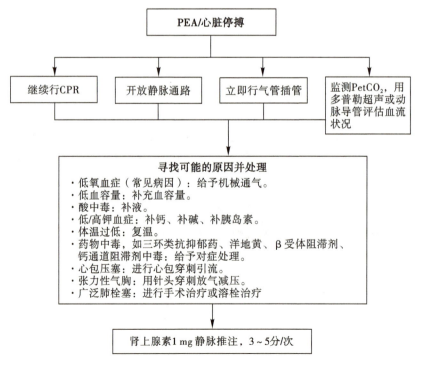

图1-7 PEA/心脏停搏的抢救流程

第五节 心动过速（包括室上性心动过速、心房扑动、心房颤动）的救治流程

心动过速（包括室上性心动过速、心房扑动、心房颤动）的救治流程见图 1-8。

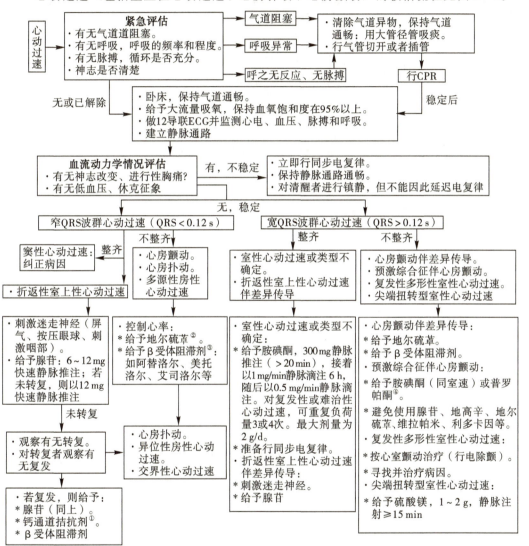

①钙通道阻滞剂：具体包括以下药物。维拉帕米：2.5～5 mg 静脉注射（>2 min）；若无效，则隔 10 min 重复 5 mg。地尔硫䓬：0.25～0.35 mg/kg 静脉注射（>2 min），然后 5～15 mg/h 静脉滴注。②地尔硫䓬：以 0.25～0.35 mg/kg 静脉注射（>2 min），然后以 5～15 mg/h 静脉滴注。③β受体阻滞剂（伴有肺部疾病或慢性心力衰竭时应慎用）：具体包括以下药物。美托洛尔：5 mg 静脉注射，每 5 min 重复一次，至总剂量 15 mg。艾司洛尔：以 0.5 mg/kg 静脉注射（>1 min），然后维持静脉给药。④普罗帕酮：用于未能确定的宽 QRS 波群心动过速、预激综合征。器质性心脏病（特别是缺血性心脏病和高血压伴心肌肥厚）者不用。用量和用法：1～2 mg/kg，静脉注射。

图 1-8 心动过速（包括室上性心动过速、心房扑动、心房颤动）的救治流程

第六节　急诊心动过缓的救治流程

急诊心动过缓的救治流程见图1-9。

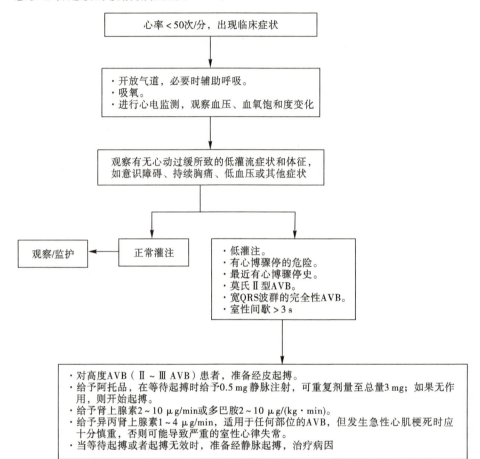

图1-9　急诊心动过缓的救治流程

第七节　急诊心脏起搏的操作流程

一、床旁临时起搏

（一）分类

（1）急诊床旁体外临时心脏起搏。

（2）急诊床旁体内临时心脏起搏。

（二）适应证

（1）心动过缓或（和）短暂心脏停搏引起的急性血流动力学改变的任何患者。

(2) 急性心肌梗死合并Ⅲ度或莫氏Ⅱ型Ⅱ度 AVB 或双束支传导阻滞。

(3) 有症状的窦性/房室结疾病。在决定再次植入永久性起搏器前，进一步评估是有必要的（如排除心肌梗死或用药物减轻症状者）。

(4) 心力衰竭或血流动力学改变伴不相称的心动过缓；严重心动过缓伴药物（如地高辛、β受体阻滞剂）过量。

(5) 心搏暂停或心室停顿。

(6) 心脏外科手术（如主动脉瓣置换术、房室隔缺损修补术等）可影响房室结或希氏束的功能。

(7) 主动脉瓣或主动脉根部心内膜炎合并 AVB。

(8) 心动过缓所致室性心动过速的超速抑制。

(9) 再发或持续性快速心动过速的超速终止。

(10) 受外伤（如脑外伤、脊髓损伤）后患者的迷走神经张力过高，造成明显的心动过缓或心脏停搏，有明显的血流动力学改变，此时应安装临时起搏器，以度过急性损伤期或手术期。

二、床旁体外起搏的操作流程（ZOLL 除颤仪）

床旁体外起搏的操作流程（ZOLL 除颤仪）见图 1-10。

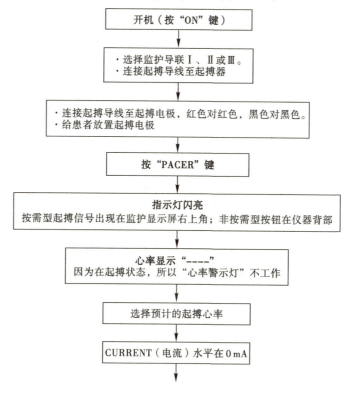

- 观察监护仪显示屏，感知标记"▼"应当出现在每个QRS波群上。
- 如果该标记没有出现或出现在其他地方，则调整ECG波幅（ECG SIZE），以得到理想的感知。如果失败，则选择另外的导联并重新调整ECG SIZE。如果患者没有心搏，或选择非按需型起搏，则这一步可以取消

- 如果需要停止起搏，则再次按"PACER"键或减小起搏电流为 0 mA

- 观察显示屏，确认电起搏脉搏或测血压。
- 在ECG图纸下边能记录到每次起搏刺激的标记（↑）

图 1-10　体外起搏的操作流程（ZOLL 除颤仪）

三、床旁体外起搏的操作流程（伟伦 40 型除颤监护仪）

床旁体外起搏的操作流程（伟伦 40 型除颤监护仪）见图 1-11。

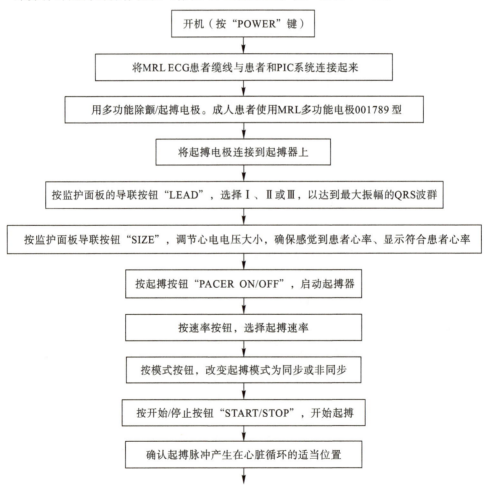

第一章 常见急危重症的救治流程和措施

↓

按输出按钮"OUTPUT"，选择起搏输出电流
· 每按一次增加10 mA或减少5 mA。缓慢增加输出电流，同时观察ECG中的电捕获迹象。
· 检查患者的脉冲或血液，以确认机械捕获。选择能接受到电捕获和机械捕获的最小电流

↓

停止
· 临时停止起搏脉冲的输出，按"START/STOP"，指示灯从绿变黄，输出和速率保持为按下按钮前的设置。
· 若要重新启动，则再次按该按钮

图 1-11 床旁体外起搏的操作流程（伟伦 40 型除颤监护仪）

四、床旁体内起搏的操作流程

床旁体内起搏的操作流程以腔内 ECG 引导下的右室单腔临时起搏为例（图 1-12）。

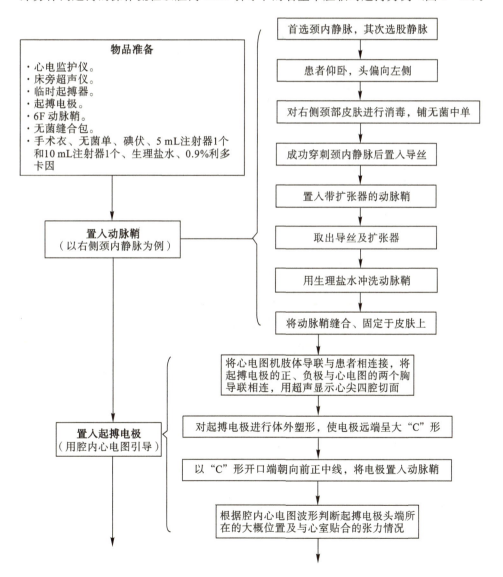

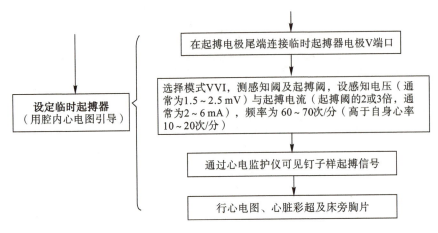

图 1-12 床旁体内起搏的操作流程

第八节 病态窦房结综合征的救治流程

病态窦房结综合征的救治流程见图 1-13。

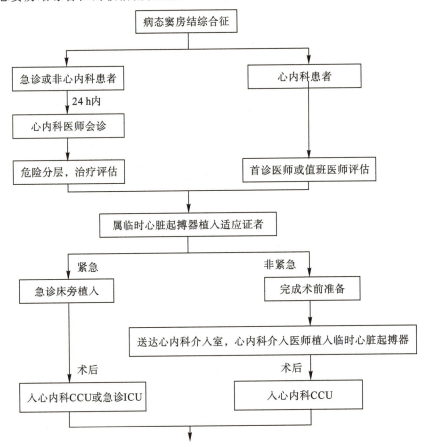

第一章 常见急危重症的救治流程和措施

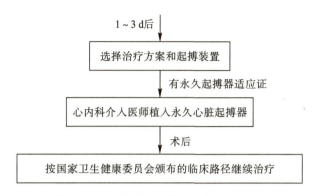

图1-13 病态窦房结综合征的救治流程

第九节 急性循环衰竭（休克）的救治流程

一、急性循环衰竭（休克）的诊断流程

急性循环衰竭（休克）的诊断流程见图1-14。

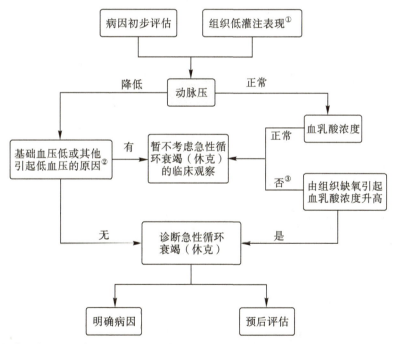

①组织低灌注表现包括意识改变、尿量减少、皮肤温度/色泽改变或毛细血管充盈时间＞2 s等；②引起低血压的其他原因包括药物（如利尿剂、β受体阻滞剂等降压药物）影响、体位改变等；③非组织缺氧引起血乳酸浓度升高的原因，如淋巴瘤、癌症、重度急性肝衰竭、激素治疗等。

图1-14 急性循环衰竭（休克）的诊断流程

二、不同类型急性循环衰竭（休克）的鉴别流程

不同类型急性循环衰竭（休克）的鉴别流程见图 1-15。

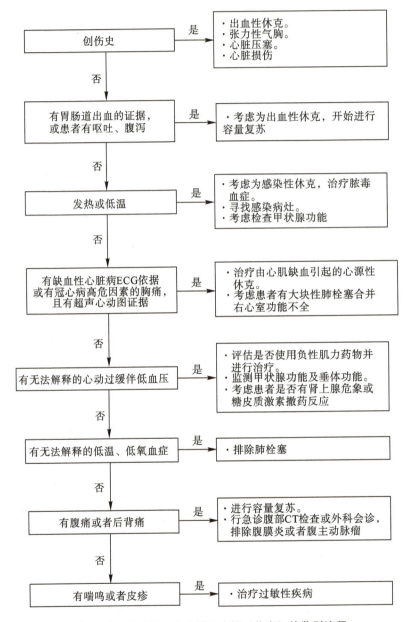

图 1-15 不同类型急性循环衰竭（休克）的鉴别流程

三、急性循环衰竭（休克）的病因诊断

急性循环衰竭（休克）的病因诊断见表 1-1。

表 1-1 急性循环衰竭（休克）的病因诊断

分类	病因	临床表现	辅助检查
分布性	严重感染	有感染病史、发热、寒战	外周血白细胞计数、C反应蛋白（CRP）、降钙素原（PCT）↑
	过敏原接触	有接触史、皮疹、低血压	—
	神经源性	强烈的神经刺激（如创伤、剧痛）、头晕、面色苍白、胸闷、心悸、呼吸困难、肌力下降	—
	中毒	有毒素接触史、瞳孔改变、呼吸有特殊气味	毒理检测结果显示毒素水平↑
	酮症酸中毒	糖尿病症状加重及胃肠道症状、酸中毒、深大呼吸、酮臭味	血糖浓度↑↑，酮体阳性，pH值<7.35，HCO_3^- 浓度<22 mmol/L
	甲状腺功能减退危象	有甲状腺功能减退病史、黏液性水肿、昏迷、低温	血清 T_3、T_4↓↓和（或）促甲状腺激素（TSH）↑↑
低血容量性	创伤或出血	有创伤病史、腹痛、面色苍白、活动性出血	超声/CT见肝、脾破裂或腹腔积液，腹腔穿刺抽出血性液体
	热射病	轻者出现头晕、乏力、恶心、呕吐；重者出现高热、昏迷、抽搐	—
	急性胃肠炎、肿瘤化疗、消化道梗阻	严重呕吐、腹泻	血电解质异常
心源性	急性心肌梗死	心前区压榨性疼痛，濒死感，心律失常	新的Q波及ST段抬高，ST-T动态演变；心肌坏死标志物↑
	恶性心律失常	心悸、气促、胸闷	ECG出现相应改变
	心肌病变	胸闷、气短、心慌	ECG、心脏超声出现相应改变
	瓣膜病	活动之后出现心悸、心跳加快、心脏杂音	ECG、心脏超声出现相应改变
梗阻性	张力性气胸	极度呼吸困难、端坐呼吸、发绀，可有皮下气肿、气胸等体征	胸部X线：大量气胸，肺可完全萎陷，气管和心影偏移至健侧
	肺栓塞	呼吸困难、胸痛、咯血、惊恐、咳嗽	D-二聚体浓度升高；V_1、V_2 导联的T波倒置和ST段压低；动脉血管成像（CTA）改变；肺通气/血流值改变
	心包压塞	胸痛、呼吸困难、晕厥、奇脉	ECG可见低电压；心脏超声可见心包积液

四、急性循环衰竭（休克）的治疗流程

急性循环衰竭（休克）的治疗流程见图 1-16。

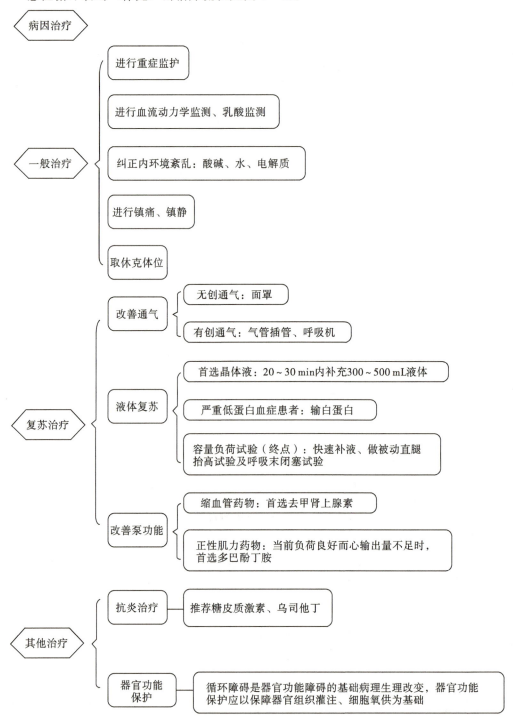

图 1-16 急性循环衰竭（休克）的治疗流程

五、急性循环衰竭（休克）病因治疗要点

急性循环衰竭（休克）病因治疗要点见表1-2。

表1-2 急性循环衰竭（休克）病因治疗要点

分类	病因	治疗要点
分布性	严重感染	清除感染灶，给予抗生素，进行外科手术
	过敏原接触	去除过敏原，给予肾上腺素
	神经源性	去除致病因素，取平卧位，进行激素治疗，给予肾上腺素
	中毒	清除未吸收毒素，给予解毒剂，进行连续性肾脏替代治疗（CRRT）
	甲减危象	进行甲状腺激素替代治疗，给予糖皮质激素
	糖尿病酮症酸中毒	去除诱发因素，小剂量静脉滴注胰岛素
低血容量性	创伤或出血	清创，充分止血，输血
	热射病	给予物理降温、药物降温
	急性胃肠炎、肿瘤化疗、消化道梗阻	纠正内环境紊乱
心源性	急性心肌梗死	进行介入溶栓，给予抗心律失常药，给予硝酸甘油，以扩张冠状动脉
	恶性心律失常	进行电复律
	心肌病变	适当限制活动，进行相应抗心律失常、抗凝治疗
	瓣膜病	限制体力活动，进行介入性治疗，进行外科手术
梗阻性	张力性气胸	在积气最高部位放置胸膜腔引流管
	肺栓塞	进行溶栓治疗
	心脏压塞	进行心包穿刺引流

六、常用的血流动力学监测方法

常用的血流动力学监测方法见表1-3。

表1-3 常用的血流动力学监测方法

创伤方式	监测内容	监测方法
无创	生命体征监测	血压、心率、脉搏、指氧饱和度
	心脏超声监测	心搏量（SV）、心输出量（CO）、心脏指数（CI）、射血分数（EF）、左室舒张末期容积（LVEDV）、左室收缩末期容积（LVESV）、E/A峰值等
	阻抗法无创血流动力学监测	SV、CO、CI、EF、LVEDV、LVESV、E/A峰值等
微创	脉搏指数连续心排血量监测（PiCCO）	• CO、心脏前负荷、全心舒张末期容量（GEDV）、每搏量变异（SVV）、心肌收缩力、全心射血分数（GEF）。 • 全身血管阻力（SVR）、全身血管阻力指数（SVRI）。 • 容量性指标：GEDV、胸内血容量（ITBV）、血管外肺水（EVLW）
有创	肺动脉漂浮导管（PAC）	右房压（RAP）或中心静脉压（CVP）、右室压（RVP）、CO、肺动脉楔压（PAWP）、肺动脉收缩压（PASP）等

七、急性循环衰竭（休克）的救治流程

急性循环衰竭（休克）的救治流程见图 1-17。

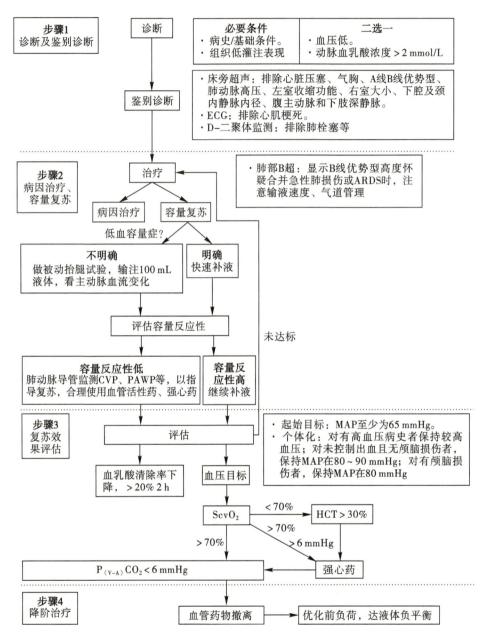

ARDS 指急性呼吸窘迫综合征；MAP 指平均动脉压；$ScvO_2$ 指中心静脉血氧饱和度；HCT 指血细胞比容；$P_{(V-A)}CO_2$ 指静脉-动脉二氧化碳分压差。

图 1-17 急性循环衰竭（休克）的救治流程

八、心源性休克的分期

心源性休克的分期见表1-4。

表1-4 心源性休克的分期

分期	表现
A期（风险期）	处于A期的患者并未出现心源性休克的症状和体征，但存在发展为心源性休克的风险。大面积急性心肌梗死或既往有心肌梗死史的急、慢性心力衰竭患者可能属于这一期
B期（开始期/休克前期/代偿性休克期）	处于此期的患者可能会出现血压相对较低或心动过速的情况，但不伴低灌注的情况
C期（典型期）	此期患者表现为低灌注，为恢复灌注需要进行除容量复苏外的其他干预措施，如服用正性肌力药、升压药，进行机械支持或体外膜肺氧合（ECMO）。患者通常表现为血压相对较低及灌注不足
D期（恶化期）	患者即使接受了一系列治疗，但病情仍未稳定，需要进一步治疗
E期（终末期）	此期患者出现循环衰竭，进行心肺复苏时出现顽固性心搏骤停，或者正在接受多种同时进行的急性干预措施，如ECMO辅助的心肺复苏等

九、心源性休克的血流动力学表型特点

心源性休克的血流动力学表型特点见表1-5。

表1-5 心源性休克的血流动力学表型特点

表现		容量状态	
		湿润	干燥
外周循环	寒冷	典型的心源性休克（CI减小、SVRI增加、PCWP增加）	容量性心源性休克（CI减小、SVRI增加、PCWP正常）
	温暖	血管扩张型心源性休克或者混合型休克（CI减小、SVRI减小或正常、PCWP增加）	典型的扩张型休克（非心源性）（CI增加、SVRI减小、PCWP减小）

注：PCWP指肺毛细血管楔压。

十、心源性休克的管理路径

心源性休克的管理路径见图 1-18。

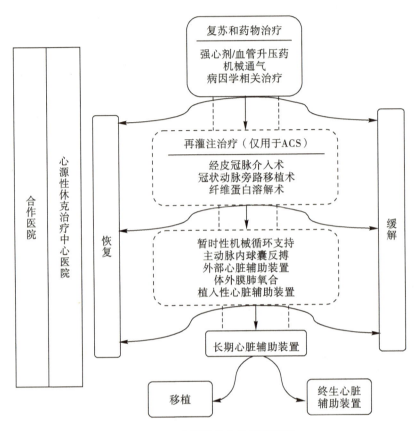

图 1-18 心源性休克的管理路径

十一、心源性休克中血管活性药物的作用机制及血流动力学效果

心源性休克中血管活性药物的作用机制及血流动力学效果见表 1-6。

表 1-6 心源性休克中血管活性药物的作用机制及血流动力学效果

药物	常用剂量	连接受体				血流动力学效果
		α_1	β_1	β_2	多巴胺	
血管收缩药/正性肌力药						
多巴胺	0.5~2 μg/(kg·min)	-	+	-	+++	CO↑
	5~10 μg/(kg·min)	+	+++	+	++	CO↑↑、SVR↑
	10~20 μg/(kg·min)	+++	++		++	SVR↑↑、CO↑
去甲肾上腺素	0.05~0.4 μg/(kg·min)	++++	++	+	-	SVR↑↑、CO↑
肾上腺素	0.01-0.5 μg/(kg·min)	++++	++++	+++	-	CO↑↑、SVR↑↑

续表

药物	常用剂量	连接受体				血流动力学效果
		α_1	β_1	β_2	多巴胺	
去氧肾上腺素	0.1～10 μg·(kg·min)	+++	-	-	-	SVR↑↑
血管加压素	0.02～0.04 U/min	刺激血管平滑肌 V_1 受体				SVR↑↑、PVR 正常
血管扩张药/正性肌力药						
多巴酚丁胺	0.1～10 μg·(kg·min)	+	++++	++	-	CO↑↑、SVR↓、PVR↓
异丙肾上腺素	2～20 μg/min	-	++++	+++	-	CO↑↑、SVR↓、PVR↓
米力农	0.125～0.75 μg·(kg·min)	PD-3 抑制剂				CO↑、SVR↓、PVR↓
依诺昔酮	2～10 μg·(kg·min)	PD-3 抑制剂				CO↑、SVR↓、PVR↓
左西孟旦	0.05～0.2 μg·(kg·min)	Ca^{2+} 增敏剂，PD-3 抑制剂				CO↑、SVR↓、PVR↓

注：PD-3 指磷酸二酯酶-3；PVR 指肺血管阻力。

十二、脓毒症休克的诊断流程

脓毒症休克的诊断流程见图 1-19。

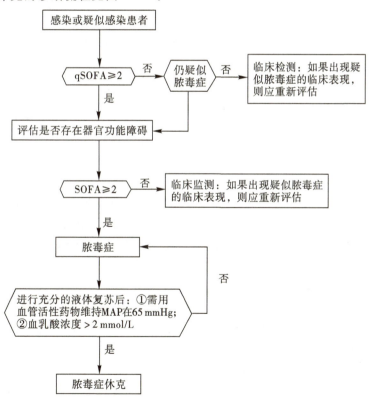

qSOFA 指快速序贯器官衰竭评分，即收缩压≤100 mmHg，呼吸≥22 次/分，精神状态改变（GCS＜13 分）。以上三条各记 1 分。不推荐将 qSOFA 作为单一筛查脓毒症/脓毒症休克的工具。

图 1-19　脓毒症休克的诊断流程

十三、脓毒症/脓毒症休克的救治流程

脓毒症/脓毒症休克的救治流程见图1-20。

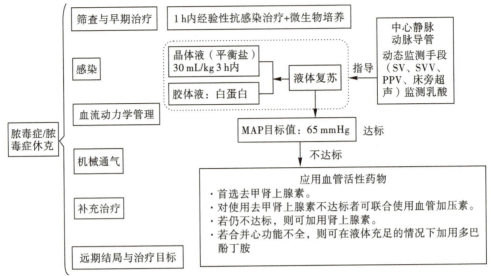

图1-20 脓毒症/脓毒症休克的救治流程

附：脓毒症/脓毒症休克的治疗指南

1. 筛查与早期治疗

（1）脓毒症/脓毒症休克患者的筛查：具体如下。

1）推荐医院和卫生系统对脓毒症/脓毒症休克患者采取医疗质量改善程序，包括对急症、高危患者进行脓毒症/脓毒症休克筛查，并采用标准作业流程（SOP）治疗（筛查：强烈推荐，中等证据质量。SOP：强烈推荐，极低证据质量）。

2）与英国国家早期预警评分（NEWS）或改良早期预警评分（MEWS）相比，不推荐将qSOFA作为脓毒症/脓毒性休克的单一筛查工具（强烈推荐，中等证据质量）。

3）对疑似脓毒症/脓毒症休克的成年患者，推荐监测乳酸浓度（弱推荐，低证据质量）。

（2）初始复苏：具体如下。

1）推荐立即开展脓毒症/脓毒症休克患者的治疗与复苏（最佳实践证明）。

2）对脓毒症所致的低灌注或休克患者，推荐复苏前3 h内至少静脉注射30 mL/kg晶体液（弱推荐，低证据质量）。

3）对成年脓毒症/脓毒症休克患者，推荐使用动态监测手段指导液体复苏，如SV、SVV、PPV及心脏超声，而不单单依靠体格检查或静态参数（弱推荐，低证据质量）。

4）对成年脓毒症/脓毒症休克患者，推荐在高乳酸浓度的情况下，采取以血乳酸浓度为导向的液体复苏。但在早期复苏阶段，应考虑到临床背景和其他原因所致的血乳酸浓度升高（弱推荐，低证据质量）。

5）对成年脓毒症/脓毒症休克患者，推荐将毛细血管再充盈时间（CRT）作为其

他灌注指标的补充来指导复苏（弱推荐，低证据质量）。

（3）MAP：对使用升压药的成年脓毒症/脓毒症休克患者，推荐将初始MAP的复苏目标定为65 mmHg，而不是更高（强烈推荐，中等证据质量）。

（4）转入ICU：对需入住ICU的成年脓毒症/脓毒症休克患者，推荐6 h内转入（弱推荐，低证据质量）。

2. 感染

（1）感染的诊断：对于疑似脓毒症/脓毒症休克，但未明确感染源的成年患者，推荐重新评估并寻找其他可能的替代诊断方法；如果证实或高度怀疑由其他病因所致，则应停止经验性抗感染治疗（最佳实践声明）。

（2）抗菌药物使用开始时间：具体如下。

1）对疑似脓毒症/脓毒症休克的成年患者，推荐在明确诊断的1 h内开展抗感染治疗（脓毒症休克：强烈推荐，低证据质量。脓毒症：强烈推荐，极低证据质量）。

2）对未发生休克的疑似脓毒症/脓毒症休克的成年患者，推荐快速评估感染性因素与非感染性因素（最佳实践声明）。

3）对未发生休克的疑似脓毒症/脓毒症休克成年患者，推荐对快速筛查的时间进行限制，如果怀疑持续感染存在，则应在首次识别脓毒症/脓毒症休克后的3 h内使用抗菌药物（弱推荐，极低证据质量）。

4）对未发生休克且感染可能较轻的成年患者，推荐延迟使用抗菌药物并继续密切监测（弱推荐，极低证据质量）。

（3）启动抗菌治疗的生物标志物：对怀疑脓毒症/脓毒症休克的成年患者，与单独使用临床评估相比，不推荐使用PCT联合临床评估来决定抗菌药物启动的时机（弱推荐，极低证据质量）。

（4）抗菌药物的选择：具体如下。

1）对耐甲氧西林金黄色葡萄球菌（MRSA）感染高风险的成年脓毒症/脓毒症休克患者，推荐使用能有效覆盖MRSA的经验性抗菌药物（最佳实践声明）。

2）对MRSA感染风险较低的成年脓毒症/脓毒症休克患者，不推荐经验性使用覆盖MRSA的抗菌药物（弱推荐，低证据质量）。

3）对多重耐药（MDR）的成年脓毒症/脓毒症休克患者，推荐在经验性治疗中联合使用两种不同类型的抗菌药对革兰阴性菌进行覆盖（弱推荐，极低证据质量）。

4）对MDR风险较低的成年脓毒症/脓毒症休克患者，不推荐联合使用两种抗革兰氏阴性菌的药物进行经验性治疗（弱推荐，极低证据质量）。

5）对成年脓毒症/脓毒症休克患者，一旦明确病原体和药敏结果，则推荐不再联合使用两种抗革兰氏阴性菌药物经验性治疗（弱推荐，极低证据质量）。

（5）抗真菌治疗：具体如下。

1）对真菌感染的成年脓毒症/脓毒症休克患者，推荐经验性抗真菌治疗（弱推荐，低证据质量）。

2）对真菌感染低风险的成年脓毒症/脓毒症休克患者，不推荐经验性抗真菌治疗（弱推荐，低证据质量）。

（6）抗病毒治疗：新版指南在使用抗病毒药物方面无明确推荐。

（7）抗菌药物的输注：对成年脓毒症/脓毒症休克患者，推荐在首次给药后采取持续性输注β-内酰胺类药物，而非常规短时、快速、大剂量静脉注射（弱推荐，中等证据质量）。

（8）药代动力学（PK）和药效学（PD）：对成年脓毒症/脓毒症休克患者，推荐根据公认的PK/PD原则和特定药物特性来优化抗菌药物给药策略（最佳实践声明）。

（9）感染源控制：具体如下。

1）对成年脓毒症/脓毒症休克患者，推荐迅速识别或排除需紧急控制传染源的具体解剖诊断，并在医疗条件许可的情况下尽快实施必要的感染源控制措施（最佳实践声明）。

2）对成年脓毒症/脓毒症休克患者，推荐在其他血管通路建立后，立即移除可能导致脓毒症/脓毒症休克的血管内通路装置（最佳实践声明）。

（10）抗菌药物降级策略：对成年脓毒症/脓毒症休克患者，推荐每日评估抗菌药物降级的可能性，而非进行固定疗程治疗且不进行每日降级评估（弱推荐，极低证据质量）。

（11）抗菌药物使用时间：对脓毒症或脓毒性休克初诊且感染源已充分控制的成年患者，推荐使用短疗程的抗菌药物治疗（弱推荐，极低证据质量）。

（12）停用抗菌药物的生物标志物：对初始诊断为脓毒症/脓毒症休克且感染源已得到充分控制的成年患者，在最佳治疗时间尚不清楚的情况下推荐使用PCT联合临床评估，以决定何时停用抗菌药物，而不仅仅依靠临床评估（弱推荐，低证据质量）。

3. 血流动力学管理

（1）液体管理：具体如下。

1）对成年脓毒症/脓毒症休克患者，推荐将晶体液作为复苏的一线药物（强烈推荐，中等证据质量）。

2）对成年脓毒症/脓毒症休克患者，推荐使用平衡盐溶液而不是生理盐水进行复苏（弱推荐，低证据质量）。

3）对成年脓毒症/脓毒症休克患者，推荐对接受大量晶体液复苏的患者联合使用白蛋白，而非单独使用晶体液（弱推荐，中等证据质量）。

4）对成年脓毒症/脓毒症休克患者，不推荐使用羟乙基淀粉进行复苏（强烈推荐，高证据质量）。

5）对成年脓毒症/脓毒症休克患者，不推荐使用明胶进行复苏（弱推荐，中等证据质量）。

（2）血管活性药物：具体如下。

1）对成年脓毒症休克患者，推荐首选的升压药为去甲肾上腺素（强烈推荐）。

2）对使用去甲肾上腺素后MAP仍不达标的成年脓毒症休克患者，推荐联合使用血管加压素，而不是增加去甲肾上腺素的剂量（弱推荐，中等证据质量）。

3）对成年脓毒症休克患者，尽管应用去甲肾上腺素和血管加压素，但MAP水平仍不达标，推荐加用肾上腺素（弱推荐，低证据质量）。

4）对成年脓毒症休克患者，不推荐使用特利加压素（弱推荐，低证据质量）。

（3）正性肌力药：具体如下。

1) 对成年脓毒症休克伴心功能不全的患者,在容量和动脉血压足够的情况下,若灌注仍持续不足,则推荐在去甲肾上腺素后加用多巴酚丁胺或单用肾上腺素(弱推荐,低证据质量)。

2) 对成年脓毒症休克伴心功能不全的患者,在容量和动脉血压足够的情况下,若灌注仍持续不足,则不推荐使用左西孟旦(弱推荐,低证据质量)。

(4) 监测和建立静脉通路:具体如下。

1) 对成年脓毒症休克患者,如果医疗条件允许,则推荐尽快使用有创动脉血压监测,而非无创动脉血压监测(弱推荐,极低证据质量)。

2) 对成年脓毒症休克患者,推荐在外周静脉通路建立后立即使用血管活性药,以恢复 MAP,而非在中心静脉通路开通后才使用(弱推荐,极低证据质量)。

(5) 液体平衡:对初始复苏后仍存在组织低灌注和容量不足者,没有足够的证据推荐在复苏的前 24 h 使用限制性液体策略和自由性液体策略。

4. 机械通气

(1) 氧合目标:对脓毒症所致低氧性呼吸衰竭(呼衰)的成年患者,没有足够证据推荐采取保守的氧合策略。

(2) 经鼻高流量氧疗:对脓毒症所致低氧性呼吸衰竭的成年患者,推荐使用高流量鼻导管吸氧,而非无创通气(弱推荐,低证据质量)。

(3) 无创通气:对于脓毒症所致低氧性呼吸衰竭的成年患者,与有创通气相比,没有足够的证据推荐使用无创通气。

(4) 保护性通气在 ARDS 中的应用:具体如下。

1) 对脓毒症所致 ARDS 的成年患者,推荐采取小潮气量(6 mL/kg)通气策略,而非大潮气量(>10 mL/kg)通气策略(强烈推荐,高证据质量)。

2) 对脓毒症致严重 ARDS 的成年患者,推荐将呼气末正压(PEEP)的上限目标设为 30 cmH$_2$O,而非更高(强烈推荐,中等证据质量)。

3) 对脓毒症致中重度 ARDS 的成年患者,推荐较高的 PEEP 而不是较低的 PEEP(弱推荐,中等证据质量)。

(5) 非 ARDS 呼吸衰竭患者的低潮气量:对脓毒症所致呼吸衰竭(无 ARDS)的成年患者,推荐使用小潮气量通气,而非大潮气量通气(弱推荐,低证据质量)。

(6) 肺复张:具体如下。

1) 对脓毒症所致中重度 ARDS 的成年患者,推荐使用暂时性提高肺动脉压力的传统的肺复张策略(弱推荐,中等证据质量)。

2) 当使用肺复张策略时,不推荐使用 PEEP 递增滴定策略(强烈推荐,中等证据质量)。

(7) 俯卧位通气:对脓毒症致中重度 ARDS 的成年患者,推荐每天俯卧位通气时间超过 12 h(强烈推荐,中等证据质量)。

(8) 肌松剂:对脓毒症所致中重度 ARDS 的成年患者,推荐间歇性使用肌松药,而不是持续输注(弱推荐,中等证据质量)。

(9) ECMO:对脓毒症致严重 ARDS 的成年患者,当常规机械通气失败时,推荐在有条件且经验丰富的医学中心进行静脉-静脉体外膜肺氧合(V - VECMO)治疗

（弱推荐，低证据质量）。

5. 补充治疗

（1）糖皮质激素：对成年脓毒症休克且需要持续使用升压药的患者，推荐通过静脉给予糖皮质激素（弱推荐，中等证据质量）

（2）血液净化：具体如下。

1）对成年脓毒症/脓毒症休克患者，不推荐进行多黏菌素 B 血液灌流（弱推荐；低证据质量）。

2）尚无足够证据支持使用血液透析联合血液灌注、血浆置换等血液净化技术。

（3）红细胞输注：对成年脓毒症/脓毒症休克患者，推荐使用限制性输血策略（强烈推荐，中等证据质量）。

（4）免疫球蛋白：对成年脓毒症/脓毒症休克者，不推荐使用免疫球蛋白（弱推荐，低证据质量）。

（5）应激溃疡预防：对成年脓毒症/脓毒症休克且存在消化道出血风险的患者，推荐进行应激性溃疡预防治疗（弱推荐，中等质量证据）。

（6）静脉血栓栓塞（VTE）的预防：具体如下。

1）对于成年脓毒症/脓毒症休克患者，除非存在相关禁忌证，否则推荐使用药物预防 VTE（强推荐，中等质量证据）。

2）对成年脓毒症/脓毒症休克患者，与普通肝素相比，推荐使用低分子肝素进行 VTE 预防（强推荐，中等质量证据）。

3）对成年脓毒症/脓毒症休克患者，与单独药物预防 VTE 相比，不推荐联合使用物理预防与药物预防 VTE（弱推荐，低质量证据）。

（7）肾脏替代治疗：具体如下。

1）对脓毒症/脓毒症休克致急性肾损伤（AKI）且需行肾脏替代治疗的成年患者，推荐使用连续性或间歇性肾脏替代治疗（弱推荐，低质量证据）。

2）对脓毒症/脓毒性休克所致的 AKI，在无明确肾脏替代治疗指征的情况下，不推荐进行肾脏替代治疗（弱推荐，中等质量证据）。

（8）血糖管理：对成年脓毒症/脓毒症休克患者，推荐当血糖浓度 $\geqslant 10$ mmol/L（180 mg/dL）时开始进行胰岛素治疗（强推荐，中等质量证据）。

（9）维生素 C：对成年脓毒症/脓毒症休克患者，不推荐静脉注射维生素 C（弱推荐，低质量证据）。

（10）碳酸氢钠治疗：具体如下。

1）对成年脓毒症休克以及由低灌注致乳酸酸中毒的患者，不推荐用碳酸氢钠来改善血流动力学或降低血管活性药物剂量（弱推荐，低质量证据）。

2）对成年脓毒症休克患者，若出现严重代谢性酸中毒（pH 值 $\leqslant 7.2$）及 AKI〔AKI 国际标准（AKIN）2 或 3 分〕，则推荐给予碳酸氢钠（弱推荐，低质量证据）。

（11）营养：对可耐受肠内营养的成年脓毒症/脓毒症休克患者，推荐早期（72 h 以内）启动肠内营养（弱推荐，极低质量证据）。

6. 远期结局与治疗目标

（1）治疗目标：具体如下。

1) 对成年脓毒症/脓毒症休克患者,推荐与其及其家属讨论治疗目标与预后(最佳实践声明)。

2) 对成年脓毒症/脓毒症休克患者,推荐尽早(72 h以内)制订治疗目标(弱推荐,低质量证据)。

3) 目前尚无足够证据对任何触发治疗目标的特定标准做出推荐。

(2) 姑息治疗:具体如下。

1) 对脓毒症/脓毒症休克成年患者,推荐在适当时机将姑息治疗原则(可能包括基于临床医师判断的姑息治疗咨询)纳入治疗计划,以减轻患者及其家属的痛苦(最佳实践声明)。

2) 与根据临床医师的判断进行姑息治疗咨询相比,不推荐对所有的脓毒症/脓毒症休克患者进行常规姑息治疗咨询(弱推荐,低质量证据)。

(3) 同伴支持小组:对成年脓毒症/脓毒症休克幸存者及其家属,推荐参考同伴支持小组方案(弱推荐,极低质量证据)。

(4) 治疗交接:对成年脓毒症/脓毒症休克患者,在治疗交接时,推荐对非常重要的信息执行相应的交接程序(弱推荐,极低质量证据)。

(5) 目前尚无足够的证据推荐某种特殊的结构化交接工具优于常规的交接程序。

(6) 经济或社会支持:对成年脓毒症/脓毒症休克患者及其家属,推荐寻求经济和社会的支持(包括住宿、营养、财政、精神支持)。可通过引荐人满足上述需求(最佳实践声明)。

(7) 知识教育:对成年脓毒症/脓毒症休克患者及其家属,推荐在出院前以及后续随访过程中提供书面和口头的脓毒症知识教育(诊断、治疗及ICU后/脓毒症后综合征)(弱推荐,极低质量证据)。

(8) 共同决策:对成年脓毒症/脓毒症休克患者及其家属,推荐临床团队提供机会,让患者及其家属参与到ICU后诊疗计划及出院计划的制订中,确保出院计划是可以接受的和可行的(最佳实践声明)。

(9) 出院计划:具体如下。

1) 对成年脓毒症/脓毒症休克患者及其家属,在转至普通病房时,与常规治疗相比,推荐使用重症治疗过渡方案(弱推荐,极低质量证据)。

2) 对成年脓毒症/脓毒症休克患者,推荐在转出ICU时及出院时进行药物调整(最佳实践声明)。

3) 对成年脓毒症/脓毒症休克存活患者及其家属,推荐在出院时进行书面以及口头总结,包括ICU住院期间的信息,脓毒症的相关诊断、治疗,以及患脓毒症后常见的功能障碍等(最佳实践声明)。

4) 对出现新损伤的脓毒症/脓毒症休克成年患者,推荐出院计划中应包括能够处理后遗症的临床医师进行随访(最佳实践声明)。

5) 与常规出院随访相比,目前尚无足够证据对早期出院后随访做出推荐。

(10) 认知疗法:尚无足够证据对成年脓毒症/脓毒症休克存活患者的早期认知疗法做出推荐。

(11) 出院后随访：具体如下。

1) 对成年脓毒症/脓毒症休克存活患者，推荐在出院后进行躯体、认知以及情绪问题的评估与随访（最佳实践声明）。

2) 对成年脓毒症/脓毒症休克存活患者（如果有），推荐参考重症疾病后随访方案（弱推荐，极低证据质量）。

3) 对接受机械通气≥40 h或ICU住院时间＞72 h的成年脓毒症/脓毒症休克幸存患者，推荐参考出院后康复方案（弱推荐，极低证据质量）。

十四、过敏性休克的救治流程

过敏性休克的救治流程见图1-21。

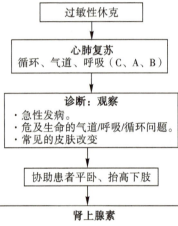

图1-21 过敏性休克的救治流程

有关过敏性休克的几点认识具体如下。①发病率：逐年升高，已成为流行病。②病情凶险：常见于食物、药物、蜂毒过敏者及哮喘严重者等。③致死原因：急性呼吸道阻塞（59%）、循环系统衰竭（15%）。90%的症状出现在过敏原暴露后数分钟内，一般在30 min内，10%~20%在7~8 h甚至24 h内发作。④双相型过敏性休克：早期症状消失后再次休克发生在首发后8 h内。症状出现越早，预后越差。⑤抢救关键：迅速缓解气道阻塞和循环衰竭状况，首选肾上腺素。

第十节 弥散性血管内凝血的救治流程

一、弥散性血管内凝血（DIC）的诊断

DIC 的诊断主要借助中国弥散性血管内凝血诊断积分系统（CDSS），详见表 1-7。

表 1-7 CDSS

指标		状态	分值
风险评估		存在导致 DIC 的原发病（如感染、恶性肿瘤、病理产科、手术、创伤等）	2
临床表现		不能用原发病解释的严重或多发出血倾向	1
		不能用原发病解释的微循环障碍或休克	1
		广泛性皮肤、黏膜血管栓塞，灶性缺血性坏死、脱落及溃疡形成，不明原因的肺、肾、脑等脏器功能衰竭	1
实验室指标	血小板计数（×10^9）	非恶性血液病 ≥100	0
		80～100	1
		<80	2
		24 h 内下降 50%	1
		恶性血液病 <50	1
		24 h 内下降 50%	1
	PT 及 APTT（s）	PT 延长<3 且 APTT 延长<10	0
		PT 延长≥3 或 APTT 延长≥10	1
		PT 延长≥6	2
	D-二聚体（mg/L）	<5	0
		5～<9	2
		≥9	3
	FIB（g/L）	≥1.0	0
		<1.0	1

注：对非恶性血液病患者，每日计分 1 次，≥7 分时可诊断为 DIC；对恶性血液病患者，其临床表现的第一项不参与评分，每日计分 1 次，≥6 分时可诊断为 DIC。PT 指凝血酶原时间；APTT 指活化部分凝血活酶时间；FIB 指纤维蛋白原。

二、DIC 的治疗

DIC 的治疗见图 1-22。

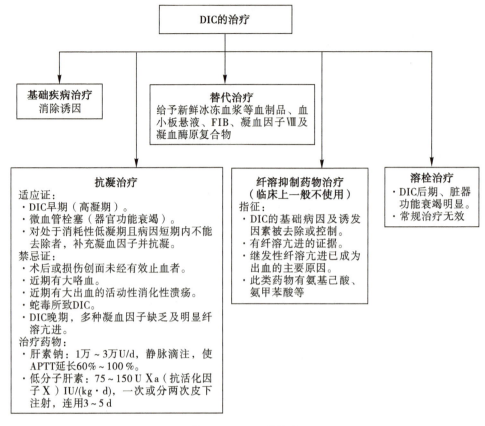

图 1-22 DIC 的治疗

第十一节 急性心力衰竭的救治流程

一、急性心力衰竭的救治流程（基于心力衰竭的类型）

急性心力衰竭的救治流程见图 1-23。

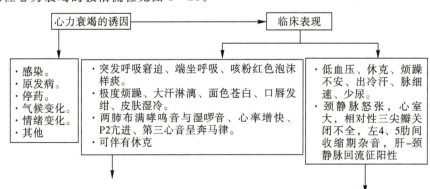

第一章 常见急危重症的救治流程和措施

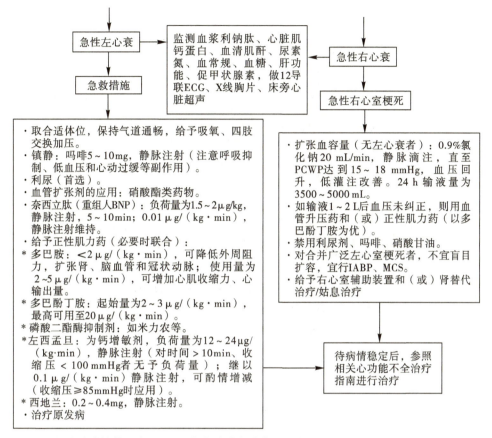

P2 指肺动脉瓣第二音;IABP 指主动脉内球囊反搏术;MCS 指经皮机械循环支持。

图 1-23 急性心力衰竭的救治流程

二、症状性心力衰竭和收缩功能不全的救治流程

症状性心力衰竭和收缩功能不全的救治流程见图 1-24。

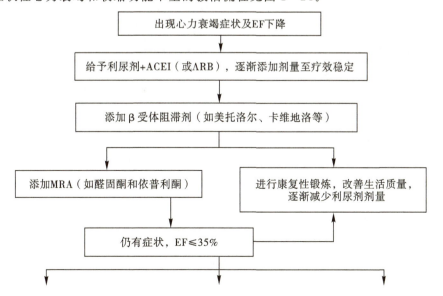

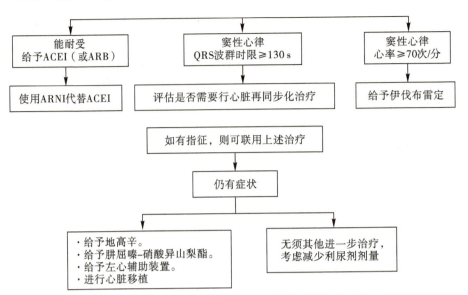

ACEI 指血管紧张素转化酶抑制剂；ARB 指血管紧张素受体阻滞剂；MRA 指盐皮质激素受体拮抗剂；ARNI 指血管紧张素受体-脑啡肽酶抑制剂。

图 1-24 症状性心力衰竭和收缩功能不全的救治流程

三、急性失代偿心力衰竭的救治流程

急性失代偿心力衰竭的救治流程见图 1-25。

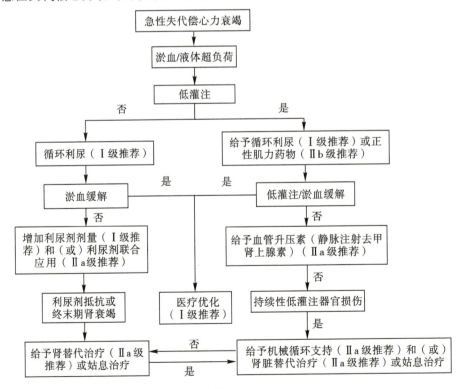

图 1-25 急性失代偿心力衰竭的救治流程

四、EF下降的心力衰竭患者的管理

EF下降的心力衰竭患者的管理见表1-8。

表1-8 EF下降的心力衰竭患者的管理

降低所有心力衰竭患者的死亡率（Ⅰ级推荐）			
ACEI/ARNI	β受体阻滞剂	MRA	恩格列净/达格列净
针对选定的心力衰竭患者减少住院率、死亡率			
液体超负荷：给予利尿剂（Ⅰ级推荐）			
窦性心律LBBB的QRS波群宽度≥150 ms：CRT-P/CRT-D（Ⅰ级推荐）		窦性心律LBBB的QRS波群宽度130~149 ms或非窦性心律LBBB的QRS波群宽度≥150 ms：CRT-P/CRT-D（Ⅱa级推荐）	
缺血性病因：ICD（Ⅰ级推荐）		非缺血性病因：ICD（Ⅱa级推荐）	
心房颤动：抗凝（Ⅰ级推荐）	心房颤动：给予地高辛、肺静脉隔离（Ⅱa级推荐）	冠状动脉疾病：行CABG（Ⅱa级推荐）	缺铁：通过静脉给予铁剂（Ⅱa级推荐）
主动脉狭窄：行外科主动脉瓣置换术/经导管主动脉瓣置换术（Ⅰ级推荐）	二尖瓣反流：行经导管二尖瓣缘对缘修复术（Ⅱa级推荐）	窦性心律＞70次/分：给予伊伐布雷定（Ⅱa级推荐）	肼屈嗪/硝酸酯类血管扩张剂	ACEI/ARNI不耐受：给予ARB
对于选定的晚期心力衰竭患者			
心脏移植（Ⅰ级推荐）	等待心脏移植时给予机械循环支持（Ⅱa级推荐）	进行终末疗法时给予长期机械循环支持（Ⅱa级推荐）	
减少心力衰竭患者的住院率，提高所有患者的生活质量			
运动康复（Ⅰ级推荐）			
多专业疾病管理（Ⅰ级推荐）			

注：LBBB指左束支传导阻滞；CRT-P指心脏再同步起搏器；CRT-D指心脏再同步除颤器；CABG指冠状动脉搭桥术。

五、根据收缩压分层救治急性心力衰竭的流程

根据收缩压分层救治急性心力衰竭的流程见图1-26。

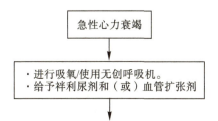

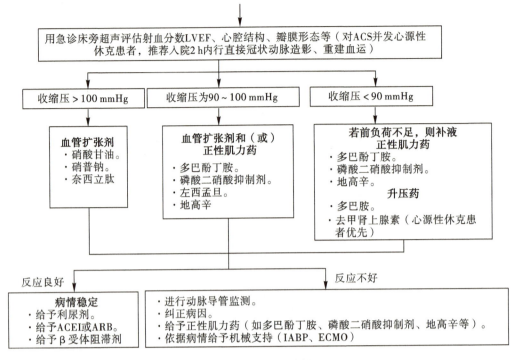

图 1-26 根据收缩压分层救治急性心力衰竭的流程

六、肺水肿的救治流程

肺水肿的救治流程见图 1-27。

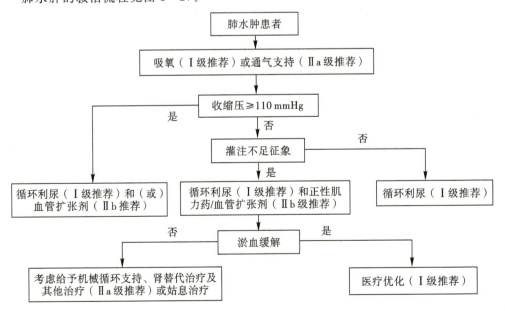

图 1-27 肺水肿患者的救治流程

七、急性右心衰的救治流程

急性右心衰的救治流程见图 1-28。

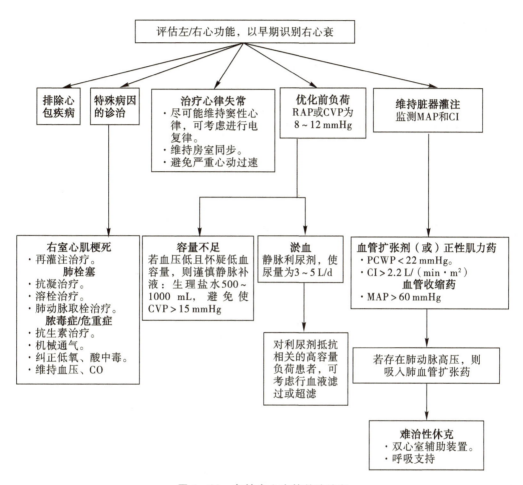

图 1-28 急性右心衰的救治流程

八、依据早期临床分类的急性心力衰竭的救治流程

（一）急性心力衰竭的临床分类

（1）充血的临床症状/体征：存在为"湿"，不存在为"干"。

（2）外周低灌注：存在为"冷"，不存在为"温"。

（3）选项联合区分 4 个组：温和湿（灌注良好和充血）——最常见；冷和湿（低灌注和充血）；冷和干（低灌注、无充血）；温和干（已代偿、灌注良好、无充血）。

分类的意义：有助于指导初始治疗和评估预后。依据是否存在充血和（或）低灌注对急性心力衰竭的临床分类见表 1-9。

表 1-9 急性心力衰竭的临床分类

灌注情况	充血（+）	充血（-）
	有肺循环、体循环淤血表现，如端坐呼吸、夜间阵发性呼吸困难、颈静脉怒张、肝大、双下肢水肿	—
低灌注（+）	冷—湿	冷—干
低灌注（-）	湿—湿	温—干

注：①低灌注≠低血压，但低灌注常伴有低血压。②充血的症状和体征（左侧）：端坐呼吸、夜间阵发性呼吸困难、肺部啰音（双侧）、外周水肿（双侧）。③充血的症状和体征（右侧）：颈静脉扩张、外周水肿（双侧）、充血性肝大、肝-颈静脉回流征、腹水、肠道充血。④低灌注的症状/体征：四肢湿冷、尿少、神志模糊、头晕、脉压窄。⑤实验室检查：代谢性酸中毒、血乳酸浓度升高、血肌酐浓度升高。

（二）救治流程

依据早期临床分类的急性心力衰竭的救治流程见图 1-29。

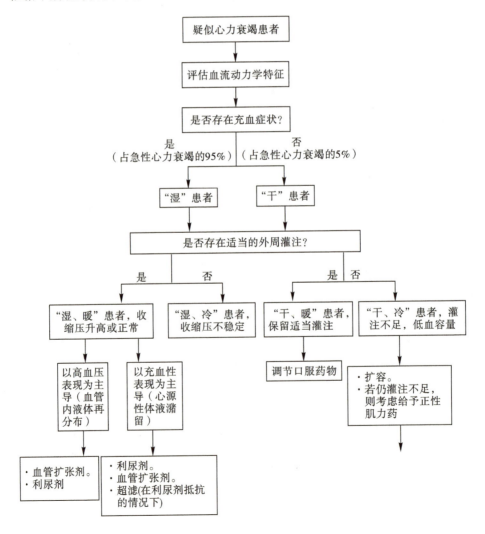

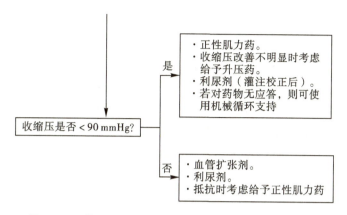

图 1-29 依据早期临床分类的急性心力衰竭的救治流程

九、附件 1：心力衰竭分级

（一）心力衰竭分级 [纽约心脏病协会（NYHA），1928]

（1）Ⅰ级：患者患有心脏病，但日常活动不受限制，一般活动下不引起疲乏、心悸、呼吸困难或心绞痛。

（2）Ⅱ级：心脏病患者的体力活动受到轻度限制，休息时无自觉症状，但平时一般活动下可出现疲乏、心悸、呼吸困难或心绞痛。

（3）Ⅲ级：心脏病患者的体力活动明显受限，轻于平时一般活动即可引起上述症状。

（4）Ⅳ级：心脏病患者不能从事任何体力活动。休息状态下也可出现心力衰竭症状，体力活动后加重。

（二）慢性收缩性心力衰竭的治疗（AHA，2005 年至今）

1. 按心力衰竭分期治疗

（1）A 期：心力衰竭高危期，尚无器质性心脏（心肌）病或心力衰竭症状，如果患者有高血压、心绞痛、代谢综合征或使用心肌毒性药物等，则可发展为心脏病的高危因素。对此期患者应积极治疗高血压、糖尿病、脂质紊乱等高危因素。

（2）B 期：已有器质性心脏病，如左室肥厚、LVEF 降低，但无心力衰竭症状。除 A 期中的措施外，对有适应证的患者可使用 ACEI 或 β 受体阻滞剂。

（3）C 期、D 期：为器质性心脏病，患者既往或目前有心力衰竭症状。对此期患者需按 NYHA 分级进行治疗。

2. 按心力衰竭分级治疗

（1）Ⅰ级：控制危险因素；给予 ACEI/ARNIa 类药物。

（2）Ⅱ级：ACEI/ARNIa 类药物；利尿剂；β 受体阻滞剂；用或不用地高辛。

（3）Ⅲ级：ACEI/ARNIa 类药物；利尿剂；β 受体阻滞剂；钠-葡萄糖协同转运蛋白-2（SGLT-2）抑制剂；用或不用地高辛。

（4）Ⅳ级：ACEI/ARNIa 类药；利尿剂；醛固酮受体拮抗剂；SGLT-2 抑制剂；

用或不用地高辛；病情稳定后，慎用β受体阻滞剂。

(三) 心肌梗死引起的泵衰竭的 Killip 分级

(1) Ⅰ级：无心力衰竭。

(2) Ⅱ级：心力衰竭，肺部中下肺野（<50%肺野）可闻及湿啰音，或呈奔马律，X 线胸片可见肺淤血。

(3) Ⅲ级：严重肺水肿，全肺可闻及大、中、小的干、湿啰音，满肺湿啰音。

(4) Ⅳ级：心源性休克，有不同程度的血流动力学变化。

十、附件 2：基于 EF 情况的心力衰竭的概念与分类

(一) 概念

(1) EF 改善的心力衰竭（HFimpEF）：基线 LVEF≤40%，第二次测量时 LVEF 比基线值增加≥10%。

(2) EF 保留的心力衰竭（HFpEF）：LVEF≥50%。

(3) EF 中间值的心力衰竭（HFmrEF）：LVEF 在 41%～49%。

(4) EF 降低的心力衰竭（HFrEF）：LVEF≤40%。

(二) 分类

基于射血分数情况的心力衰竭的分类见表 1-10。

表 1-10　基于射血分数情况的心力衰竭的分类

项目	HFimpEF	HFpEF	HFmrEF	HFrEF
症状、体征	—	症状±体征	症状±体征	症状±体征
LVEF	—	≥50%	41%～49%	≤40%
其他	—	功能障碍/左室充盈压↑（包括利钠肽↑↑①）；客观的结构性心脏病［左心室肥厚和（或）左心房扩大］；舒张功能不全	—	—

注：①指标包括脑钠肽（BNP）浓度≥35 pg/mL 或神经末端前体脑钠肽（NT-proBNP）浓度≥125 pg/mL。

第十二节　重症肺炎的分类与诊断

一、重症肺炎的类型

(一) 社区获得性肺炎

1 概念

社区获得性肺炎（CAP）指在医院外罹患的感染性肺实质（含肺泡壁，即广义上

的肺间质）炎症，包括具有明确潜伏期的病原体感染而在入院后潜伏期内发病的肺炎。

2. 诊断标准

（1）发病地点：社区。

（2）肺炎相关的临床表现：新近出现咳嗽、咳痰或原有呼吸道疾病症状加重，伴或不伴脓性痰、胸痛、呼吸困难及咯血；发热；肺实变体征和（或）闻及湿啰音；白细胞计数$>10\times10^9/L$或$<4\times10^9/L$，伴或不伴细胞核左移。

（3）胸部影像学检查显示有新出现的斑片状浸润性阴影、叶或段实变影、磨玻璃影或间质性改变，伴或不伴胸腔积液。

对符合上述3项中的任何1项并排除肺结核、肺肿瘤、非感染性肺间质性疾病、肺水肿、肺不张、肺栓塞、肺嗜酸粒细胞浸润症及肺血管炎等的患者，可建立临床诊断。

（二）医院获得性肺炎

医院获得性肺炎（HAP）亦称医院内肺炎，指入院时不存在、也未处于感染潜伏期，于入院48 h后发生的，由细菌、真菌、支原体、病毒或原虫等病原体引起的各种类型的肺实质炎症。

（三）呼吸机相关性肺炎

呼吸机相关性肺炎（VAP）指应用机械通气治疗后48 h和停用机械通气、拔除人工气道48 h内发生的肺实质的感染性炎症。依据发生时间的不同可将VAP分为早发性VAP（即气管插管或人工气道建立<5 d发生者，约占所有VAP的1/2）和晚发性VAP（即气管插管或人工气道建立≥5 d发生者）。

二、重症肺炎的诊断标准

（一）主要标准

（1）需要通过气管插管行机械通气治疗。

（2）脓毒症休克患者经积极的液体复苏后仍需要血管活性药物治疗。

（二）次要标准

（1）呼吸频率≥30次/分。

（2）氧合指数（PaO_2/FiO_2）≤250。说明：PaO_2指动脉血氧分压；FiO_2指吸入气氧浓度。

（3）多肺叶浸润。

（4）意识障碍或定向障碍。

（5）氮质血症患者血尿素氮（BUN）浓度≥7.14 mmol/L。

（6）收缩压<90 mmHg，需要强力的液体复苏。

符合1项主要标准或3项次要标准以上者可诊断为重症肺炎。

第十三节 ARDS 的诊断标准

一、ARDS 的中国诊断标准

（1）有引起急性肺损伤（ALI）或 ARDS 的高危因素。
（2）急性起病，呼吸加快和（或）呼吸窘迫。
（3）出现低氧血症：患 ALI 时 $PaO_2/FiO_2 \leqslant 300$，患 ARDS 时 $PaO_2/FiO_2 \leqslant 200$。
（4）X 线胸片示两肺有浸润阴影。
（5）$PCWP \leqslant 18$ mmHg 或临床上能排除心源性肺水肿。
同时符合以上 5 项者，可以诊断为 ALI 或 ARDS。

二、ARDS 的柏林诊断标准

ARDS 的柏林诊断标准见表 1-11。

表 1-11 ARDS 的柏林诊断标准

指标		具体标准
起病时间		已知临床诱因后，1 周之内新发或原有的呼吸系统症状加重
肺水肿的原因		呼吸衰竭不能完全用心力衰竭或液体过负荷解释；如无相关危险因素，则需行客观检查（如多普勒超声心动图），以排除静水压增高型肺水肿
胸部 X 线片[①]		两肺有透光度减低影，不能用渗出、小叶结节、肺不张或者结节影来解释
氧合状况[②]	轻度	当 CPAP 或 $PEEP \geqslant 5$ cmH_2O[③]时，$200 < PaO_2/FiO_2 \leqslant 300$
	中度	当 $PEEP \geqslant 5$ cmH_2O 时，$100 < PaO_2/FiO_2 \leqslant 200$
	重度	当 $PEEP \geqslant 5$ cmH_2O 时，$PaO_2/FiO_2 \leqslant 100$

注：CPAP 指持续气道正压通气。①胸部 X 线片或胸部 CT 扫描；②若海拔高于 1000 m，则可用 [$PaO_2/FiO_2 \times$（当地大气压/760）] 进行校正；③对轻度 ARDS 患者，可用无创 CPAP。

三、ARDS 的全球新定义

（一）无须气管插管者

$HFNO \geqslant 30$ L/min 或 NIV/CPAP 下呼气末正压 $\geqslant 5$ cmH_2O。

（二）低氧血症

$PaO_2/FiO_2 \leqslant 300$ mmHg 或 $SpO_2/FiO_2 \leqslant 315$ mmHg，同时 $SpO_2 \leqslant 97\%$。

（三）双肺病变

需要通过胸片、CT 或超声来证实。

（四）其他

当资源有限时，不要求监测 PEEP、吸氧流速，不要求提供特殊呼吸支持设备。

第十四节 呼吸衰竭的救治流程

呼吸衰竭的救治流程见图 1-30。

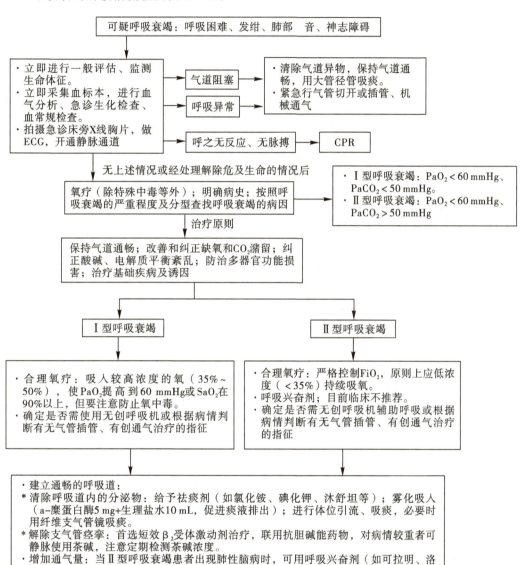

SaO_2 指动脉血氧饱和度。

图 1-30 呼吸衰竭的救治流程

第十五节 急性呼吸困难的救治流程

急性呼吸困难的救治流程见图1-31。

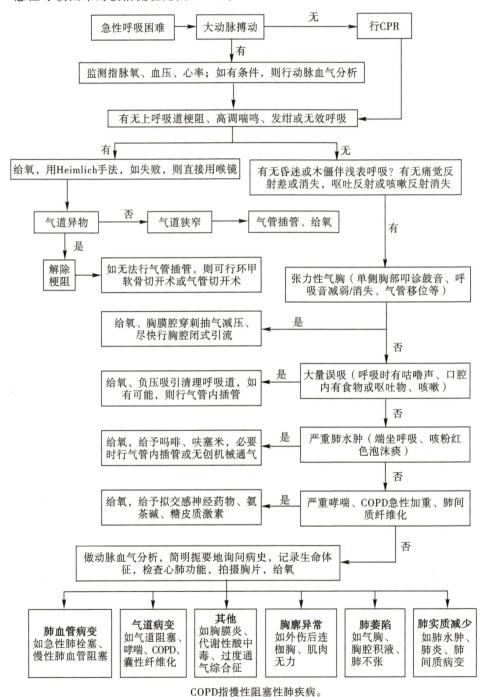

COPD指慢性阻塞性肺疾病。

图1-31 急性呼吸困难的救治流程

第十六节　无创正压通气的临床应用

无创正压通气（NIPV）既可用于轻中度呼吸衰竭的早期救治，也可用于有创-无创通气序贯治疗和辅助撤机。其参考指标具体如下。

一、NIPV 的适应证

（一）患者状况

（1）神志清楚。
（2）能自主清除气道内的分泌物。
（3）呼吸急促（呼吸频率＞25 次/分），辅助呼吸肌参与呼吸运动。

（二）血气指标

在海平面呼吸室内空气时，$PaO_2 < 60$ mmHg，伴或不伴 $PaCO_2 > 45$ mmHg。

二、NIPV 的禁忌证

（一）绝对禁忌证

当发生心搏骤停或呼吸骤停（微弱）时，应立即行 CPR、气管插管等生命支持。

（二）相对禁忌证

（1）发生意识障碍。
（2）无法自主清除气道内的分泌物，有误吸的风险。
（3）发生严重的上消化道出血。
（4）出现血流动力学不稳定。
（5）发生上呼吸道梗阻。
（6）有未经引流的气胸或纵隔气肿。
（7）有无法佩戴面罩的情况，如发生面部创伤或畸形。
（8）患者不配合。

三、动态评价与决策

NIPV 治疗的时机受多种因素的影响，尚无一致意见。临床上，一般采用个体化试验治疗结合动态评估反应的临床决策，即对适合 NIPV 治疗且无禁忌证的患者，可先行 NIPV 治疗并观察 1～2 h，以评估治疗效果，从而决定是否继续使用 NIPV 或改用其他通气支持手段。

推荐意见 1：
（1）NIPV 主要适用于轻中度呼吸衰竭患者（Ⅰ级证据，强推荐）。
（2）NIPV 的临床应用指征取决于患者的状况和血气分析结果（Ⅰ级证据，强推荐）。
（3）NIPV 的临床应用存在一定禁忌证，使用不当会增加 NIPV 治疗失败的风险或可能增加患者损伤的风险（Ⅰ级证据，强推荐）。

四、NIPV在不同疾病中的应用

(一) COPD急性加重的应用指征

1. 适应证（具有下列至少1项）

(1) 呼吸性酸中毒（pH值≤7.35，$PaCO_2$≥45 mmHg）。

(2) 严重呼吸困难且具有呼吸肌疲劳和（或）呼吸频率增加的临床征象，如使用辅助呼吸肌、做胸腹矛盾运动或发生肋间肌凹陷。

(3) 常规氧疗或经鼻高流量湿化氧疗不能纠正的低氧血症。

2. 相对禁忌证（符合下列1项）

(1) 呼吸抑制或停止。

(2) 心血管系统功能不稳定（如低血压、心律失常和心肌梗死）。

(3) 嗜睡、意识障碍或患者不合作。

(4) 易发生误吸（吞咽反射异常、严重的上消化道出血）。

(5) 痰液黏稠或有大量呼吸道分泌物。

(6) 近期行面部或胃、食管手术。

(7) 头面部外伤。

(8) 固有的鼻咽部异常。

(9) 极度肥胖。

(10) 严重的胃肠胀气。

(二) 慢性阻塞性肺病急性加重的脱机指征

(1) 患者在患COPD急性加重前生活基本可以自理。

(2) 感染是COPD急性加重的原因。

(3) 经过治疗后，肺部感染得到有效控制。

(4) 全身一般状态比较好，意识清楚。

(5) 痰液不多和呼吸道清除能力较好。

(6) 需要的通气参数：FiO_2<40%，压力支持<12 cmH_2O，同步间歇指令通气（SIMV）频率<12次/分。

(三) 心源性肺水肿的应用指征

(1) 经过积极的药物治疗和氧疗，仍有呼吸困难和低氧血症，呼吸频率≥30次/分，SaO_2≤90%（当吸氧流量为4 L/min时），有较强的自主呼吸，血流动力学稳定，有较高的配合度。

(2) CPAP和双向气道正压通气（BIPAP）的S/T模式均可作为首选的通气方式，但对于已有呼吸性碱中毒的急性心源性肺水肿患者，首选CPAP。

(3) BIPAP的S/T模式对于急性心源性肺水肿合并Ⅱ型呼吸衰竭的治疗具有一定优势。

(四) COPD的应用指征

(1) 伴有乏力、呼吸困难、嗜睡等症状。

(2) 气体交换异常：$PaCO_2 \geqslant 55$ mmHg 或在低流量给氧的情况下 $PaCO_2$ 为 $50\sim55$ mmHg，伴有夜间 $SaO_2 < 88\%$ 的累计时间占监测时间的 10% 以上。

(3) 对支气管舒张剂、糖皮质激素、氧疗等内科治疗无效。

(4) 尝试应用 NIPV，如果有效且依从性好（>4 h/d），则继续应用。

（五）支气管哮喘急性发作的应用指征（参考）

(1) 药物治疗效果不佳。

(2) 呼吸肌疲劳。

(3) 患者意识清醒、能够配合治疗。

目前在支气管哮喘急性发作患者中应用 NIPV 存在争议，在没有禁忌证的情况下可以尝试使用（Ⅱ级证据，弱推荐）。治疗过程中应同时给予雾化吸入支气管舒张剂等治疗，如果治疗后无改善，则应及时通过气管插管行有创通气。

五、NIPV 的疗效判断

NIPV 属于呼吸支持治疗，不是针对病因的治疗，其疗效受到基础疾病是否得到控制等众多因素的影响，因此，一般从两个层面对其疗效进行评估。

（一）起始治疗时的评估

(1) 起始治疗 $1\sim2$ h 后，基于临床表现和动脉血气的变化来评价 NIPV 是否有效，进而对其后的治疗决策起重要作用。

(2) 评价 NIPV 有效的最佳指标：具体如下。①临床表现：气促改善、辅助呼吸肌运动减弱、反常呼吸消失、呼吸频率减小、心率过快改善等。②血气分析：PaO_2 和 PaO_2/FiO_2 增加、$PaCO_2$ 减小、pH 改善。

(3) 最终治疗效果的评估：通常采用气管插管率和病死率来评估。

(4) 无效的指标：①意识状态恶化或烦躁不安；②不能清除呼吸道分泌物；③无法耐受连接方法；④血流动力学指标不稳定；⑤氧合功能恶化；⑥CO_2 潴留加重；⑦治疗 $1\sim4$ h 后无改善（$PaCO_2$ 无改善且出现严重的呼吸性酸中毒（即 pH 值<7.20）或严重的低氧血症（即 $FiO_2 > 0.5$、$PaO_2 \leqslant 60$ mmHg 或 $PaO_2/FiO_2 < 120$ mmHg）。

六、NIPV 的治疗时间和撤除

NIPV 的治疗时间目前尚没有明确的标准，它还与基础疾病的性质和严重程度有关。与有创通气不同，即使是在治疗的急性阶段，NIPV 也不是强制性或持续性的，患者可暂停 NIPV 治疗而接受其他治疗（如雾化吸入、常规给氧）或进食。在现有的临床研究报道中，NIPV 在初始 24 h 内实施的时间以及整个 NIPV 治疗的疗程变化很大，应视患者的具体情况而定。

NIPV 的撤除目前主要依据患者临床症状及病情是否稳定。撤除的方法包括以下几点。

(1) 逐渐降低压力支持水平。

(2) 逐渐减少通气时间（先减少白天的通气时间，再减少夜间的通气时间）。

(3) 使用平均容量保证压力支持通气（AVAPS）模式。

(4) 以上方式联合使用。

七、附件1：选择无创机械通气（NIV）的流程

选择 NIV 的流程见图 1-32。

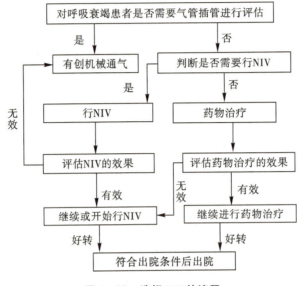

图 1-32 选择 NIV 的流程

八、附件2

（一）COPD 急性加重患者的双水平 NIV

1. 治疗原则

测量呼吸频率、观察胸壁和腹壁运动以及获取动脉血样是对有急性呼吸性酸中毒风险的患者（pH 值≤7.35）进行初步评估的关键。许多 COPD 患者在基线时是高碳酸血症，因此酸中毒的发展可表明是急性或慢性高碳酸血症型呼吸衰竭。

2. 适应情况

在以下三种临床情况下，对 COPD 急性加重患者可考虑行双水平 NIV。

（1）预防急性呼吸性酸中毒，即当 $PaCO_2$ 正常或升高，但 pH 正常时（见问题 1a）。

（2）预防轻中度酸中毒和呼吸窘迫患者的气管插管和有创机械通气，防止病情恶化到需要考虑有创机械通气的程度（见问题 1b）。

（3）作为严重酸中毒和呼吸窘迫患者有创机械通气的替代方法（见问题 1b），也可为不适合或拒绝有创机械通气的患者提供唯一的通气方法。

3. 特殊问题

（1）问题 1a：对由 COPD 病情加重引起的急性呼吸衰竭（ARF）患者，是否应该使用双水平 NIV 来防止呼吸性酸中毒的发生？

1）建议：在 COPD 病情加重的情况下，对没有酸中毒的高碳酸血症患者不要使用 NIV（有条件的建议，证据的确定性低）。

2）依据：具体如下。①一项对 52 例 COPD 患者进行的随机研究将双水平 NIV 与标

准氧疗相比较,采用近期呼吸急促和 pH 值＞7.30（随机患者的平均 pH 值在正常范围内）的纳入标准,这表明大多数入选患者未发生急性呼吸性酸中毒。双水平 NIV 耐受性差,对插管率（双水平 NIV 组 8%,对照组 7%）或死亡率（双水平 NIV 组 4%,对照组 7%）无影响。然而,与标准氧疗相比,在第 1 小时和第 2 天,双水平 NIV 的博格（Borg）评分有所下降。当一个离群值被从分析中移除时,与对照组相比,采用双水平 NIV 患者的住院时间具有统计学意义上的显著减少（5 d：7 d）。②在两项随机对照试验和一项前瞻性观察研究中,平均 pH 值为引发轻度酸中毒的 pH 值,这再次表明无急性呼吸性酸中毒患者的纳入;这些研究均未显示出双水平 NIV 的优势。③在一项研究（$n=342$）中,与标准氧疗相比,入院 24～48 h 开始行双水平 NIV,在随机分组时平均 pH 值为 7.35 的患者中,符合双水平 NIV 插管临床标准的患者减少（1.4%：4.6%；$P=0.002$）,但死亡率无差异。在 pH 值＞7.35（$n=151$）的患者中进行亚组分析,显示双水平 NIV 对符合插管临床标准的患者与未符合插管临床标准的患者相比有益（9/80：2/71；$P=0.045$）,但对死亡率无影响。然而,双水平 NIV 的开始时间比其他研究晚得多（入院后 24～48 h）,考虑到轻度酸中毒,病情恶化至需要气管插管的患者很多。④对非酸中毒的高碳酸血症型 COPD 患者,主要的治疗方法应该是药物治疗,最重要的指标是氧饱和度目标为 88%～92%,当氧气输送达到这一范围时,转移到医院的 COPD 患者的生存率更高。

(2) 问题 1b：对因 COPD 加重导致的急性高碳酸血症性呼吸衰竭患者,是否应该使用双水平 NIV？

1) 双水平 NIV 可防止气管插管。①对因 COPD 加重导致急性呼吸性酸中毒或慢性呼吸性酸中毒急性加重（pH 值≤7.35）的 ARF 患者,推荐使用双水平 NIV（强烈建议,证据的确定性高）。②pH 值 7.25～7.35 的患者,在无酸中毒的代谢原因的情况下,通常被认为无须行气管插管和机械通气。在此类患者身上,有最强有力的证据支持使用双水平 NIV。③pH 或呼吸频率的改善,或两者均改善,是双水平 NIV 成功预后的良好预测指标;在有反应的患者中,在双水平 NIV 开始后的前 1～4 h 内可以普遍看到患者的反应。④双水平 NIV 可减轻呼吸困难、缩短 ICU 和普通病房停留时间、提高生存率、降低呼吸道和非呼吸道感染性并发症的发生率。⑤相关临床试验结果显示,与标准非通气相比,双水平 NIV 的结果较差,尽管在一项包括一些 COPD 患者的研究中行双水平 NIV 的患者的死亡率有增加的趋势（这归因于有创机械通气延迟）,但是双水平 NIV 已被证明在该患者组中具有成本效益。

2) 双水平 NIV 可替代一线气管插管。对被认为需要行气管插管和有创机械通气的患者行双水平 NIV,除非患者的病情会立即恶化（强烈建议,证据确定性为中等）。①在 Conti 等的研究中,两组患者的生存率相似,但在双水平 NIV 成功的患者中,优势包括 ICU 和普通病房停留时间缩短、并发症减少、重新补充氧气的需求减少及 1 年再入院的次数减少。不过,在一些重要的情况下,如当呼吸停止、呼吸暂停发作、发生需镇静的精神运动性躁动、心率＜60 次/分及收缩压＜80 mmHg 时,则需要紧急进行气管插管。②Jurjevic 等纳入了与 Conti 等的研究相似的患者,但对纳入标准和主要结果没有明确。研究者发现,有创机械通气的效果既与最初几个小时生理异常的改善更快有关,也与通气总时间和 ICU 停留时间更长有关。两组患者的死亡率相似。接受双水平 NIV 的患者中,呼吸机相关性肺炎的发生率较低,对气管切开的需求也较少。③昏迷已被描述为双水平 NIV 的禁忌证,但在大量病例的研究中,Diaz 等认为,无论是否有高碳酸血症昏迷,两组患者的结果并无差异。

4. 实施的注意事项

(1) 标准药物治疗后,当 pH 值≤7.35、$PaCO_2$>45 mmHg 且呼吸频率>24 次/分时,应考虑行双水平 NIV。

(2) 双水平 NIV 仍然是入院期间发生急性呼吸性酸中毒的 COPD 患者的首选。没有不适合进行双水平 NIV 的 pH 下限;但 pH 值越低,失败的风险越大,如果病情没有改善,则必须非常密切地监测患者的生命体征并迅速行气管插管和有创机械通气。

(二) 心源性肺水肿导致的 ARF 患者的双水平 NIV

(1) 对于心源性肺水肿引起的 ARF 患者,推荐使用双水平 NIV 或 CPAP(强烈建议,证据确定性为中等)。

1) 2008 年,Gray 等发布了来自 26 个急诊科的多中心试验的结果,在试验中,1069 名患者被随机分配到 CPAP 组、双水平 NIV 组或标准氧疗组,结果表明,CPAP 组、双水平 NIV 组与标准氧疗组相比生理功能得到改善,但 7 d 和 30 d 的插管率或死亡率并无差异。然而,对该试验结果的解释受到高交叉率的限制[标准氧疗组 367 名患者中有 56 名 (15.3%) 交叉到了双水平 NIV 组]。

2) 已发表的 5 篇系统评价纳入了 Gray 等的数据及其他新试验的数据。研究者们一致认为:①双水平 NIV 减少了气管插管的需求;②双水平 NIV 与降低住院死亡率有关;③双水平 NIV 与心肌梗死发生率的增加无关(第一项比较双水平 NIV 和 CPAP 的研究提出的问题);④CPAP 和双水平 NIV 对这些结果有类似的影响。

(2) 建议在院前环境中对因心源性肺水肿引起的 ARF 患者用 CPAP 或双水平 NIV(有条件的建议,证据的确定性低)。6 项单中心随机对照试验评估了 CPAP 或双水平 NIV 在院前心源性肺水肿治疗中的应用。①其中 4 项为针对急性心源性肺水肿的试验,另外 2 项包括 ARF 患者一般人群中心源性肺水肿患者的一部分(Thompson 等:69 例心源性肺水肿中有 44 例。Roessler 等:49 例心源性肺水肿中有 25 例)。②这些研究是异质性的,其中 4 项使用了 CPAP,另外 2 项使用了双水平 NIV,并且它们在不同的环境中进行。③在其中的 5 项研究中,有 1 名医师支持救护人员;在另外 1 项研究中,其院前护理和研究程序仅由救护人员实施。不同研究的气管插管率不同,表明疾病严重程度或救护人员的经验可能存在差异。④其中 1 项研究比较了早期和延迟的双水平 NIV,而其余研究则将常规药物治疗作为对照组。

(三) 急性哮喘引起的 ARF 患者的双水平 NIV

1. 治疗原则

双水平 NIV 与常规药物治疗合用,目的是减少急性支气管收缩发作期间呼吸肌做功,改善通气,减少呼吸困难感,最终避免行气管插管和有创机械通气。

2. 存在问题

鉴于证据的不确定性,无法就哮喘引起的 ARF 患者使用双水平 NIV 提出建议。

3. 依据

（1）一项生理学研究为 CPAP 的使用提供了一些支持。这项研究表明，在因组胺激发而引起急性支气管收缩的哮喘患者中，与自主呼吸相比，使用 CPAP（平均为 12 cmH$_2$O）可以显著降低呼吸肌的压力-时间乘积（能量利用指数），这一点可通过力学和呼吸模式的变化来解释。

（2）一些非对照试验和随机对照试验比较了急性哮喘患者的双水平 NIV 与常规护理的效果。非对照试验结果显示所选定患者的生理功能得到了改善，而随机对照试验和荟萃分析在比较双水平 NIV 和常规护理的效果时表明，临床相关结果无差异。

（3）Fernandez 等进行的一项回顾性、观察性研究描述了 ICU 住院治疗急性哮喘的 3 种类型的患者（需紧急行气管插管的急性严重近致命性哮喘患者、大多数对药物治疗反应良好的患者和一小部分对药物治疗反应不佳的患者），在这项研究中接受了双水平 NIV 治疗，大部分取得了较好的效果。

（4）最近在美国 97 家医院进行的一项为期 4 年的回顾性队列研究中，在急性哮喘患者中，双水平 NIV 的使用率为 4.0%（13930 例中有 556 例），有创机械通气的使用率为 4.8%（13930 例中的 668 例）。双水平 NIV 的失败率（定义为插管）为 4.7%（26 例患者）。未接受过双水平 NIV 试验直接接受有创机械通气的患者、双水平 NIV 试验失败的患者和双水平 NIV 试验成功的患者的医院死亡率分别为 14.5%、15.4% 和 2.3%。

第十七节　哮喘的分级与医院内救治流程

一、哮喘急性发作时病情严重程度的分级

哮喘急性发作时病情严重程度的分级见表 1-12。

表 1-12　哮喘急性发作时病情严重程度的分级

临床特点	分级			
	轻度	中度	重度	危重
气短	步行、上楼时	稍事活动	休息时	休息时，明显
体位	可平卧	喜坐	端坐呼吸	端坐呼吸或平卧
讲话方式	连续成句	单句	单词	不能讲话
精神状态	有焦虑，尚安静	时有焦虑或烦躁	时常焦虑、烦躁	嗜睡或意识模糊
出汗	无	有	大汗淋漓	大汗淋漓
呼吸频率	轻度增加	增加	常大于 30 次/分	常大于 30 次/分
辅助呼吸肌活动、"三凹征"	常无	可有	常有	胸腹矛盾呼吸
哮鸣音	散在，呼吸末期	响亮、弥散	响亮、弥散	减弱，甚至无哮鸣音

续表

临床特点	分级			
	轻度	中度	重度	危重
脉率	<100 次/分	100～120 次/分	>120 次/分	变慢或不规则
奇脉	无，<10 mmHg	可有，10～25 mmHg	常有，10～25 mmHg	无，即呼吸肌疲劳
最初支气管舒张剂治疗后呼气流量峰值（PEF）占预计值的百分比或个人最佳值的百分比	>80%	60%～80%	<60% 或 100 L/min 或作用时间<2 h	无法完成检测
PaO_2（吸空气）	正常	≥60 mmHg	<60 mmHg	<60 mmHg
$PaCO_2$（吸空气）	<45 mmHg	≤45 mmHg	>45 mmHg	>45 mmHg
SaO_2（吸空气）	>95%	91%～95%	≤90%	≤90%
pH 值	正常	正常	正常或降低	降低

注：只要符合某一严重程度的指标≥4 项，即可提示为该级别的急性发作。

二、哮喘急性发作患者的医院内救治流程

哮喘急性发作患者的医院内救治流程见图 1-33。

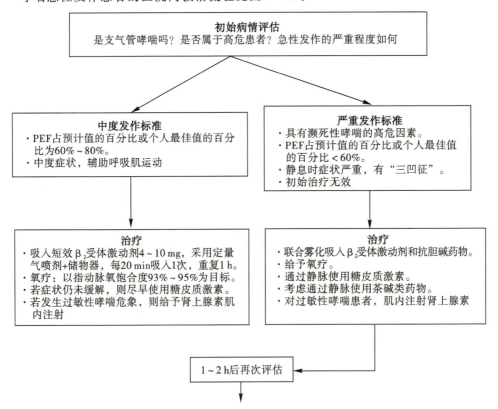

第一章 常见急危重症的救治流程和措施

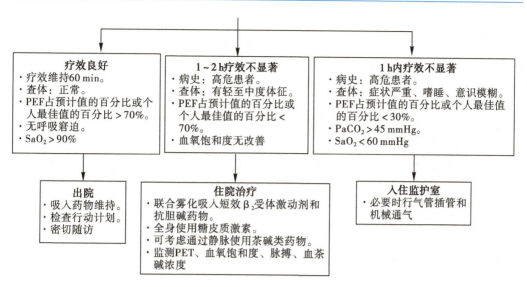

图 1-33 哮喘急性发作患者的医院内救治流程

第十八节 咯血（致命性大咯血）的救治流程

一、咯血的救治流程

咯血的救治流程见图 1-34。

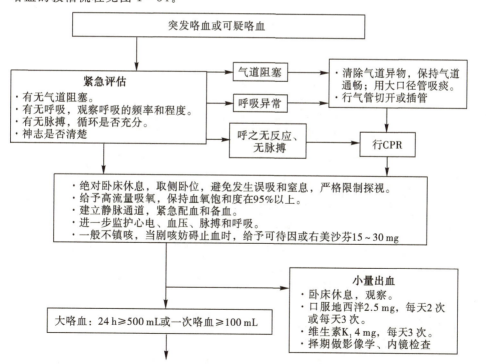

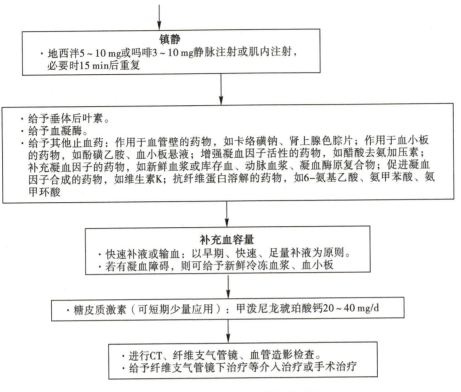

图 1-34 咯血急诊救治的临床路径

二、致命性大咯血的救治流程

致命性大咯血的救治流程见图 1-35。

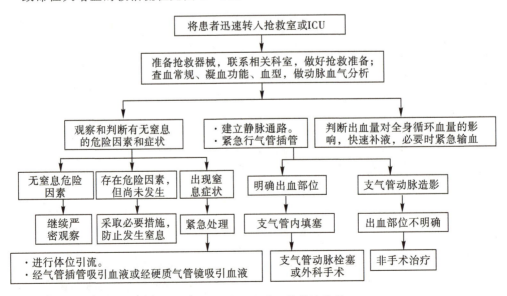

图 1-35 致命性大咯血的救治流程

三、附件（大咯血时止血药的选择）

（一）垂体后叶素

垂体后叶素是发生大咯血时的首选药物。

首先，给予垂体后叶素 5~10 U＋25％葡萄糖注射液 20~40 mL，缓慢注射（10~20 min）。之后，给予垂体后叶素 10~20 U＋5％葡萄糖注射液 500 mL，静脉滴注，24 h 总量不超过 30~50 U。大咯血控制后，可继续用药 1~2 d，2 次/天，每次 5~10 U，肌内注射。

禁忌证：高血压、冠心病、心力衰竭患者及孕妇（非用不可时小剂量开始，密切观察）。

（二）血凝酶

大咯血时可联用血凝酶与垂体后叶素，以加强止血效果。首次静脉注射与肌内注射各 1 kU，随后每日肌内注射 1 kU（应防止用药过量）。

（三）其他止血药

其他止血药在大咯血时作用较弱，但可用于后续止血的处理。

第十九节　高血压急症的救治流程

一、高血压急症的救治流程

高血压急症的救治流程见图 1-36。

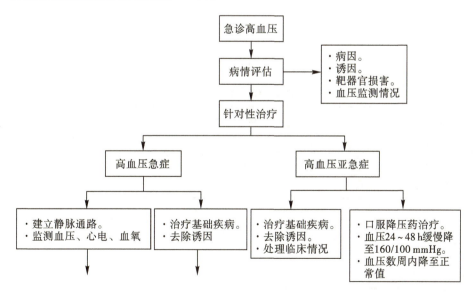

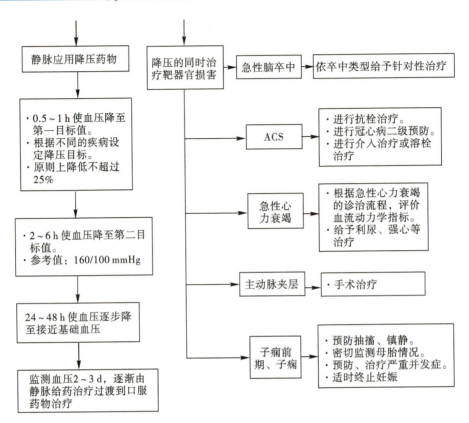

图 1-36 高血压急症的救治流程

二、附件

(一) 附件 1：高血压的相关分级

1. 高血压分级

高血压分级见表 1-13。

表 1-13 高血压分级

类别	收缩压/mmHg		舒张压/mmHg
正常血压	<120	和	<80
正常高值	120~139	和（或）	80~89
高血压	≥140	和（或）	≥90
1级（轻度）	140~159	和（或）	90~99
2级（中度）	160~179	和（或）	100~109
3级（重度）	≥180	和（或）	≥110
单纯收缩期高血压	≥140	和	<90

注：当收缩压和舒张压分属不同分级时，以较高的级别为标准。本分级适用于任何年龄的成人。

2. 高血压患者心血管危险分层标准

高血压患者心血管危险分层标准见表1-14。

表1-14 高血压患者心血管危险分层标准

其他危险因素和病史	血压		
	1级	2级	3级
无其他危险因素	低危	中危	高危
有1或2个危险因素	中危	中危	很高危
有3个以上危险因素,或靶器官损害	高危	高危	很高危
有临床并发症或合并并发症	很高危	很高危	很高危

3. 影响高血压患者心血管预后的重要因素

(1) 其他危险因素:年龄,男性>55岁,女性>65岁;吸烟;血胆固醇浓度>5.72 mmol/L,或低密度脂蛋白胆固醇浓度>3.3 mmol/L,或高密度脂蛋白胆固醇浓度<1.0 mmol/L;早发心血管病家族史(一级亲属发病<50岁);向心性肥胖(腹围男性≥85 cm,女性≥80 cm),或体重指数>28 kg/m²;高敏C反应蛋白浓度≥1 mg/dL;缺乏体力活动。

(2) 靶器官损害:左心室肥厚(ECG或超声心动图);颈动脉超声证实有动脉粥样斑块或内膜中层厚度≥0.9 mm;血肌酐浓度轻度升高,男性115~133 μmol/L,女性107~124 μmol/L;尿微量白蛋白浓度30~300 mg/24 h,或在尿蛋白/肌酐值方面,男性≥22 mg/g女性≥31 mg/g。

(3) 并发症:心脏疾病,如心绞痛、心肌梗死、冠脉血运重建、心力衰竭;脑血管疾病,如脑出血、缺血性脑卒中、短暂性脑缺血发作;肾脏病,如糖尿病肾病、血肌酐浓度升高(男性>133 μmol/L,女性>124 μmmol/L)或临床蛋白尿>300 mg/24 h;血管疾病,如主动脉夹层、外周血管病;高血压性视网膜病变,如出血或渗出,视乳头水肿。

(二)附件2:高血压急症的降压目标

高血压急症的降压目标见表1-15。

表1-15 高血压急症的降压目标

疾病种类	降压目标
主动脉夹层	迅速将收缩压降至100~120 mmHg,心率≤60次/分
高血压脑病	血压目标为(160~180)/(100~110) mmHg;给药1 h内使收缩压下降20%~25%,1 h内下降幅度不能>50%

续表

疾病种类		降压目标
脑卒中	自发性脑出血	对收缩压 150～220 mmHg 的自发性脑出血患者，若无急性降压治疗的禁忌证，则急性期降低收缩压到 140 mmHg 是安全的
	蛛网膜下腔出血	高于基础血压 20% 左右，避免发生低血压。处理动脉瘤前可将收缩压控制在 140～160 mmHg；处理动脉瘤后，应参考基础血压，合理调整目标值，避免因低血压而造成脑缺血
	缺血性脑卒中	准备溶栓时，应使收缩压＜180 mmHg，DBP＜110 mmHg。对未溶栓的患者 24 h 内降压需谨慎
急性心力衰竭		早期数小时应迅速降压，降压幅度在 25% 内，无明确的降压目标，以减轻心脏负荷、缓解心力衰竭症状为主要目的，当收缩压＜90 mmHg 时，禁用扩血管药
ACS		降压目标：收缩压＜130/80 mmHg，但治疗需个体化，对老年人群来说，降压更应综合评估
子痫前期和子痫		血压＜160/110 mmHg，对并发器官功能损伤的孕妇来说，应将血压控制在＜140/90 mmHg 且≥130/80 mmHg
围手术期高血压		围手术期血压控制目标：年龄≥60 岁，血压＜150/90 mmHg；年龄＜60 岁，血压＜140/90 mmHg；糖尿病和慢性肾病患者，血压＜140/90 mmHg；术中血压波动不超过基础血压的 30%
嗜铬细胞瘤		术前 24 h 血压＜160/90 mmHg 且≥80/45 mmHg
急诊应激高血压		去除诱因，不应急于降压，应加强动脉血压监测

(三) 附件 3：高血压脑出血的降压策略

高血压脑出血的降压策略见表 1-16。

表 1-16 高血压脑出血的降压策略

血压水平	降压策略
收缩压在 150～220 mmHg	对无急性降压治疗禁忌证的高血压脑出血患者来说，急性期将收缩压降至 140 mmHg 是安全的
收缩压＞220 mmHg	对高血压脑出血患者来说，连续静脉用药以强化降压和持续血压监测是合理的，但在临床实践中应根据高血压病史长短、基础血压值、颅内压（ICP）情况及入院时的血压情况来决定个体化的降压目标
收缩压为 150～220 mmHg	对无急性降压治疗禁忌证的高血压脑出血患者来说，将围手术期收缩压降至 120～140 mmHg 可能是安全的

(四)附件4:急性缺血性脑卒中的降压策略

急性缺血性脑卒中的降压策略见表1-17。

表1-17 急性缺血性脑卒中的降压策略

血压水平	降压策略
对血压持续升高至收缩压≥200 mmHg或舒张压≥110 mmHg,或伴有严重心功能不全、主动脉夹层、高血压脑病的患者,可予以降压,并严密观察血压变化	可选用拉贝洛尔、尼卡地平,建议通过微量输液泵给予降血压药,避免使用可引起血压剧下降的药物
对准备溶栓及桥接血管内取栓者,应将血压控制在收缩压<180 mmHg、舒张压<100 mmHg	对未接受静脉溶栓治疗的患者,血压管理可参照该标准,根据血管开通情况控制术后血压水平,避免过度灌注或低灌注
若患脑卒中后患者病情稳定,血压持续≥140/90 mmHg,无禁忌证,则可于起病数天后恢复使用发病前服用的降压药物或开始启动降压治疗	—

(五)附件5:高血压急症的用药

1. 推荐的常用高血压急症静脉治疗药物

推荐的常用高血压急症静脉治疗药物见表1-18。

表1-18 推荐的常用高血压急症静脉治疗药物

疾病种类	常用静脉降压药物
主动脉夹层	首选静脉β受体阻滞剂,仍不达标联用其他血管扩张剂,如乌拉地尔、拉贝洛尔、硝普钠等,避免反射性心动过速
急性脑卒中	急性出血性卒中:快速降压,如乌拉地尔、拉贝洛尔。急性缺血性卒中:拉贝洛尔、尼卡地平、乌拉地尔
高血压脑病	拉贝洛尔
急性心力衰竭	硝酸甘油、硝普钠、乌拉地尔
ACS	硝酸甘油、β受体阻滞剂
嗜铬细胞瘤	酚妥拉明、乌拉地尔、硝普钠
围手术期高血压	乌拉地尔、艾司洛尔
子痫前期、子痫	拉贝洛尔

2. 高血压急症静脉注射常用降压药

高血压急症静脉注射常用降压药见表1-19。

表 1-19 高血压急症静脉注射常用降压药

药名	剂量	起效	持续	适应证	不良反应及注意事项	禁忌证
硝普钠	0.5～10 mg/(kg·min) 静脉滴注	立即	1～10 min	多数高血压急症患者，尤其是合并心力衰竭的患者	导致恶心、呕吐、肌颤、出汗，降低脑灌注且增加颅内压，抑制碘摄取，加重低氧血症	患代偿性高血压（如伴动静脉分流或主动脉缩窄的高血压）的小儿、孕妇，患冠状动脉或脑血管供血不足、甲状腺功能不全、肺功能不全、严重肝或肾功能不全者
硝酸甘油或硝酸异山梨酯	5～100 mg/min 静脉滴注	2～5 min	5～10 min	高血压合并急性肺水肿、高血压合并ACS的患者	头痛、眩晕、皮肤潮红，可加重低氧，连续用药会耐药	颅内高压、青光眼、肥厚性梗阻性心肌病、脑出血、头颅外伤的患者
酚妥拉明	5～10 mg 静脉推注或 0.5～1 mg/min 静脉滴注	1～2 min	10～30 min	嗜铬细胞瘤引起的高血压危象的患者；高血压合并心力衰竭的患者	心动过速、头痛、颜面潮红	严重动脉硬化、肝或肾功能不全、ACS、胃十二指肠溃疡及对本药过敏者
尼卡地平	5～15 mg/h 或 0.5～6 μg/(kg·min) 静脉滴注	5～10 min	1～4 h	既可用于高血压急症及术中血压短期急救伴基底动脉供血不足或二尖瓣关闭不全及末梢阻力和肺动脉压升高的低CO患者，还可用于妊娠高血压急症患者	心动过速、头痛、颜面潮红、乏力、转氨酶浓度升高	中毒、主动脉狭窄、颅内出血尚未完全止血、脑卒中、颅内压升高的患者

续表

药名	剂量	起效	持续	适应证	不良反应及注意事项	禁忌证
地尔硫䓬	5~15 mg/h 静脉滴注（将 50 mg 溶于 500 mL）	—	—	高血压、冠心病并发哮喘、肥厚型心肌病、流出道狭窄的患者	低血压、心动过缓	病态窦房结综合征、Ⅱ度以上的房室传导阻滞（安装起搏器者除外）、严重充血性心力衰竭的患者
拉贝洛尔	50 mg 于 5~10 min 静脉注射，可隔 15 min 重复总量<300 mg 或 0.5~2 mg/min 静脉滴注	5~10 min	8~12 h	除急性心力衰竭外的多数高血压危象患者，尤其是妊娠高血压、妊娠并原发性高血压、老年嗜铬细胞瘤、高血压危象及高血压脑病患者等	低血压、心动过缓、尿潴留、麻痹性肠梗阻	急性心力衰竭、支气管哮喘、传导阻滞的患者
艾司洛尔	1 mg/kg 静脉注射，此后 0.1~0.3 mg/(kg·min) 静脉注射或静脉滴注	即刻	10~30 min	除合并心力衰竭、肺水肿外的大多数高血压急症的患者，尤其是围手术期（包括麻醉过程中的血压控制）的患者	低血压、恶心	支气管哮喘、严重 COPD、窦性心动过缓、Ⅱ~Ⅲ度房室传导阻滞、难治性心功能不全、心源性休克、对本药过敏的患者
乌拉地尔	10~50 mg 静脉注射，此后可用 100 mg 静脉滴注	5 min	4~6 h	大多数高血压急症，尤其是伴高血压脑病、急性左心衰、主动脉夹层的患者，还可用于妊娠高血压急症患者	头晕、恶心、心悸，不提倡与 ACEI 类药合用	主动脉峡部狭窄或动静脉分流的患者

续表

药名	剂量	起效	持续	适应证	不良反应及注意事项	禁忌证
二氮嗪	每次 0.2~0.4 g，静脉注射 0.5~3 h 可重复	1 min	2~12 h	恶性高血压、高血压危象患者，特发性低血糖急症、胰岛素细胞瘤引起的严重低血糖患儿	水钠潴留、体位性低血压、心动过速、消化道症状、血糖浓度升高	充血性心力衰竭、糖尿病、肾功能不全、妊娠及哺乳期、功能性低血糖伴主动脉狭窄或动静脉分流的患者
利血平	0.5~1 mg 肌内注射或静脉注射，每 3~12 h 给予 2~4 mg	1~2 h	4~6 h	高血压危象患者（不推荐为一线用药）	倦怠、头痛、阳痿、纳差、抑郁、注意力不集中、焦虑多梦或清晨失眠、食欲减低、恶心、呕吐等	活动性胃溃疡、溃疡性结肠炎、抑郁症的患者和妊娠期妇女
托拉塞米	20~80 mg/d 静脉推注或静脉滴注	10 min	5~8 h	原发性高血压危象、心力衰竭及多系统器官功能衰竭等急症的患者	不良反应轻，消化道反应常见，低钾血症	无尿或严重排尿困难、低血容量、低钾或低钠及肝昏迷的患者
可乐定	0.15 mg 静脉注射，24 h 总量 <0.75 mg	10 min	3~7 h	大多数高血压急症患者（作为二、三线降压药使用）	口干、嗜睡、头晕、镇静、虚弱、神经质、恶心、呕吐、性欲减退等，可影响意识评价	脑血管病、冠状动脉供血不足、窦房结或房室结功能低下及外周血管疾病的患者

第二十节　急性主动脉综合征的筛查流程

急性主动脉综合征（AAS）的筛查流程见图 1-37。

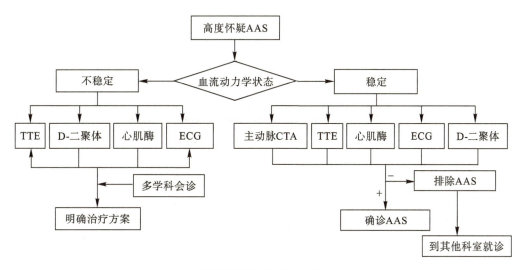

TTE 指经胸超声心动图。

图 1-37 AAS 的筛查流程

第二十一节 颅内压增高症的救治流程

颅内压增高症的救治流程见图 1-38。

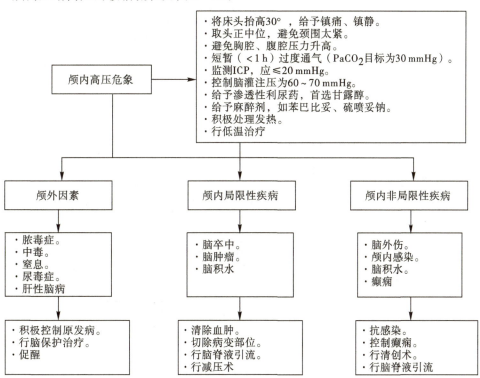

图 1-38 颅内压增高症的救治流程

第二十二节 昏迷的救治流程

昏迷的救治流程见图1-39。

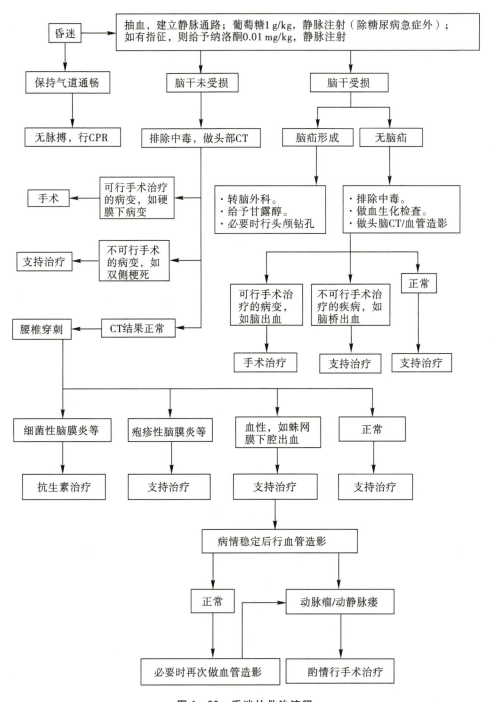

图1-39 昏迷的救治流程

第二十三节　上消化道出血的救治流程

一、上消化道出血的救治流程

上消化道出血的救治流程见图1-40。

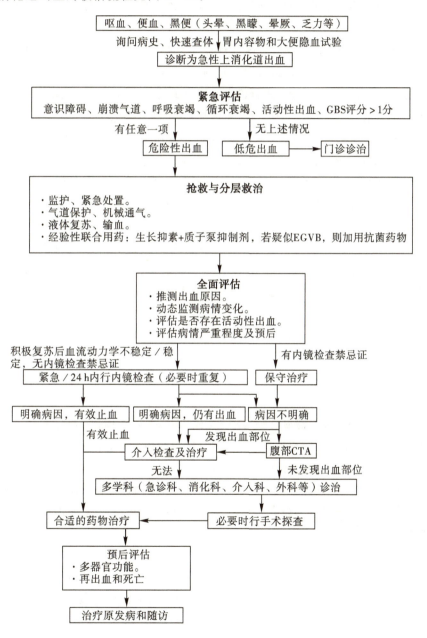

GBS评分指格拉斯哥-布拉奇福德出血评分；EGVB指食管胃底静脉曲张出血。

图1-40　上消化道出血的救治流程

二、附件

(一) 附件1：上消化道出血的救治方法及常用药物

上消化道出血的救治方法及常用药物介绍如下。

1. 容量复苏

对血流动力学不稳定的急性上消化道出血患者应及时进行容量复苏，恢复并维持重要器官灌注。

（1）若出血仍未控制，则应采取限制性液体复苏和允许性低血压复苏策略，建议收缩压以80～90 mmHg为宜；若出血已控制，则应根据患者的基础血压水平积极复苏。

（2）若存在以下情况，则考虑进行输血：收缩压低于90 mmHg，或较基础收缩压下降超过30 mmHg；血红蛋白浓度<70 g/L，红细胞压积<25%，心率增快，>110次/分。

（3）个体化权衡输血利弊，一般采取限制性输血策略，推荐的血红蛋白浓度的目标值为70～90 g/L。对高龄、有基础心脑血管疾病（ACS、脑卒中或短暂性脑缺血发作）、血流动力学不稳定或持续大量出血的患者，不适合采取限制性输血策略，可将其输血指征放宽至血红蛋白浓度90 g/L或以上，避免因过度失血而导致基础疾病恶化。

（4）对高龄且伴心、肺、肾疾病的患者，应防止因输液过多而引起心力衰竭和急性肺水肿。对急性大出血者，应进行相应的血流动力学监测，以指导液体输入量。

（5）血容量充足的指征：收缩压90～120 mmHg；脉搏<100次/分；尿量>40 mL/h、血钠浓度<140 mmoL/L；神志清楚或好转，无明显脱水貌。

2. 生长抑素及其类似物

（1）生长抑素：每支3 mg，半衰期3 min左右，静脉注射后迅速起效，15 min即可达峰浓度，有利于迅速控制急性上消化道出血。

（2）3 mg生长抑素＋生理盐水/葡萄糖250 mL，以50 μg/h的速度泵入或滴注，3 mg/12 h，疗程5 d。

（3）对高危患者，缓慢静脉注射250 μg或500 μg后立即以250 μg/h或500 μg/h的速度泵入或滴注。3 mg生长抑素＋生理盐水/葡萄糖250 mL（浓度1 mL≈12 μg），静脉注射21 mL混合液约含生长抑素250 μg。

（4）当两次输液给药间隔>3～5 min时，应重新静脉注射250 μg生长抑素。对难以控制的急性上消化道出血的患者，可根据病情重复给予250 μg冲击剂量快速静脉滴注，最多可达3次。

（5）微量泵：250 μg/h。

（6）奥曲肽是人工合成的八肽生长抑素类似物，皮下注射后吸收迅速而完全，30 min血浆浓度可达到高峰，其半衰期为100 min。静脉注射后其消除呈双相性，半衰期分别为10 min和90 min。使用方法：急性出血期应经静脉给药，起始快速静脉滴注50 μg，继以25～50 μg/h的速度持续静脉滴注，疗程为3～5 d。

3. 血管升压素

血管升压素是较为常用的药物。垂体后叶素可代替血管升压素应用。

(二) 附件2：消化道出血量的评估

消化道出血量的评估见表1-20。

表1-20 消化道出血量的评估

出血量	症状
出血>5~10 mL	粪便隐血试验阳性
每日出血量50~100 mL	出现黑便
胃内储积血量250~300 mL	引起呕血
一次出血量>400~500 mL	出现全身症状
短时间内出血量超过1000 mL	出现周围循环衰竭表现

(三) 附件3：急性上消化道出血的危险程度分层

急性上消化道出血的危险程度分层见表1-21。

表1-21 急性上消化道出血的危险程度分层

分层	症状体征	休克指数	处置	医疗区域
极高危	心率>120次/分，收缩压<70 mmHg或急性血压降低（基础收缩压降低30~60 mmHg），心跳、呼吸停止或节律不稳，通气、氧合功能不能维持	>1.5	立即复苏	急诊抢救区
高危	心率100~120次/分，收缩压70~90 mmHg、晕厥、少尿、意识模糊、四肢末端湿冷、持续呕血或便血	1.0~1.5	立即监测生命体征，10 min内开始积极救治	
中危	血压、心率、血红蛋白浓度基本正常，生命体征暂平稳，高龄或伴有严重基础疾病，存在潜在生命威胁	0.5~1.0	优先诊治，30 min内接诊，若候诊>30 min，则需重新评估	急诊普通诊疗区
低危	生命体征平稳	0.5	顺序就诊，60 min内接诊，若候诊>60 min，则需重新评估	
极低危	病情稳定，GBS评分≤1	0.5	随访	门诊

注：休克指数=心率/收缩压。0.5为血容量正常，0.5~1.0为轻度休克，失血量20%~30%；1.0~1.5为中度休克，失血量30%~40%；1.5~2.0为重度休克，失血量40%~50%；>2.0为极重度休克，失血量>50%。

（四）附件 4：急诊内镜检查的适应证和禁忌证

1. 目的

方便对上消化道出血患者进行病因诊断及治疗。

2. 检查时间（证据水平：中；一致率 98.9%）

（1）应在出血后 24 h 内进行内镜检查。

（2）当积极复苏后仍持续血流动力学不稳定时，应行紧急内镜检查。

（3）如果血流动力学稳定，则可在 24 h 内进行内镜检查。

（4）对疑似静脉曲张出血者，应在 12 h 内进行内镜检查。

3. 不宜进行急诊内镜检查的情况

心率＞120 次/分，收缩压＜90 mmHg 或基础收缩压降低＞30 mmHg，血红蛋白浓度＜50 g/L 等。应先纠正循环衰竭，然后再行内镜检查。

4. 危重患者急诊内镜检查须知

进行内镜检查时，应做好血氧饱和度、心电和血压监测，备好止血药和器械。可考虑在内镜检查前 30～120 min 静脉滴注红霉素 250 mg，以改善内镜视野（证据水平：高；一致率 80.7%）。

（五）附件 5：GBS 评分系统

GBS 评分系统见表 1-22。

表 1-22 GBS 评分系统

项目		参数	得分
收缩压		100～109 mmHg	1
		90～99 mmHg	2
		＜90 mmHg	3
血尿素氮		6.5～7.9 mmol/L	2
		8.0～9.9 mmol/L	3
		10.0～24.9 mmol/L	4
		≥25 mmol/L	6
血红蛋白	男性	120～129 g/L	1
		100～119 g/L	3
		＜100 g/L	6
	女性	100～119 g/L	1
		＜100 g/L	6
其他表现	脉搏	≥100 次/分	1
	黑便	存在	1
	晕厥	存在	2
	肝脏疾病	存在	2
	心力衰竭	存在	2

(六) 附件6：是否存在活动性出血的评估

（1）呕血或黑便次数增多，呕吐物呈鲜红色或排出暗红色血便，或伴肠鸣音活跃。

（2）经快速输液、输血，周围循环衰竭的表现未见明显改善，或虽暂时好转，但再度恶化，中心静脉压仍有波动，稍稳定后再度下降。

（3）红细胞计数、血红蛋白浓度测定与红细胞压积继续下降，网织红细胞计数持续增高（注意：红细胞压积在24～72 h后才能真实反映出血程度）。

（4）在补液与尿量足够的情况下，血尿素氮浓度持续不变或再次增高。

（5）胃管抽出物中有较多的新鲜血。

(七) 附件7：肝硬化蔡尔德-皮尤（Child-Pugh）改良评分分级

肝硬化Child-Pugh评分分级见表1-23。

表1-23 肝硬化Child-Pugh改良评分分级

临床或生化指标	分数			备注
	1	2	3	
肝性脑病（期）	无	1～2	3～4	总胆红素：<68为1分，68～170为2分，>170为3分。总分≤6为A级，总分7～9分为B级，总分≥10分为C级
腹水	无	轻度	中重度	
总胆红素（μmol/L）	<34	34～51	51	
白蛋白（g/L）	≥35	28～35	≤28	
凝血酶原时间/s	1～3	4～6	>6	

(八) 附件8：贫血分类

贫血分类见表1-24。

表1-24 贫血分类

类型	平均红细胞体积/fL	平均红细胞血红蛋白浓度/%	常见疾病
大细胞性贫血	>100	32～35	巨幼红细胞贫血、骨髓增生异常综合征、溶血性贫血
正常细胞性贫血	80～100	32～35	再生障碍性贫血、溶血性贫血、急性失血
小细胞性贫血	<80	<32	缺铁性贫血等

(九) 附件9：贫血严重度分级

贫血严重度分级见表1-25。

表1-25 贫血严重度分级

血红蛋白浓度（g/L）	<30	30～59	60～89	>90
严重程度	极重度	重度	中度	轻度

第二十四节 急性肾衰竭的救治流程

急性肾衰竭的救治流程见图1-41。

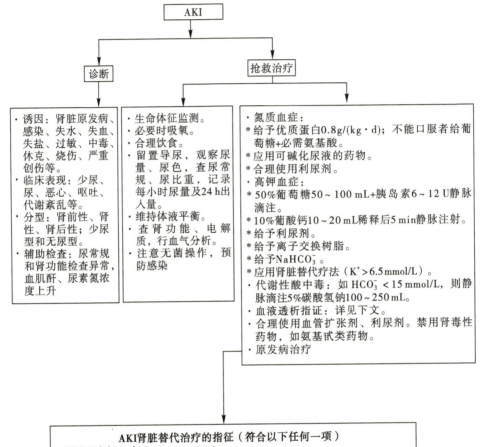

图1-41 急性肾衰竭的救治流程

第二十五节 血液净化治疗

一、血液灌流

(一) 适应证

(1) 急性药物或毒物中毒。

(2) 终末期肾脏病（尿毒症）患者，尤其是顽固性瘙痒、难治性高血压，高 β_2 微球蛋白血症、继发性甲状旁腺功能亢进症、周围神经病变等的患者。

(3) 重症肝炎（尤其是暴发性肝衰竭）导致的肝性脑病、高胆红素血症。

(4) 脓毒症或系统性炎症反应综合征。

(5) 银屑病或其他自身免疫性疾病。

(6) 其他，如海洛因等成瘾、家族性高胆固醇血症、重症急性胰腺炎、甲状腺功能亢进症等。

(二) 禁忌证

对体外血路或灌流器及相关材料过敏者。

(三) 操作流程

1. 患者准备

(1) 符合适应证，排除禁忌证，签署知情同意书。

(2) 建立血管通路，如临时性血管通路——深静脉、永久性血管通路——动静脉瘘。

(3) 进行心电监测，对血压过低者补充血容量。

2. 药物准备：抗凝剂

(1) 普通肝素。

(2) 低分子肝素：60~80 U/kg，治疗前 20~30 min 静脉注射，无须追加剂量。

3. 灌流设备准备

(1) 选取合适、无菌、在有效期内的灌流器。

(2) 连接并预冲管路：血流速度为 100 mL/h，先用 5% 葡萄糖预冲管路，再用每 500 mL 盐水含 10 mg 肝素的溶液预冲，总量为 1500 mL，然后用 100 mg 肝素盐水 500 mL，以 50 mL/h 的速度密闭循环 0.5 h，最后用生理盐水冲洗干净。若在预冲过程中看到有游离碳粒被冲出，则提示灌流器已经破膜，应更换。

4. 开始治疗

分别将灌流管路系统的动、静脉端与患者的血管通路正确、牢固连接，然后开动血泵（初始速度以 50~100 mL/min 为宜，逐渐增加血泵速度）。

5. 注意事项

(1) 治疗时间：常用活性炭吸附剂对大多数溶质的吸附可在 2~3 h 内达到饱和。因此，可每隔 2 h 更换灌流器，但一次灌流治疗的时间一般不超过 6 h。

(2) 结束治疗与回血：急性药物中毒抢救结束后可采用空气回血。

（3）报警：动脉压端低压报警常见于各种原因导致的血流量不足；动脉压端高压报警常见于灌流器内血液阻力增加，多见于高凝现象，应追加肝素量；静脉压端低压报警多见于灌流器内凝血；静脉压端高压报警多见于除泡器内凝血、滤网堵塞。

（4）血压下降：减慢血泵速度，适当扩充血容量，必要时可用升压药物；若血压下降与中毒相关，则应当一边静脉滴注升压药物，一边进行灌注治疗。

6. 并发症的处理

（1）生物不相容性及其处理：当灌流治疗开始后 0.5～1.0 h 出现寒战、发热、胸闷、呼吸困难、白细胞计数或血小板计数一过性下降（可低至灌流前的 30%～40%）时，可给予静脉推注地塞米松、吸氧等处理；若无效，则中止灌流治疗。

（2）吸附颗粒栓塞：当治疗开始后出现进行性呼吸困难、胸闷、血压下降等时，应停止治疗，并给予吸氧或高压氧治疗及对症处理。

（3）出、凝血功能紊乱：注意监测凝血功能，调整抗凝剂的用量。

（4）贫血：通常情况下，每次灌流治疗均会导致少量血液丢失。

（5）体温下降：与灌流过程中体外循环没有加温设备、设备工作不正常或灌流过程中注入过多冷盐水有关。

（6）空气栓塞：因灌流治疗管路系统气体未完全排除干净、治疗过程中血路连接处不牢固或出现破损而导致气体进入体内，患者可表现为突发呼吸困难、胸闷气短、咳嗽，严重者可表现为发绀、血压下降甚至昏迷。此时应立即停止灌流治疗，给予吸氧或高压氧治疗，并按空气栓塞抢救的诊疗规范进行治疗。

二、CRRT

（一）分类及目标

（1）缓慢连续性超滤（SCUF）：以清除过多液体为主。

（2）连续性静脉-静脉血液滤过（CV-VH）：可清除中、小分子物质及过多液体。

（3）连续性静脉-静脉血液透析滤过（CV-VHDF）：可清除中、小分子物质及过多液体。

（4）连续性静脉-静脉血液透析（CV-VHD）：可清除高分解代谢需要清除的大量小分子物质。

（5）连续性高通量透析（CHFD）：适用于 ARF 伴高分解代谢者。

（6）高容量血液滤过（HVHF）：可清除炎性介质。

（7）连续性血浆滤过吸附（CPFA）：可清除内毒素及炎症介质。

CRRT 常用治疗模式比较见表 1-26。

表 1-26 CRRT 常用治疗模式比较

项目	SCUF	CV-VH	CV-VHD	CV-VHDF
血流量（mL/min）	50～100	100～200	100～200	50～100
置换（透析液）流量（mL/min）	—	>35	10～20	10～20
中分子清除力	—	+++	—	+++

续表

项目	SCUF	CV-VH	CV-VHD	CV-VHDF
血滤器超滤系数	高通量	高通量	高/低通量	高通量
置换液	无	需要	无	需要
透析液	无	无	需要	需要
治疗原理	无	对流	弥散	对流＋弥散
主要特点	清除水分	血流动力学稳定，可连续有效清除水分和中、小分子物质	清除小分子物质	清除中、小分子物质

（二）适应证

1. 肾脏疾病

（1）重症 AKI 伴血流动力学不稳定和需持续清除过多水或毒性物质，如 AKI 合并严重的电解质平衡紊乱、酸碱代谢失衡、心力衰竭、肺水肿、脑水肿、ARDS、严重感染等。

（2）慢性肾脏病并发症，如合并急性肺水肿、尿毒症脑病、心力衰竭、血流动力学不稳定等。

2. 非肾脏疾病

非肾脏疾病包括多器官功能障碍综合征（MODS）、脓毒症或败血症性休克、ARDS、挤压综合征、乳酸酸中毒、急性重症胰腺炎、心肺体外循环手术、慢性心力衰竭、肝性脑病、药物或毒物中毒、严重容量负荷、严重的电解质和酸碱代谢失衡、肿瘤溶解综合征、热射病等。

（三）禁忌证

CRRT 无绝对禁忌证，但存在以下情况时应慎用。

（1）无法建立合适的血管通路。

（2）难以纠正的低血压。

（3）恶病质，如恶性肿瘤伴全身转移。

（四）治疗前准备

1. 治疗时机

（1）若危及生命的容量负荷过多、电解质平衡紊乱或酸碱代谢失衡，则应立即进行 CRRT。

（2）当治疗所需要的代谢及容量需求超过肾脏代谢能力时，应考虑进行 CRRT。

（3）对重症 AKI 患者，依据 2012 年改善全球肾脏病预后组织（KDIGO）指南分期，若 AKI 进入 2 期，则可考虑进行 CRRT 干预。

（4）对于心脏术后合并容量负荷的 AKI 患者，可考虑进行 CRRT 早期干预。

2. 患者评估及知情同意

评估患者拟行 CRRT 的适应证及禁忌证，以保证 CRRT 的有效性及安全性。是否需要 CRRT 治疗，应由有资质的肾脏病专科医师或 ICU 医师决定，但最终应由患者或其家属决定。肾脏病专科医师和（或）ICU 医师负责患者的筛选、治疗方案的确定等。

3. 血管通路

常用的血管通路有颈内、锁骨下及股静脉双腔留置导管，首选右侧颈内静脉及股静脉插管，置管时应严格执行无菌操作原则。在 B 超引导下置管可提高成功率和安全性。

4. 抗凝

（1）治疗前凝血状态评估和抗凝剂的选择：在进行 CRRT 的过程中常用的抗凝剂包括肝素、低分子肝素、枸橼酸钠、阿加曲班等；当抗凝剂均存在使用禁忌证时，也可采用无抗凝剂的方式抗凝。

1）如无合并出血风险、凝血功能障碍且未接受系统性抗凝剂治疗，则推荐 CRRT 抗凝剂的选择如下：①若无枸橼酸钠禁忌证，则建议用枸橼酸钠抗凝；②若存在枸橼酸钠禁忌证，则建议用普通肝素或者低分子肝素抗凝。

2）若合并出血风险且未接受系统性抗凝剂治疗，则推荐 CRRT 抗凝剂的选择如下：①若无枸橼酸钠禁忌证，则建议使用枸橼酸钠抗凝，而不是用无抗凝剂的方式抗凝；②若存在枸橼酸钠禁忌证［动脉氧分压＜60 mmHg 和（或）组织灌注不足、代谢性碱中毒、高钠血症］且无严重肝衰竭，则建议用阿加曲班，而不建议用局部肝素化（鱼精蛋白中和）的方式抗凝。

3）对于合并 HIT 的患者，推荐停用所有肝素类药物，并推荐使用阿加曲班或枸橼酸钠抗凝，而不是其他抗凝剂或无抗凝剂的方式抗凝。

（2）抗凝方案：具体如下。

1）局部枸橼酸钠抗凝：4% 枸橼酸钠溶液及含 3% 枸橼酸钠的血液保存液－A（ACD－A）均可用于局部枸橼酸钠抗凝，其中以 4% 枸橼酸钠溶液最常用。以 4% 枸橼酸钠溶液为例，常用处方为血流速度的 1.3 倍，维持体外循环中枸橼酸钠浓度为 3～4 mmol/L，控制滤器后游离钙水平在 0.25～0.35 mmol/L，静脉血游离钙在 1.0～1.35 mmol/L、实际应用中需根据患者行 CRRT 前的基础游离钙水平进行调整。

采用局部枸橼酸钠抗凝，为避免滤过分数过高，推荐采用 CV－VHDF 模式及 CV－VHD 模式。若采用 CV－VH 模式，则应尽量保证将滤过分数控制在 30% 以内。

采用局部枸橼酸钠抗凝时，常采用无钙置换液，需在静脉端持续泵入钙剂（10% 葡萄糖酸钙或 10% 氯化钙），根据置换液的使用量调整钙剂的补入速度，从而维持体内的钙平衡。为提高局部枸橼酸钠抗凝的易操作性，可采用含钙置换液（1.5 mmol/L）进行简化的枸橼酸钠抗凝，一般无须常规静脉端补钙。

对存在肝功能障碍、严重低氧血症、组织灌注差（乳酸大于 4 mmol/L）及高钠血症的患者，应禁用局部枸橼酸钠抗凝。

2）普通肝素：先稀释患者一般首剂量 1875～2500 U（15～20 mg），追加剂量 625～1250 U/h（5～10 mg/h），静脉注射或持续性静脉输注（常用）；后稀释患者一般首剂量 2500～3750 U（20～30 mg），追加剂量 1000～1875 U/h（8～15 mg/h），静脉注射或持续性静脉输注（常用）；治疗结束前 30～60 min 停止追加。应依据患者的凝血状态个体化调整抗凝剂的剂量；可通过检测全血凝固时间（ACT）评估抗凝治疗的效果，控制 ACT 为正常值的 1.5～2 倍；从管路动脉端或患者静脉采血检测 APTT，如 APTT 大于正常值的 1.5~2 倍，则提示抗凝剂使用过量，患者存在出血风险，需要适当减少普通肝素的追加剂量。

3）低分子肝素：不同低分子肝素在成分、分子量构成比、半衰期和生物活性等方面有较大的差别，因此在进行 CRRT 的过程中选择低分子肝素时，不同品牌的抗凝效果有一定差异。抗 Ⅹa 水平可反映低分子肝素的疗效，使用时应控制速度为 0.25~0.35 IU/mL，一般给予 60~80 IU/kg 静脉注射，每 4~6 h 给予 30~40 IU/kg 静脉注射，治疗时间越长，则给予的追加剂量逐渐减少。

4）阿加曲班：一般以 1~2 μg/（kg·min）持续滤过前给药，也可给首剂 250μg/kg 左右，应依据患者的凝血状态和血浆 APTT 的监测来调整剂量。

5）无抗凝剂：对无肝素类药物禁忌证的患者治疗前给予 500 U/dL（4 mg/dL）的肝素生理盐水预冲、保留灌注 20 min 后，再给予生理盐水 500 mL 冲洗；对存在肝素类药物禁忌证的患者，仅用生理盐水冲洗。在进行 CRRT 的过程中可每 60~120 min 给予 200 mL 生理盐水冲洗管路和滤器。

5. 血滤器的选择

根据治疗方式选择血滤器，常采用高生物相容性血滤器。

6. 置换液（推荐将商品化置换液作为首选）

(1) 置换液的基本成分：置换液的电解质成分是影响 CRRT 患者内环境的主要因素。为改善内环境，置换液的溶质配方原则上应与生理浓度相符。置换液中的溶质主要包括钠、钾、氯、碱基、钙、镁、磷及葡萄糖。

(2) 置换液的常用配方：具体如下。

1）商品化置换液：总量 4250 mL。用含以下成分的商品化置换液作为基础置换液（4000 mL，A 液），离子浓度（不含 $NaHCO_3$）：Na^+ 113 mmol/L，Cl^- 118 mmol/L，Ca^{2+} 1.60 mmol/L，Mg^{2+} 0.979 mmol/L，葡萄糖 10.6 mmol/L。按需加 10% 氯化钾，并配对应的 $NaHCO_3$（B 液）。置换液最终 pH 值为 7.40，最终离子浓度（4000 mL A 液＋250 mL B 液）：Na^+ 141 mmol/L，Cl^- 110 mmol/L，Ca^{2+} 1.5 mmol/L，Mg^{2+} 0.75 mmol/L，葡萄糖 10 mmol/L，HCO_3^- 35.0 mmol/L。

2）改良 Port 配方：总量 4250 mL。A 液：0.9% NaCl 注射液 3000 mL＋5% 葡萄糖 170 mL＋注射用水 820 mL＋10% CaCl 26.4 mL＋50% $MgSO_4$ 1.6 mL。B 液：5% $NaHCO_3$ 250 mL。最终离子浓度：Na^+ 143 mmol/L，Cl^- 116 mmol/L，Ca^{2+} 1.4 mmol/L，Mg^{2+} 1.56 mmol/L，葡萄糖 11.8 mmol/L，HCO_3^- 34.9 mmol/L。

（五）操作程序（CV - VHDF 模式，肝素抗凝）

1. CRRT 仪器的准备及管路预冲

(1) 准备置换液、透析液、肝素预冲液、注射器、消毒液、无菌纱布及棉签等。

(2) 操作者按卫生学要求着装，然后洗手，戴帽子、口罩、手套。

(3) 检查并连接电源，打开机器电源开关。

(4) 根据机器显示屏提示步骤，逐步安装 CRRT 血滤器及管路，安放置换液袋、透析液袋，连接置换液袋、透析液袋、肝素盐水预冲液袋、废液袋，打开各管路夹。

(5) 进行管路预冲及机器自检，如未通过自检，则应通知技术人员对 CRRT 机进行检修。

(6) 自检通过后,检查显示是否正常,若发现问题,则应及时调整。关闭动脉夹和静脉夹。

2. 治疗开始

(1) 设置血流速度、置换液流速、透析液流速、超滤液流速及肝素输注速度等参数,应将血流速度设置在 100 mL/min 以下。

(2) 打开留置导管封帽,用消毒液消毒导管口,抽出导管内的封管溶液,给予 20 mL 注射器 6 s 回抽血液,并注入生理盐水冲洗管内血液,确认导管通畅。

(3) 将管路动脉端与导管动脉端连接,打开管路动脉夹及静脉夹,按治疗键,使 CRRT 机开始运转,放出适量管路预冲液后停止血泵,关闭管路静脉夹,将管路静脉端与导管静脉端连接后,打开夹子,开启血泵继续治疗。如无须放出管路预冲液,则在连接管路与导管时,将动脉端及静脉端一同接好,打开夹子进行治疗即可。用止血钳固定好管路,用治疗巾遮盖好留置导管连接处。

(4) 逐步调整血流速度等参数至目标治疗量,查看并确认机器各监测系统处于监测状态,整理用物。

(5) 后置换模式的超滤率应达 35～45 mL/(kg·h) 才能获得理想疗效,尤其在脓毒症、SIRS、MODS 等以清除炎症介质为主的情况下,更提倡采用高容量的方式。

3. 治疗结束

(1) 治疗结束时,准备生理盐水、消毒液、无菌纱布、棉签等物品。

(2) 按结束键,停血泵,关闭管路及留置导管动脉夹,分离管路动脉端与留置导管动脉端,将管路动脉端连接至生理盐水袋,将血流速度减至 100 mL/min 以下,开启血泵回血。

(3) 回血完成后,停血泵,关闭管路,留置导管静脉夹,分离管路静脉端与导管静脉端。

(4) 消毒留置导管管口,用生理盐水冲洗留置导管管腔,依管腔容量封管、包扎、固定。

(5) 按机器提示步骤,卸透析器、管路及各液体袋。关闭电源,擦净机器,推至保管室内待用。

(六) 治疗过程中的监护

1. 管路系统监护

(1) 检查管路连接是否紧密、牢固,管路上各夹子是否松开,回路各开口关/开是否到位。

(2) 检查机器是否处于正常状态,若绿灯亮,则显示屏开始显示治疗量。

(3) 核对治疗参数设定是否正确。准确执行医嘱。

(4) 专人床旁监测,观察患者状态及管路凝血情况,进行心电监护,每小时记录一次治疗参数及治疗量,核实是否与医嘱一致。

(5) 根据机器提示,及时补充肝素溶液、倒空废液袋、更换管路及透析器。

(6) 发生报警时,迅速根据机器提示进行操作,解除报警。如报警无法解除且血泵停止运转,则立即停止治疗,手动回血并迅速请维修人员到场处理。

2. 抗凝监测

(1) 进行枸橼酸钠抗凝时,应监测滤器后和体内游离 Ca^{2+} 的浓度,也可测 ACT 或 APTT。从血液净化管路静脉端采血的 ACT 或 APTT 应维持于治疗前的 1.5~2.5 倍,治疗过程中和结束后从血液净化管路动脉端采血的 ACT 或 APTT 应与治疗前无变化。

(2) 肝素监测:监测 ACT、APTT。从血液净化管路静脉端采血。将 ACT/APTT 维持于治疗前的 1.5~2.5 倍,治疗结束后,ACT/APTT 应基本恢复至治疗前水平。

(3) 低分子肝素监测:监测抗凝血因子Ⅹa 活性。对无出血倾向的患者,应将抗凝血因子Ⅹa 活性维持在 500~1000 U/L;对伴出血倾向者,应将抗凝血因子Ⅹa 活性维持在 200~400 U/L。但抗凝血因子Ⅹa 活性不能即时检测,临床指导作用有限。

(4) 阿加曲班监测:监测 APTT。在血液净化管路静脉端采集样本。将 APTT 维持于治疗前的 1.5~2.5 倍。

(5) 监测时机:对首次进行血液净化的患者,应行血液净化前、中和结束后的全面凝血状态监测,以选择合适的抗凝剂种类和剂量。对同一患者来说,每次血液净化过程的凝血状态差别不大,因此一旦确定患者的抗凝剂种类和剂量,则无须在每次血液净化过程中都监测凝血状态,仅需要定期(1~3 个月)评估。

(七)停机时机

接受 CRRT 治疗的 AKI 患者的停机指征。

(1) 生命体征稳定、血流动力学正常、肾脏之外重要器官功能恢复正常,水、电解质和酸碱平衡紊乱及容量负荷得以纠正。

(2) 对虽满足上述条件,但肾功能未恢复的患者,可改用间断性肾脏替代治疗。

(3) 若患者的尿量可满足营养、治疗等的容量负荷且肾功能逐渐恢复,则可暂停肾脏替代治疗。

(4) 若患者的肾功能持续不恢复,则可继续进行血液透析或腹膜透析治疗,直到患者的肾功能恢复,或长期维持血液透析,或腹膜透析治疗。

三、附件

(一)附件 1:AKI 的分期标准

AKI 的分期标准见表 1-27。

表 1-27 AKI 的分期标准

分期	血肌酐	尿量
1 期	增至基础值的 1.5~1.9 倍或升高≥0.3 mg/dL (26.5 μmmol/L)	<0.5 mL/(kg·h),持续 6~12 h
2 期	增至基础值的 2.0~2.9 倍	<0.5 mL/(kg·h),时间≥12 h
3 期	增至基础值的 3 倍,或升高≥4 mg/dL(353.6 μmmol/L),或开始肾脏替代治疗,或<18 岁患者 eGFR<35 mL/(min·1.73 m^2)	无尿≥12 h

（二）附件 2：美国肾脏病基金会专家组对慢性肾脏病（CKD）的分期

美国肾脏病基金会专家组对 CKD 的分期见表 1-28。

表 1-28　美国肾脏病基金会专家组对 CKD 的分期

分期		特征	GFR（mL/min）	防治目标、措施
1		GFR 正常或升高	≥90	诊治 CKD，缓解症状，保护肾功能
2		GFR 轻度降低	60～89	评估、减慢 CKD 的进程，降低心血管病患病风险
3	3a	GFR 轻到中度降低	45～59	减慢 CKD 进程；评估、治疗并发症
	3b	GFR 中到重度降低	30～44	
4		GFR 重度降低	15～29	进行综合治疗，做好透析前准备
5		终末期肾病（ESRD）	<15	如出现尿毒症，则应及时给予替代治疗

第二十六节　严重高血糖的救治流程

一、糖尿病酮症酸中毒及其诱发病、并发症的救治流程

糖尿病酮症酸中毒的救治流程见图 1-42。

（一）糖尿病酮症酸中毒的救治流程

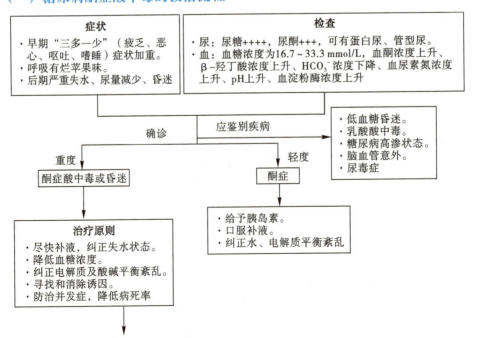

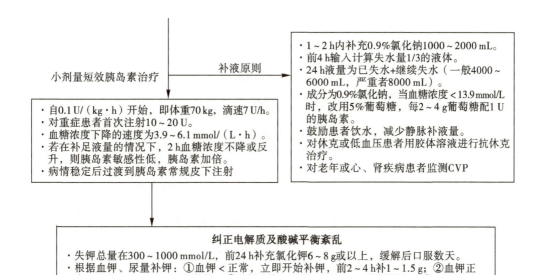

酮体：正常时<0.6 mmol/L，高血酮时>1.0 mmol/L，酸中毒时>3.0 mmol/L；重症指休克，或严重酸中毒，或昏迷；等渗 NaHCO₃ 50 mmol/L，即 5% NaHCO₃ 84 mL 加注射用水至 300 mL。

图 1-42 糖尿病酮症酸中毒的救治流程

（二）糖尿病酮症酸中毒诱发病及并发症的救治流程

糖尿病酮症酸中毒诱发病及并发症的救治流程见图 1-43。

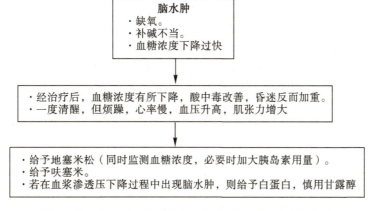

图 1-43 糖尿病酮症酸中毒诱发病及并发症的救治流程

二、糖尿病高渗性昏迷的救治流程

糖尿病高渗性昏迷的救治流程见图 1-44。

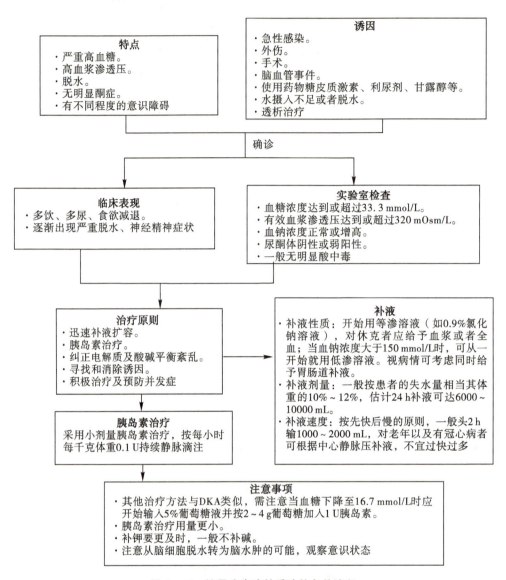

图1-44 糖尿病高渗性昏迷的急救流程

三、附件

(一) 附件1：胰岛素在糖尿病患者中的应用

ICU应用短效胰岛素严格控制血糖水平的指南具体如下。

1. 初始剂量

初始剂量见表1-29。

表1-29 初始剂量

初测血糖浓度（mmol/L）	胰岛素用法
6.1~12.2	负荷量2 U静脉注射，2 U/h泵入维持

续表

初测血糖浓度（mmol/L）	胰岛素用法
12.3～15.9	负荷量 4 U 静脉注射，4 U/h 泵入维持
16.0～33.3	负荷量 6 U 静脉注射，4 U/h 泵入维持
>33.3	负荷量 10 U 静脉注射，6 U/h 泵入维持

2. 血糖浓度监测

（1）对于禁食患者的血糖监测：初测每小时 1 次，若连续 3 或 4 次监测的血糖浓度在 4.4～6.1 mmol/L，则改为每 4 h 监测 1 次。

（2）对有经胃肠内营养或持续胃肠外营养患者的血糖监测：应以每 2 h 监测 1 次为宜，待血糖浓度连续 3 或 4 次维持在 4.4～7.7 mmol/L 时，改为每 4 h 监测 1 次。

3. 胰岛素泵入维持量的调整

胰岛素泵入维持量的调整见表 1-30。

表 1-30　胰岛素泵入维持量的调整

血糖浓度（mmol/L）	经典方案（u/L）	加强方案（u/L）
2.3～3.3	停用①	停用①
3.4～4.4	↓0.5	↓0.1
4.5～6.1	不变②	不变②
6.2～6.7	↑0.1	↑0.5
6.8～7.7	↑0.5	↑1.0
>7.8	↑1.0	↑2.0

注：①当血糖浓度为 2.3～3.3 mmol/L 时，停胰岛素，同时静脉推注 30% 葡萄糖或 50% 葡萄糖 20 g，10 min 后重测血糖浓度。②若血糖浓度较前次增加 20%，则胰岛素用量增加 20%；若血糖浓度较前次降低 20%，则胰岛素用量降低 20%。

（二）附件 2：糖尿病酮症酸中毒的护理

（1）保持气道通畅，防止发生误吸。

（2）补液是救治糖尿病酮症酸中毒患者的关键措施。

（3）胰岛素的治疗与护理：具体如下。

1）正确使用胰岛素，注意胰岛素的剂型、用量，抽吸胰岛素时剂量要准确。

2）通过静脉持续滴注胰岛素时，应单独建立通道输入胰岛素，以便准确计算用量。

3）降糖速度不宜过快，一般以每小时降低 3.9～6.1 mmol/L 为宜，密切监测血糖浓度变化，每 1～2 h 复查血糖浓度 1 次，根据血糖浓度监测结果遵医嘱调节胰岛素用量（表 1-31）。

表 1-31 血糖浓度变化与胰岛素用量调整

血糖浓度（mmol/L）	胰岛素输注（U/h）
0.0～2.0	停止输注，通知医师
2.1～4.0	通知医师
4.1～7.0	0.5 或 1
7.1～11.0	2
11.1～20.0	4
>20.0	7，立即通知医师

（4）纠正电解质平衡紊乱（表1-32）。

表 1-32 电解质平衡紊乱的纠正

血浆钾（mmol/L）	每升液体中需加入钾的量（mmol）
<3.0	40
<4.0	30
<5.0	20

（5）纠正酸碱平衡失调。
（6）严密观察病情，包括生命体征、神志、瞳孔、心律失常、脑水肿、尿量等。
（7）每4h复查一次血酮体浓度、血肌酐浓度、血电解质浓度、血气。
（8）做好胰岛素输注的监护。
（9）做好口腔护理及皮肤护理，预防压疮和继发感染。

第二十七节 低血糖症的救治流程

低血糖症的救治流程见图1-45。

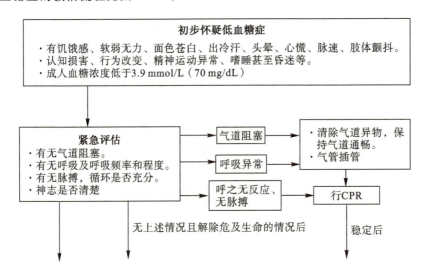

第一章 常见急危重症的救治流程和措施

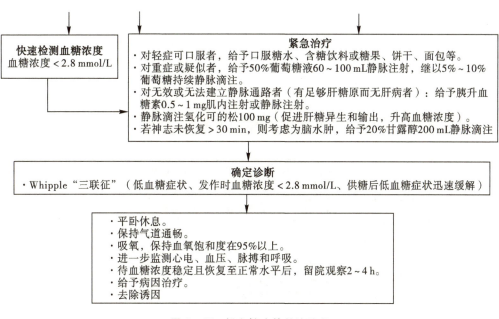

图 1-45 低血糖症的救治流程

第二十八节 肾上腺危象的救治流程

肾上腺危象的救治流程见图 1-46。

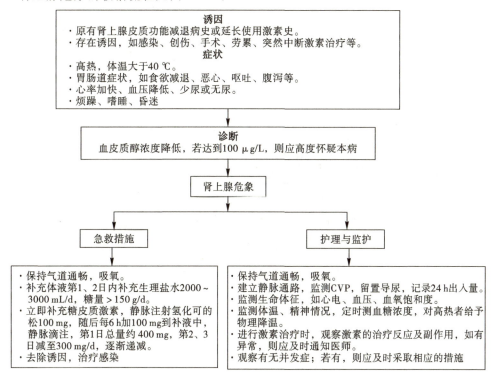

图 1-46 肾上腺危象的救治流程

第二十九节 全身性强直-阵挛性发作持续状态的救治流程

全身性强直-阵挛性发作持续状态的救治流程见图1-47。

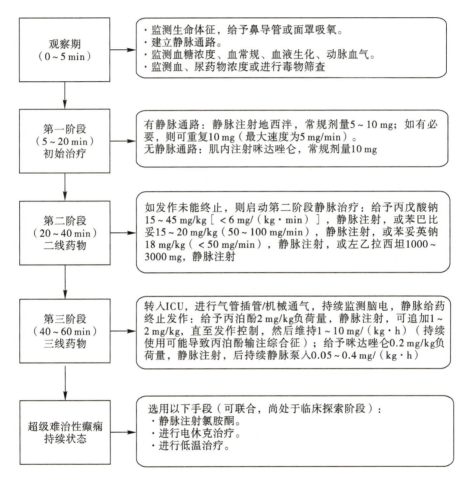

图1-47 全身性强直-阵挛性发作持续状态的救治流程

第三十节 过敏的救治流程

过敏的救治流程见图1-48。

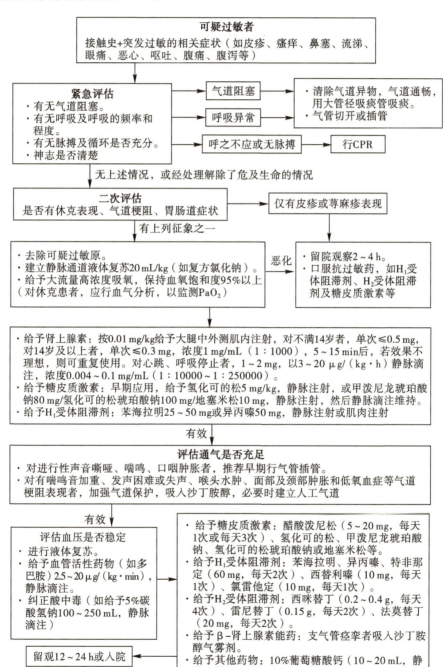

图1-48 过敏的救治流程

第三十一节 晕厥的救治流程

晕厥的救治流程见图1-49。

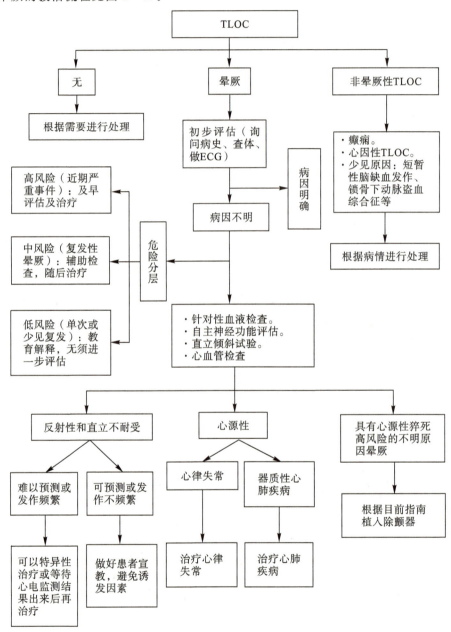

TLOC指短暂意识丧失。

图1-49 晕厥的救治流程

第三十二节 眩晕的救治流程

眩晕的救治流程见图 1-50。

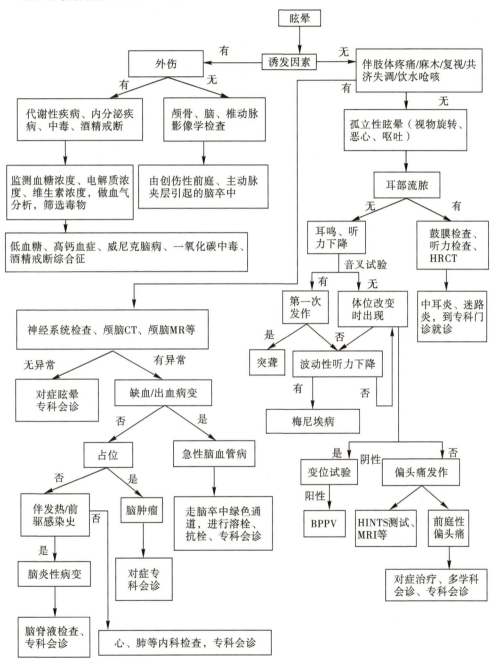

HRCT 指高分辨率 CT；BPPV 指良性阵发性位置性眩晕；HINTS 测试由水平甩头试验、凝视试验和扭转偏斜试验三项测试构成，主要用于快速区分患者是外周性病变还是中枢性病变。

图 1-50 眩晕的救治流程

第三十三节 发热的救治流程

发热的救治流程见图 1-51。

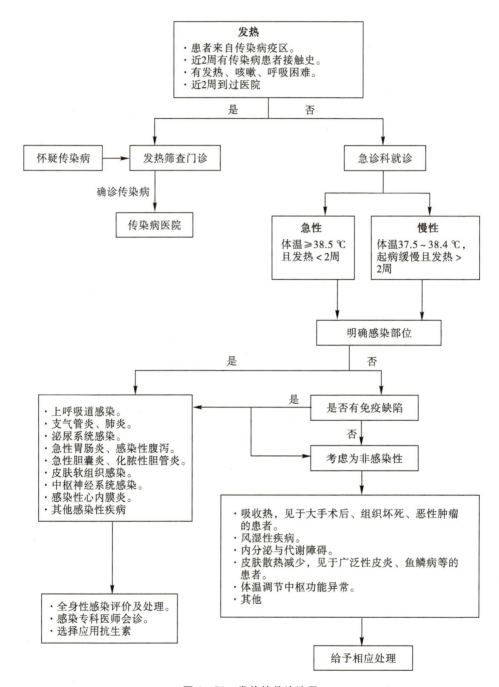

图 1-51 发热的救治流程

第三十四节　重症腹泻的救治流程

重症腹泻的救治流程见图1-52。

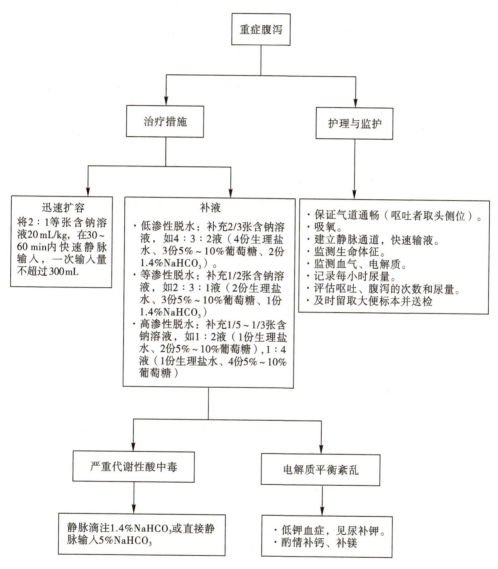

图1-52　重症腹泻的救治流程

第三十五节 水、电解质平衡紊乱的救治流程

水、电解质平衡紊乱的救治流程见图1-53。

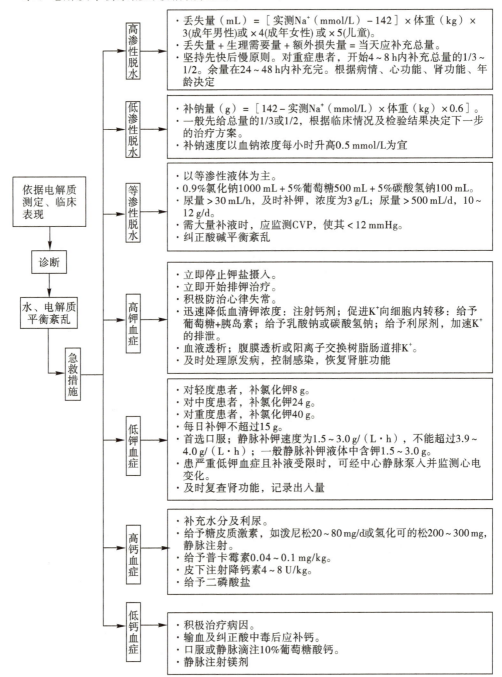

图1-53 水、电解质平衡紊乱的救治流程

第三十六节 酸碱平衡紊乱的救治流程

酸碱平衡紊乱的救治流程见图 1-54。

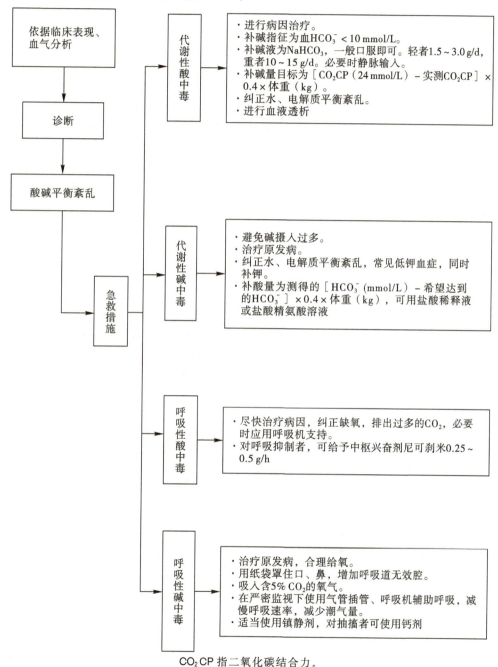

CO_2CP 指二氧化碳结合力。

图 1-54 酸碱平衡紊乱的救治流程

第三十七节 中毒的救治流程

一、中毒的救治流程

中毒的救治流程见图1-55。

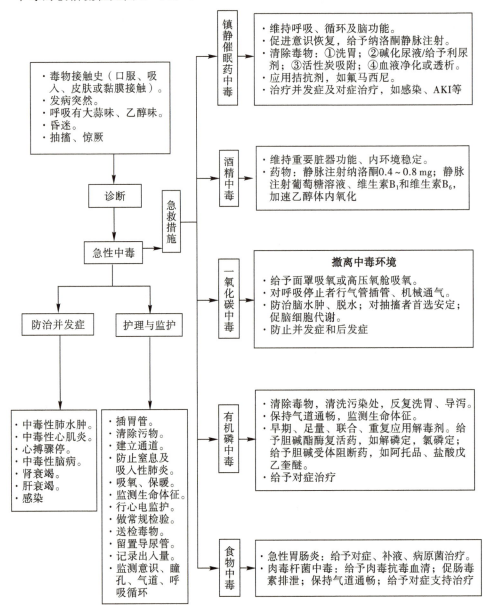

图1-55 中毒的救治流程

二、附件

(一) 附件1：洗胃

1. 适应证

一般在服毒后 6 h 内洗胃效果最好。即使超过 6 h，由于部分毒物仍残留在胃内，多数情况下仍需洗胃。对昏迷、惊厥患者洗胃时，应注意保护呼吸道，避免发生误吸。

2. 禁忌证

当摄入毒物为强酸、强碱或羟类碳氢化合物时，即使在 1 h 内也不应洗胃。

3. 洗胃方法

协助患者取头低左侧卧位，选用粗胃管，经口插入（先置牙垫或开口器），确认胃管在胃内并吸尽胃内容物后开始洗胃，每次用 200 mL 盐水或普通水，少量多次冲洗，以减小胃内容物进入十二指肠的概率，直至回收液清亮、无特殊气味，洗胃水总量可为 2~5 L，有时可达 6~8 L。首先抽出全部胃内容物并留取样本进行毒物分析。

(二) 附件2：急性一氧化碳中毒的常规治疗

(1) 撤离中毒环境：立即使中毒者脱离中毒现场，将其移至空气新鲜处。

(2) 监测生命体征：保持气道通畅，当呼吸停止时，应及时进行人工呼吸或用呼吸机维持呼吸。

(3) 氧疗：具体如下。

1) 面罩吸氧：对神志清醒的患者用密闭面罩吸氧，氧流量为 5~10 L/min。

2) 高压氧治疗：高压氧治疗能增加血液中物理溶解氧的含量，缩短昏迷的时间和病程，预防迟发性脑病的发生。

(4) 机械通气：对昏迷、窒息或呼吸停止的患者应行气管插管或机械通气。

(5) 脑水肿治疗：严重一氧化碳中毒后 24~48 h 脑水肿达高峰，应采取措施降低颅内高压和恢复脑功能。

1) 脱水治疗：可用高渗脱水剂（如50%葡萄糖、20%甘露醇）、利尿剂（如呋塞米）等。

2) 糖皮质激素治疗：地塞米松 10~20 mg/d，疗程 3~5 d。

3) 抽搐治疗：静脉注射地西泮 10~20 mg，抽搐停止后给予苯妥英钠 0.5~1.0 g，静脉滴注。

4) 促进脑细胞功能恢复：常用的药物有三磷酸腺苷、辅酶A、细胞色素C、大量维生素C等。

(6) 对症、支持治疗：纠正酸碱失衡及电解质平衡紊乱。

(7) 防治并发症：如肺炎、泌尿系统感染、压疮等。

(三) 附件3：有机磷中毒的救治流程

1. 有机磷中毒的抢救流程

有机磷中毒的抢救流程见图1-56。

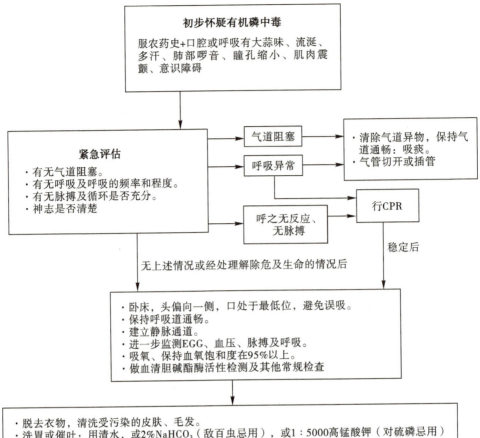

图1-56 有机磷中毒的抢救流程

2. 有机磷中毒的治疗流程

有机磷中毒的治疗流程见图1-57。

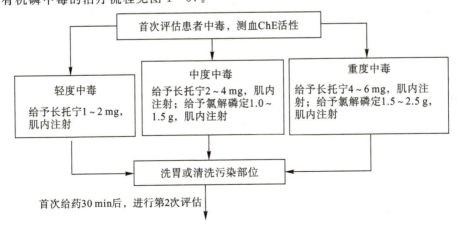

第一章 常见急危重症的救治流程和措施

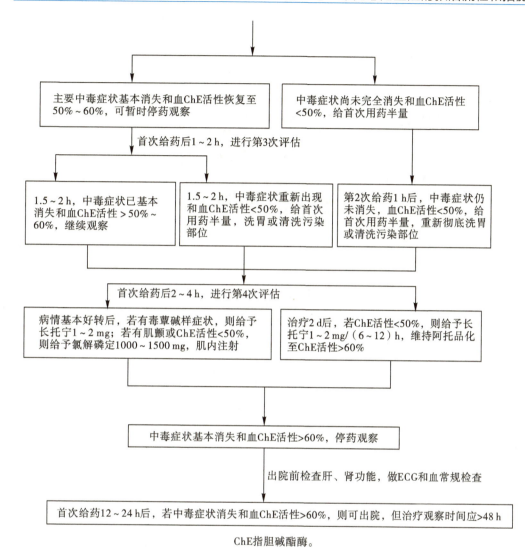

图 1-57 有机磷中毒的治疗流程

第三十八节 中暑的救治流程

中暑的救治流程见图 1-58。

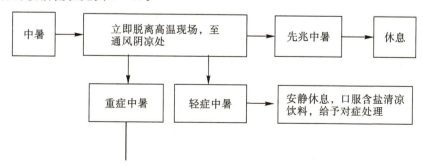

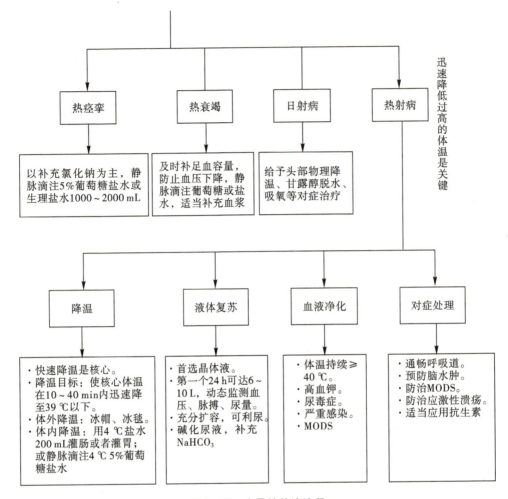

图1-58 中暑的救治流程

第三十九节 经口气管插管的操作流程

一、经口气管插管的操作流程

（一）插管前准备

（1）备手套、保护面罩、吸痰管、处于工作状态且触手可及的吸引器、与氧气源连接的气囊-活瓣面罩、10 mL注射器、气管导管固定器、$PetCO_2$监测器。

（2）备喉镜，以弯喉镜（Macintoshi镜片）多用，大多数成人可用3或4号镜片。检查喉镜及灯泡的亮度。

（3）备带探丝的不同型号的气管导管，根据导管内径编号7 mm、7.5 mm、8 mm，适用于大多数成人。在紧急情况下，无论男女，都可选用7.5 mm内径导管；将探丝插入气管导管内，保持导管的自然弯度，确保探丝头没有超出插管的顶端，必要时可用探丝重塑导管的形状，以利于插管；检查导管的气囊有无漏气。

（4）备氧气装置、急救箱，如时间和条件允许，则应进行监护。

（5）同时开通静脉通路。

（6）如临床情况允许，则在插管前使用无复吸面罩吸氧，或通过气囊-活瓣面罩吸入纯氧至少 3 min。

（7）如临床情况允许，则应确保得到患者或家属签署的知情同意书。

（8）调整病床高度，使患者的头部与术者的胸骨下段处于同一水平。

（9）取出患者的活动义齿。

（二）患者头部位置

头后仰、颈上抬的曲颈加伸头体位有利于校准口-咽-喉轴线（P、T、O 三轴一线），有利于充分显露声带（图 1-59）。P（pharynx）指咽喉部；T（trachea）指气管；O（oropharynx）指口咽部。

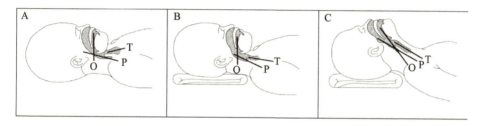

图 1-59 口腔-咽-喉轴线校准

（三）露声门

打开喉镜，操作者用右手拇指、食指拨开患者的上、下牙及口唇，用食指抵住上门牙，左手紧握喉镜柄，使镜片沿右侧口角进入口腔，压住舌背，将舌体推向左侧（为避免舌体阻挡视线，切勿把口唇压在镜片与牙齿之间，以免造成损伤）。缓慢地将镜片沿中线向前推进，依次暴露口、悬雍垂、咽和会厌，将镜片放置在会厌角与舌根之间，向前上方以 45°抬起喉镜，挑起会厌，暴露声门。

（四）将导管插入气管

右手以握毛笔状持气管导管从口腔右侧进入，沿喉镜片压舌板槽送入，至声门时将导管前端对准声门，轻旋导管，使之进入气管内，直至套囊完全进入声门。拔出探丝，将导管向深部推进，直至气囊越过声带 3~4 cm。拔出喉镜。

（五）插入气管导管的深度

导管尖端在气管的中段，距离隆突 4 cm。男性门齿刻度为 22~24 cm；女性门齿刻度为 20~22 cm。

（六）判断导管在气管内的方法

目视导管进入声门，出现呛咳；压胸部时，导管口有气流；人工通气，时见双侧胸廓对称起伏，听诊双肺有清晰的肺泡呼吸音；吸气时，管壁清亮，呼气时呈"白雾"

样；呼吸囊随呼吸而张缩；监测 $PetCO_2$ 波形及数值。

(七) 判断导管位置的可靠指标

目视导管进入气管；观察是否有气体随呼吸进出；听诊双肺，呼吸音清晰；将人工气囊送入气体时，目视双肺有无起伏；监测 $PetCO_2$ 波形及数值。

(八) 固定导管、气囊充气

确定气管导管在气管内后，用牙垫固定气管导管并向导管前端气囊内充气 5~8 mL，气囊压小于 25 cmH_2O。

二、附件

(一) 附件1：经口气管插管的适应证

(1) 任何需要实施控制气道的情况。

(2) 紧急适应证：呼吸、心跳骤停，因无法阻止气道误吸而为了防止误吸和保护气道，氧合不充分或换气不足，存在气道阻塞的可能或预计会发生气道阻塞。

(3) 需频繁进行气管内吸引。

(4) 应用面罩吸氧后仍呼吸困难。

(二) 附件2：经口气管插管的禁忌证

在紧急情况下，如患者发生呼吸、心跳骤停时，气道管理极为重要，此时几乎没有经口气管插管的禁忌证。禁忌证包括喉头水肿、急性喉炎、喉头黏膜下血肿、主动脉压迫或侵犯气管壁、气管部分横断等。

(三) 附件3：经口气管插管面临的问题及对策

1. 评估是否有插管困难

在不需要即刻插管时，应先评估插管的难度。

(1) 头颈活动度：检查寰枕关节及颈椎的活动度是否直接影响头颈前屈、后伸，对插管所需的口、咽、喉轴线接近重叠的操作至关重要。

甲颏距离指颈部完全伸展时，甲状软骨切迹至颏凸的距离（图1-60）。

1) 若甲颏距离＞6.5 cm，则不会发生插管困难。

2) 若甲颏距离为 6.0~6.5 cm，则插管会有困难。

3) 若甲颏距离＜6.0 cm，则不能经喉镜插管。

(2) 马兰帕蒂分级（图1-61）：具体如下。

1) Ⅰ级：可见咽峡弓、软腭和悬雍垂。

2) Ⅱ级：仅可见软腭和悬雍垂。

3) Ⅲ级：仅可见软腭。

4) Ⅳ级：仅可见硬腭。

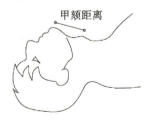

图1-60 甲颏距离

第一章 常见急危重症的救治流程和措施

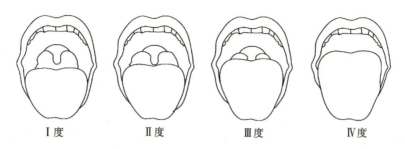

图 1-61 马兰帕蒂分级

级别越高，对应的气管插管困难度越大。

（3）张口度（成人）：最大张口时上、下门齿间的距离正常为 3.5~5.6 cm，平均为 4.5 cm，Ⅰ度为 2.5~3.0 cm，Ⅱ度为 1.2~2.0 cm，Ⅲ度<1.0 cm。

2. 经口插管困难或失败预案

（1）口咽通气道：接无创通气机通气，只用于准备其他通气的救急过渡。

（2）喉罩（图 1-62）：喉罩能快速提供通畅的气道，可替代简易呼吸气囊面罩通气作为暂时人工气道，使用简单、不良反应少。美国麻醉医师协会（ASA）已将其作为困难气道的处理规范之一。根据个体选择不同型号的喉罩，如 3 号、4 号等。

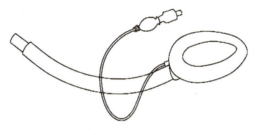

图 1-62 喉罩

用手指引导法置入喉罩，见图 1-63。

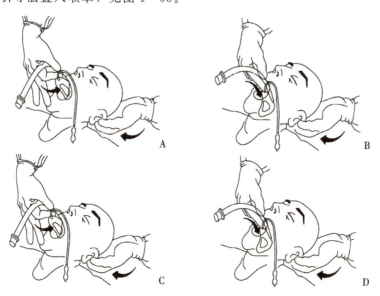

A. 抽空气囊或呈部分充气状态，喉罩罩体开口与面部朝向一致，右手以持笔式握喉罩，左手拨开口唇，右手从口正中或一侧口角将喉罩轻柔地放入口腔；B. 将食指和中指的指尖抵在喉罩罩体与通气管的连接处，确定罩体处于口腔正中且气囊平整；C. 在食指的指引下将喉罩沿舌正中线紧贴硬腭、软腭、咽后壁向下顺序置入，直至不能再推进为止，注意避免喉罩罩体尖端发生折叠；D. 气囊充气。

图 1-63　用手指引导法置入喉罩

喉罩引导气管插管：先置入 3 号或 4 号喉罩，当通气罩位置正确时，经通气管置入内径 6 mm 气管导管，将气管导管滑入气管。

（3）经鼻气管插管：盲插或明视情况下插管（图 1-64）。

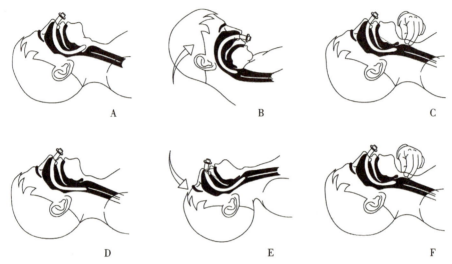

A. 用导管管端顶住会厌；B. 抬高枕部；C. 使颈前屈或向上提拉喉部，使导管管端对准声门；D. 使导管管端靠后，对准食管开口；E. 头部后仰或轻压喉部，使导管管端对准喉部；F. 对着食管开口，使导管管端对准声门。

图 1-64　经鼻气管插管

（4）请耳鼻喉科或麻醉科专家会诊。

第四十节　三腔两囊管的操作流程

三腔两囊管的操作流程见图 1-65。

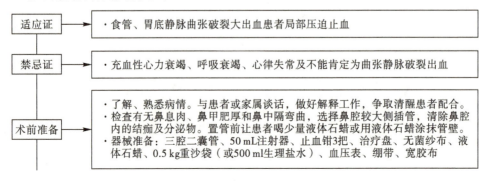

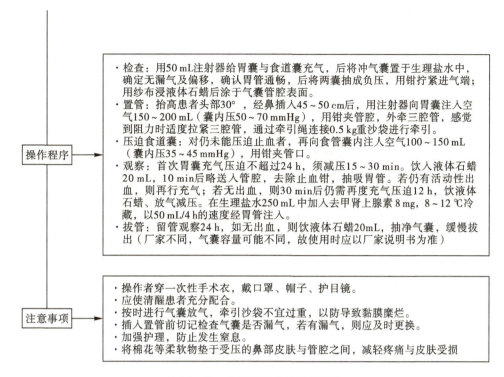

图 1-65 三腔两囊管的操作流程

第四十一节 ICU床旁纤维支气管镜的操作流程

一、适应证

(一) 诊断方面

(1) 不明原因的咯血。

(2) 不明原因的慢性咳嗽（纤维支气管镜对诊断支气管结核、气道良/恶性肿瘤、异物吸入等具有重要价值，对支气管扩张等慢性炎症性疾病的诊断价值有限制）。

(3) 不明原因的局限性哮鸣音。纤维支气管镜有助于查明气道狭窄的部位及性质。

(4) 不明原因的声音嘶哑，可能由喉返神经引起的声带麻痹和气道内新生物等所致。

(5) 痰中发现癌细胞或可疑细胞。

(6) X线胸片和（或）CT检查异常，提示可能为肺不张、肺部块影、阻塞性肺炎、肺炎不吸收、肺部弥漫性病变、肺门和（或）纵隔淋巴结肿大、气管支气管狭窄以及原因未明的胸腔积液等。

(7) 临床已确诊肺癌，纤维支气管镜可用于术前检查，对指导手术范围及估计预后有参考价值。

(8) 对胸部外伤，怀疑有气管、支气管裂伤或断裂，纤维支气管镜检查常可明确诊断。

（9）肺或支气管感染性疾病（包括免疫抑制患者支气管、肺部感染）的病因学诊断，如通过气管吸引、保护性标本刷或支气管肺泡灌洗（BAL）取标本进行培养等。

（10）对疑有食道-气管瘘的确诊。

（11）纤维支气管镜引导下做选择性支气管造影。

（二）治疗方面

（1）取出支气管异物。

（2）清除气道内的异常分泌物，如痰液、脓栓、血块等。

（3）在支气管镜检查中，在明确咯血患者的出血部位后可试行局部止血，如灌洗冰盐水、注入凝血酶溶液或稀释的肾上腺素溶液等。

（4）引导气管插管，对插管困难者可在纤维支气管镜引导下行气管插管。

二、相对禁忌证

（1）肺功能严重损害。

（2）心功能不全、严重高血压、心律失常。

（3）全身极度衰竭。

（4）哮喘发作或大咯血，原则上属于禁忌证，若作为治疗抢救措施，则可慎重考虑。

（5）有主动脉瘤破裂风险。

（6）新近发生心肌梗死或不稳定型心绞痛。

（7）有不能纠正的出血倾向，如凝血功能严重障碍。

（8）严重的上腔静脉阻塞综合征，因纤维支气管镜检查易导致喉头水肿和严重的出血。

（9）对尿毒症患者做活检时可能发生严重出血。

（10）对严重的肺动脉高压患者做活检时可能发生严重出血。

三、操作步骤

（一）术前准备

（1）详细了解病史、药物（局部麻醉、镇静）过敏史、哮喘史、近期咯血史及精神异常史。对鼻甲肥厚、鼻中隔偏曲者应经口手术。当处于衰竭状态时，不宜做纤维支气管镜检查，患者呼吸困难时需做吸氧准备。测量血压及进行心、肺评估。

（2）实验室检查：血常规、凝血功能测定、肝炎系列、HIV相关检查。辅助检查：12导联ECG。X线胸部正位片和（或）侧位片，必要时做胸部CT，以确定病变部位。

（3）做好家属和患者的解释工作。给紧张忧虑者镇静，如给予苯巴比妥、地西泮、哌替啶等。

（4）禁食4~6 h，取出活动义齿。

（5）器械及药品准备：消毒后的纤维支气管镜1台（查看消毒日期、调节清晰度、检查纤维支气管镜是否正常工作、检查配件是否完整）、长清洁毛刷1个、短清洁毛刷

1个、换药碗1个、治疗盘1个、2%利多卡因1支、盐酸利多卡因或丁卡因胶浆1支、10 mL无菌注射器2个、纤维支气管镜备用电池1节、无菌纱布若干、注水用压力延长管1根、一次性呼吸机螺旋接头1个、一次性痰液收集器1个、口罩、帽子、无菌手套、500 mL生理盐水1瓶、500 mL酒精1瓶、无菌拆线剪1把、治疗车1台。

（6）如患者之前应用无创呼吸机，则将吸氧浓度调至100%；如果使用鼻导管吸氧（普通吸氧面罩），则应提高吸入氧流量，以保证较高的氧浓度。

（二）麻醉

麻醉前做麻醉药过敏试验，可选用丁卡因、利多卡因。可行气管内滴入法、环甲膜穿刺法或吸入法。

操作30 min前雾化吸入8 mL利多卡因。操作前2 min，经鼻腔开口处向鼻道内快速注入2 mL利多卡因（用2%利多卡因麻醉咽喉部后，在纤维支气管镜引导下用利多卡因在气管内麻醉，利多卡因的总量一般不超过15 mL）。

注：第1次应少喷，若隔2 min无异常，则再按麻醉要求给药，对纤维支气管镜通过的所有通道均应麻醉，重点在喉部，若喉部麻醉不好，则会因恶心、咳嗽、憋气而无法配合，进而使纤维支气管镜难以进入声门。应使用丁卡因胶浆润滑纤维支气管镜。麻醉时应密切观察有无不良反应，应保持与患者对话，这样既可了解患者的意识状态，又可分散其注意力。

（三）检查步骤

紧急消毒：用纱布蘸取酒精并擦拭镜身6~8次，再冲洗纤维支气管镜内部；用纱布蘸取生理盐水并擦拭纤维支气管镜镜身，再冲洗纤维支气管镜内部。

（1）插管途径：经鼻、经口、经气管插管。

（2）体位：多取仰卧位，在肩下垫薄枕，头略后仰，平静呼吸。术者立于患者头侧。根据病情需要亦可取半卧位或坐位，嘱患者坐于检查椅上，头略后仰，术者立于患者对侧。

（3）插入要点：具体如下。

1) 术者左手握持纤维支气管镜操作部，按需要做左右旋转，用拇指拨动角度调节钮，同时用左手食指按住吸引器管口做吸引，用右手扶镜身缓缓插入。

2) 经鼻插入时，将镜管沿鼻道插入，调整其方向及目镜屈光度，看清其解剖结构，使镜体保持"中位"徐徐进入。若视野内出现完全红色且模糊，则有2种可能：一种可能是镜面抵在了组织上，提一下纤维支气管镜即可，另一种可能是血渍污染了镜面，此时可让患者咳嗽，或经钳道孔插入细塑料管并注入生理盐水1~2 mL冲洗，再换吸引器吸引，若仍无效，则拔除纤维支气管镜镜体，待擦干净后再重新插入。

3) 在纤维支气管镜末端未抵达咽喉部时，首先要找到会厌，调整纤维支气管镜的角度，将镜头端从会厌后方绕过，即可看清声门，嘱患者深呼吸，在其声带外展时迅速插入气管，此过程要轻巧敏捷，避免暴力撞击声带。

4) 当纤维支气管镜进入气管后，拨动角度调节按钮，使视野正对气管、支气管腔并插入,认真观察气管隆嵴、各叶段支气管口及腔,一般应先检查患侧。

5)应避免纤维支气管镜紧贴气管壁吸引,以免发生出血,吸引时间不宜过久,以免发生缺氧。对感染严重、分泌物黏稠者,可反复冲洗,以达到清除脓性分泌物的目的,并可局部注入抗生素,以配合全身药物治疗。

6)撤镜时,将调节杆完全放松,使其恢复到自然位置,以便将纤维支气管镜顺利撤出。做好插管准备(备好插管车、简易呼吸气囊、呼吸机),必要时行气管插管。

(4)培养标本:用接痰培养杯取痰标本;如痰液少,未达到培养标准量,则可在注入生理盐水 20 mL 后吸出并进行细菌培养(包括结核杆菌培养)和真菌培养。

(5)密切监测生命体征。若无禁忌证,则抬高床头至少 30°。术后患者应安静休息,一般应在 2 h 后才可进食、进水,以免因咽喉仍处于麻醉状态而导致误吸。

(6)若操作过程中出现气道损伤,则应密切关注患者的气道出血情况。麻醉不全可导致喉痉挛或喉头水肿,对严重者应立即给予吸氧、抗组胺药或激素。

(四)活检时出血的止血方法

(1)经纤维支气管镜注入冰盐水止血。

(2)经纤维支气管镜注入稀释的肾上腺素(将 2 mg 肾上腺素加至 20 mL 生理盐水中,每次可注入 5~10 mL)或稀释的麻黄碱。

(3)经纤维支气管镜注入稀释的凝血酶(将 200 μg 凝血酶加至 20 mL 生理盐水中,需要注意的是,对该制剂绝对不能通过注射给药)。

(4)必要时同时经全身给予止血药物,对出血量大者可进行输血、输液等。

(5)纤维支气管镜的负压抽吸系统一定要可靠有效,以保证及时地将血液吸出,不使其阻塞气道。

四、BAL 的操作方法

(一)术前准备

开展 BAL 操作前,需要进行常规的临床状态评估,排除出血风险,严格对照纤维支气管镜检查的适应证及禁忌证;在行纤维支气管镜常规气道检查后,在活检、刷检前进行 BAL。局部麻醉剂为 2% 利多卡因。有条件开展静脉复合麻醉的医院,应尽量在静脉复合麻醉的情况下进行检查,以获得纤维支气管镜嵌顿较好、增加支气管肺泡灌洗液回吸收量的效果。但需严格筛选患者,术前应评估是否有静脉麻醉的禁忌证,对年老体弱及心、肺、肝、肾等重要脏器功能不全的患者应慎用。术中应常规进行心电、脉搏、血氧饱和度监测。

(二)BAL 的操作技术

1. 灌洗部位的选择

对弥漫性肺病变者选择右肺中叶或左上叶舌段。若为局限性肺病变,则在相应支气管肺段行 BAL。

2. BAL 的操作步骤

(1)首先在要灌洗的肺段经活检孔通过细硅胶管注入 2% 利多卡因 1~2 mL,做灌洗肺段局部麻醉。

（2）然后将纤维支气管镜顶端紧密楔入目标支气管段或亚段开口处，再经操作孔通过硅胶管快速注入 37 ℃灭菌生理盐水，总量 60～120 mL，分次注入（每次 20～50 mL）。

（3）立即用<100 mmHg 负压吸引回收灌洗液，总回收率以≥30%为宜。

（4）对用于病原学分析的标本，需用无菌容器收集；对用于细胞学分析的标本，应装入硅塑瓶或涂硅灭菌玻璃容器中（减少细胞黏附）并立即送往实验室检查。

五、ICU 床旁纤维支气管镜（纤支镜）吸痰的操作流程

ICU 床旁纤维支气管镜（纤支镜）吸痰的操作流程见图 1-66。

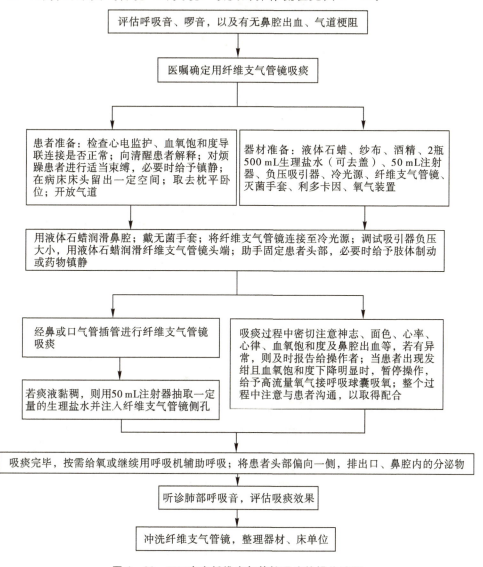

图 1-66 ICU 床旁纤维支气管镜吸痰的操作流程

六、ICU 床旁纤维支气管镜肺泡灌洗的操作流程

ICU 床旁纤维支气管镜肺泡灌洗的操作流程见图 1-67。

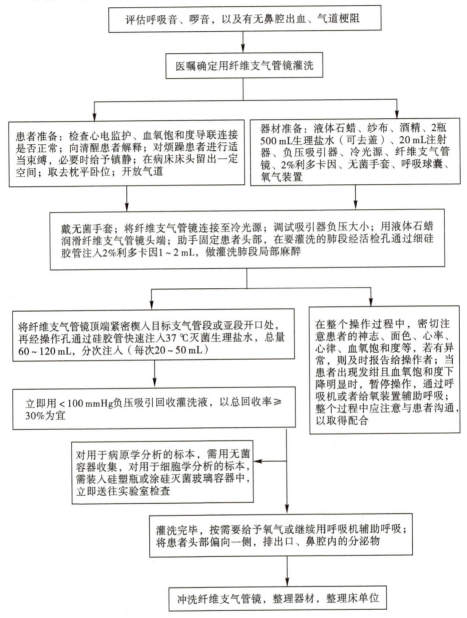

图 1-67　ICU 床旁纤维支气管镜肺泡灌洗的操作流程

第四十二节　ICU 疼痛、躁动与谵妄的救治流程

一、ICU 疼痛的救治流程

ICU 疼痛的救治流程见图 1-68。

第一章 常见急危重症的救治流程和措施

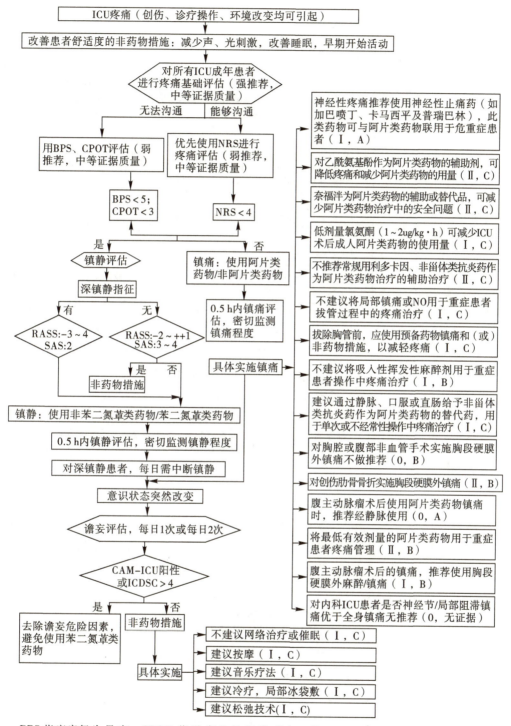

BPS 指疼痛行为量表；CPOT 指重症监护疼痛观察工具；NRS 指行为疼痛尺度；RASS 指 Richmond 镇静躁动评分；SAS 指 Riker 镇静-躁动评分；CAM-ICU 指谵妄评估量表；ICDSC 指重症监护谵妄筛查量表。"（Ⅰ，A）"中"Ⅰ"指推荐等级，"A"指证据等级，其他以此类推。

图 1-68 ICU 疼痛的救治流程

二、ICU 躁动的救治流程

ICU 躁动的救治流程见图 1-69。

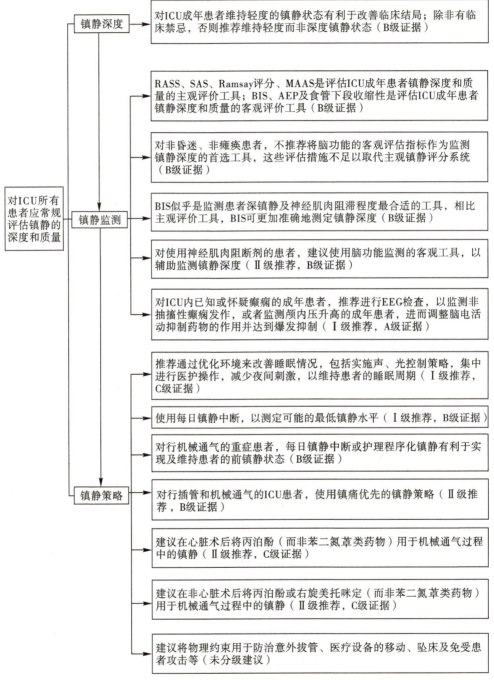

MAAS指肌肉活动评分法；BIS指脑电双频；AEP指听觉诱发电位。

图 1-69　ICU 躁动的救治流程

三、ICU 谵妄的救治流程

ICU 谵妄的救治流程见图 1-70。

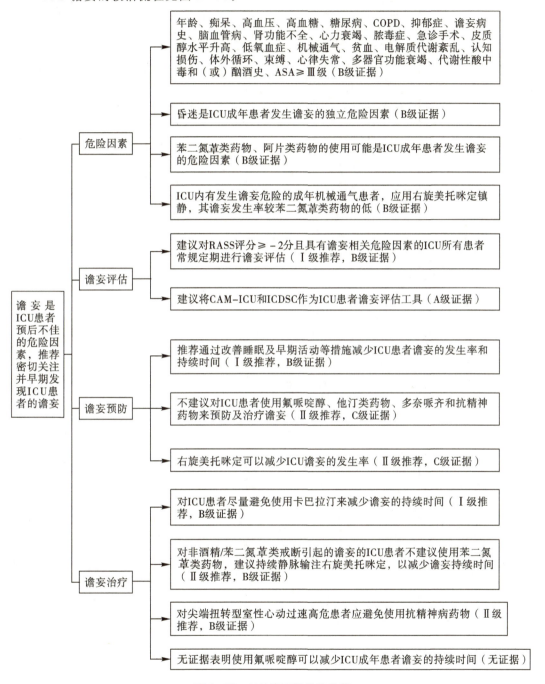

图 1-70 ICU 谵妄的救治流程

四、附件

(一) 附件1：常用的镇静镇痛药物

常用的镇静镇痛药物见表1-33~表1-35。

表1-33 临床常用的阿片类镇痛药

阿片类镇痛药	给药途径/mg 静脉注射	给药途径/mg 口服	起始时间（静脉注射）	半衰期/h	时-量相关半衰期	新陈代谢途径	活性代谢产物	间歇给药剂量	静脉注射速率	副作用及其他信息
芬太尼	0.1	N/A	1~2 min	2~4	200 min（静脉用6 h）；300 min（静脉用12 h）	N-脱烷基化作用，以CYP3A4/5为基质	—	0.35~0.5 μg/kg 静脉注射，每0.5~1 h 一次	0.7~10 μg/(kg·h)	与吗啡比，低血压发生率低，累积后有肝损伤作用
二氢吗啡酮	1.5	7.5	5~15 min	2~3	N/A	葡萄糖苷酸化、糖脂化作用	—	0.2~0.6 mg，静脉注射，每1~2 h 一次	0.5~3 mg/h	用可耐受吗啡/芬太尼治疗量，累积后有肝/肾损伤作用
吗啡	10	30	5~10 min	3~4	N/A	葡萄糖苷酸化、糖脂化作用	6-3-葡萄糖苷酸代谢物	2~4 mg，静脉注射，每1~2 h 一次	2~30 mg/h	累积后有肝/肾伤害作用，可促使组织胺释放
美沙酮	N/A	N/A	1~3 d	15~60	N/A	N-脱烷基化作用，以CYP3A4/5、2D6、1A2为基质	N-去甲基衍生物	10~40 mg 或口服，一次；2.5~10 mg 静脉注射，每8~12 h 一次	不建议静脉注射	当阿片类药物需求增加时，可减缓耐受性发展。有不可预知的药代动力学变化。监测QTcd
瑞芬太尼	N/A	N/A	1~3 min	3~10	3~4 min	等离子体酯酶水解作用	—	N/A	负荷量（静脉注射）：1.5 μg/kg。维持量：0.5~15 μg/(kg·h)	无肝/肾损伤作用。若体重>130% IBW，则可使用IBW计算用量

注：N/A指不适用；QTcd指QTc离散度，其中QTc指用心率校正的QT间期，QTd指QT离散度；IBM指理想体重。

表1-34 临床常用的非阿片类镇痛药

非阿片类镇痛药（给药方式）	初始时间	半衰期/h	新陈代谢途径	活性代谢产物	给药剂量	副作用及其他信息
氯胺酮（静脉注射）	30~40 s	2~3	脱甲基作用	去甲基氯胺酮	负荷量 0.1~0.5 mg/kg 静脉注射，随后 0.05~0.4 mg/（kg·h）	减缓阿片类药物急性耐受性的发展，可引起幻觉或其他心理问题
对乙酰氨基酚（口服或直肠给药）	30~60 min，可变的	2~4	葡萄糖苷酸化、磺化作用	—	325~1000 mg，每4~6 h一次，最大剂量不超过4 g/d	有严重肝功能障碍的患者禁用
对乙酰氨基酚（静脉注射）	5~10 min	2	葡萄糖苷酸化、磺化作用	—	650 mg 静脉注射，每4 h一次，或1000 mg 静脉注射，每6 h一次，最大剂量不超过4 g/d	—
酮咯酸a（肌内注射或静脉注射）	10 min	2.4~8.6	羟基化、共轭连接/经肾排泄	—	30 mg 肌内注射或静脉注射，每6 h一次后，15~30 mg 肌内注射或静脉注射，直至5 d，最大剂量为120 mg×5 d	有下列情况时，应避免用非甾体抗炎药：肾功能障碍，胃肠道出血，血小板异常，联合血管紧张素转换酶抑制剂治疗，充血性心力衰竭，支气管哮喘。禁用于冠状动脉旁路移植手术的围手术期疼痛治疗
布洛芬（静脉注射）	N/A	2.2~2.4	氧化作用	—	400~800 mg 静脉注射，每6 h一次，注射时间>30 min；最大剂量为3.2 g/d	有下列情况时，应避免用非甾体抗炎药：肾功能障碍，胃肠道出血，血小板异常，联合血管紧张素转换酶抑制剂治疗，充血性心力衰竭，肝硬化，支气管哮喘。禁用于冠状动脉旁路移植手术的围手术期疼痛治疗
布洛芬（口服）	25 min	1.8~2.5	氧化作用	—	400 mg 口服，每4 h一次，最大剂量为2.4 g/d	—
加巴喷丁（口服）	N/A	5~7	经肾排泄	—	初始剂量 100 mg，口服，每天3次，维持剂量 900~3600 mg/d，分3次	副作用：镇静，混乱，头晕，共济失调（普遍）。当出现肾衰竭时，应调整剂量，突然停药会诱发药物戒断综合征。癫痫发作
卡马西平（口服）	4~5 h	开始25~65	氧化作用	—	初始剂量 50~100 mg，口服，2次/天，维持剂量 100~200 mg，每4~6 h一次，最大剂量为1200 mg/d	副作用：眼球震颤，复视，眩晕，昏睡（普遍）；再生障碍性贫血，粒细胞缺乏（少见）；史蒂文-约翰逊综合征或 HLA-B1502 基因中毒性表皮坏死松解症，肝酶诱导药物交互作用

表 1-35　临床常用的镇痛药物

药物	静脉使用后起效时间/min	半衰期/h	活性代谢产物	负荷量	维持量	副作用
咪达唑仑	2~5	3~11	有	0.01~0.05 mg/kg	0.02~0.1 mg/(kg·h)	呼吸抑制、低血压
劳拉西泮	15~20	8~15	无	0.02~0.04 mg/kg(≤2 mg)	0.02~0.06 mg/kg，每2~6 h一次或0.01~0.1 mg/(kg·h)≤10 mg/h	呼吸抑制、低血压、酮症酸中毒、肾毒性
地西泮	2~5	20~120	有	5~10 mg	0.03~0.1 mg/kg，每0.5~6 h一次	呼吸抑制、低血压、静脉炎
丙泊酚	1~2	短期:3~12。长期:50±18.6	无	5 μg/(kg·min)大于5 min	5~50 μg/(kg·min)	注射部位疼痛、呼吸抑制、高甘油三酯血症、胰炎、过敏、丙泊酚输注综合征，长期使用并发症显著增多
右美托咪定	5~10	1.8~3.1	无	1 μg/kg大于10 min	0.2~0.71 μg/(kg·h)	心动过缓、负荷量低血压、气道反射消失

(二) 附件2：镇痛、镇静相关量表

镇痛、镇静相关量表见表1-36~表1-41。

表1-36 BPS镇痛评分

项目	具体描述	分值/分
面部表情	放松	1
	面部部分绷紧（如皱眉）	2
	面部完全绷紧（如眼睑紧闭）	3
	疼痛表情，面部扭曲	4
上肢运动面部表情	无活动	1
	部分弯曲（移动身体或很小心地移动身体）	2
	全部（包括手指）弯曲	3
	持久弯曲（肢体处于紧张状态）	4
机械通气顺应程度	耐受	1
	大部分时间耐受良好，偶有呛咳	2
	人机对抗	3
	无法继续使用呼吸机	4

表1-37 重症监护疼痛观察工具（CPOT）

项目	表现	分值/分	描述
面部表情	放松、平静	0	未见面部肌肉紧张
	紧张	1	有皱眉、耸鼻或任何面部变化（如流泪）
	表情痛苦	2	所有之前的面部变化加上双目紧闭（可能口腔张开或者紧咬气管导管）
身体活动度	活动减少或者保持正常体位	0	完全不动（不代表没有疼痛）或正常体位（因为疼痛或防卫而产生的运动）
	防护状态	1	缓慢小心地移动，轻抚痛处，通过移动身体引起别人注意
	焦躁不安	2	拉扯导管，试图坐起，翻来覆去，不配合指示，袭击工作人员，试图翻越床栏
人机协调（气管插管）	人机协调	0	通气顺畅，无呼吸机报警
	呛咳，但尚可耐受导管	1	呛咳，触发机器报警或疼痛时自主呼吸暂停
	人机对抗	2	人机不同步、呼吸机频繁报警

续表

项目	表现	分值/分	描述
发声（无气管导管）	语调平稳或不出声	0	说话时语调平稳或不出声
	叹息、呻吟	1	叹息、呻吟
	哭喊、抽泣	2	哭喊、抽泣
肌紧张（休眠时上肢被动弯曲和伸展，或被动翻身）	放松	0	对被动运动无抵抗
	紧张、僵直	1	抵抗被动运动
	非常紧张、僵直	2	对被动运动强烈抵抗，无法完成被动运动

COPT：0～8 分；≥3 分有意义。

表 1-38 RASS 镇静程度评估表

分值/分	定义	表现
+4	有攻击性	有暴力行为
+3	非常躁动	试着拔出呼吸管、胃管或静脉留置针
+2	躁动、焦虑	身体激烈移动，无法配合呼吸机
+1	不安、焦虑	焦虑、紧张，但身体只有轻微的移动
0	清醒、平静	清醒，自然状态
-1	昏昏欲睡	没有完全清醒，但可保持清醒超过 10 s
-2	轻度镇静	无法维持清醒超过 10 s
-3	中度镇静	对声音有反应
-4	重度镇静	对身体刺激有反应
-5	昏迷	对声音及身体刺激都无反应

注：镇静目标为白天 RASS0～-2 分，夜间 -1～-3 分。

表 1-39 Riker 镇静和躁动评分（SAS）

分值/分	定义	描述
7	危险躁动	拉拽气管内插管，试图拔除各种导管，翻越床栏，攻击医护人员，在床上辗转挣扎
6	非常躁动	需要保护性束缚并反复语言提示、劝阻，咬气管插管
5	躁动	焦虑或身体躁动，经言语提示、劝阻可安静
4	安静、合作	安静，容易唤醒，服从指令
3	镇静	嗜睡，语言刺激或轻轻摇动可唤醒并能服从简单指令，但又迅即入睡
2	非常镇静	对躯体刺激有反应，不能交流及服从指令，有自主运动
1	不能唤醒	对恶性刺激无或仅有轻微反应，不能交流及服从指令

注：恶性刺激指吸痰或用力按压眼眶、胸骨或甲床 5 s。Riker 镇静和躁动评分（SAS）：根据患者 7 项不同的行为对其意识和躁动程度进行评分。

表 1-40　ICU 谵妄诊断的意识状态评估法 (CAM-ICU)

临床特征	评价指标
1 精神突变 或起伏	患者是否出现精神状态的突然改变？ 过去 24 h 是否有反常行为（如时有时无或时而加重，时而减轻）？ 过去 24 h 镇静评分 (SAS/MAAS) 或昏迷评分 (GCS) 是否有波动
2 注意力散漫	患者是否有注意力集中困难？ 患者是否有保持或转移注意力的能力下降？ 患者注意力筛查 (ASE) 得分多少？(ASE 的视觉测试是对 10 个画面的回忆准确度；ASE 的听觉测试是患者对一连串随机字母读音中出现"A"时点头或捏手示意)
3 思维无序	若患者已经脱机拔管，则需要判断其是否存在思维无序或不连贯。其常表现为对话散漫离题、逻辑思维不清或主题变化无常。 若患者处于戴呼吸机的状态，则检查其能否正确回答以下问题：①石头会浮在水面上吗？②海里有鱼吗？③一磅比两磅重吗？④你能用锤子砸烂一颗钉子吗？ 在整个评估过程中，患者能否跟得上回答问题和执行指令？具体包括：①你是否有一些不太清楚的想法？②举这几根手指头（检查者在患者面前举两根手指）。③现在换只手做同样的动作（检查者不再重复动作）
4 意识变化 （清醒以外 的任何意 识状态，如： 警醒、嗜睡、 木僵或昏迷）	清醒：正常、自主地感知周围环境，反应适度正常。 警醒：过于兴奋。 嗜睡：嗜睡，但易于唤醒，对某些事物没有意识，不能自主、适当地交谈，给予轻微刺激就能完全觉醒并应答适当。 昏睡：难以唤醒，对外界刺激部分或完全无感知，对交谈无自主、适当的应答。当给予强烈刺激时，有不完全清醒和不适当的应答，一旦强刺激停止，则又重新进入无反应状态。 昏迷：不可唤醒，对外界刺激完全无意识，给予强烈刺激也无法进行交流

注：若有特征 1 和 2，或特征 3，或特征 4，则可诊断为谵妄。

表 1-41　重症监护谵妄筛查量表 (ICDSC)

项目		评分
1. 意识变化水平（如为 A 或 B，则暂停评价）	A. 无反应	0 分
	B. 对加强的或重复的刺激有反应	0 分
	C. 对中轻度和中度刺激有反应	1 分
	D. 正常清醒	0 分
	E. 对正常刺激产生夸大反应	1 分
2. 注意力不集中		0 或 1 分
3. 定向力障碍		0 或 1 分
4. 幻觉-幻想性精神症状态		0 或 1 分
5. 精神运动性激越或阻滞		0 或 1 分
6. 不恰当的语言和情绪		0 或 1 分

续表

项目	评分
7. 睡眠-觉醒周期失调	0 或 1 分
8. 症状波动	0 或 1 分

注：根据每项存在与否评 1 分或 0 分；若总分≥4 分，则表明存在谵妄。

（三）附件 3：ICU 患者疼痛与意识状态及镇痛、镇静疗效的观察与评价

1. 疼痛评估

（1）数字评分法（NRS）：是从 0～10 的点状标尺，0 代表不痛，10 代表疼痛难忍，由患者选一个数字描述疼痛（图 1-71）。本方法在评价老年患者急、慢性疼痛的有效性及可靠性上已获得证实。

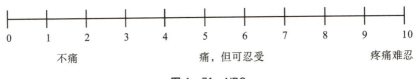

图 1-71 NRS

（2）面部表情评分法（FPS）：由 6 种面部表情及 0～10 分（或 0～5 分）构成，程度从不痛到疼痛难忍（图 1-72）。由患者选择图像或数字来反映最接近其疼痛的程度。FPS 与 VAS、NRS 有很好的相关性，可重复性也较好。

图 1-72 FPS

（3）术后疼痛评分法（Prince-Henry 评分法）：主要用于胸、腹部手术后疼痛的测量，其从 0 分到 4 分共分为 5 级，评分方法见表 1-42。

表 1-42 Prince-Henry 评分法

分值/分	描述
0	咳嗽时无疼痛
1	咳嗽时有疼痛
2	安静时无疼痛，深呼吸时有疼痛
3	安静状态下疼痛较轻，可以忍受
4	安静状态下疼痛剧烈，难以忍受

注：对术后因气管切开或保留气管导管不能说话的患者，可在术前指导其学会用 5 个手指来表达自己从 0～4 分的选择。

2. 镇静评估

（1）镇静和躁动的主观评估：具体如下。

1）Ramsay评分：为临床上使用最为广泛的镇静评分标准，分为6级，分别反映3个层次的清醒状态和3个层次的睡眠状态（表1-43）。Ramsay评分被认为是可靠的镇静评分标准，但缺乏特征性的指标来区分不同的镇静水平。

表1-43 Ramsay评分

分数	描述
1	患者焦虑、躁动不安
2	患者配合，有定向力、安静
3	患者对指令有反应
4	嗜睡，对轻叩眉间或大声听觉刺激反应敏捷
5	嗜睡，对轻叩眉间或大声听觉刺激反应迟钝
6	嗜睡，无任何反应

2）SAS：见前文。

3）MAAS：由SAS演化而来，通过7项指标来描述患者对刺激的行为反应，对危重症患者也有很好的可靠性和安全性（表1-44）。

表1-44 MAAS

分值	定义	描述
6	危险躁动	无刺激就有活动，不配合，拉扯各种导管，翻来覆去，攻击医务人员，试图翻越床栏，不能按要求安静下来
5	躁动	无刺激就有活动，试图坐起或将肢体伸出床外，不能始终服从指令（如按要求躺下后又坐起或将肢体伸出床沿）
4	烦躁，但能配合	无刺激就有活动，摆弄床单、插管，能服从指令
3	安静、配合	无刺激就有活动，会有目的地整理床单或衣服，能服从指令
2	触摸、叫名字有反应	可睁眼、抬眉、向刺激方向转头，触摸或大声叫名字时有肢体运动
1	仅对恶性刺激有反应	可睁眼、抬眉、向刺激方向转头，给予恶性刺激时有肢体运动
0	无反应	给予恶性刺激时无运动

注：恶性刺激指吸痰或用力按压眼眶、胸骨或甲床5 s。

ICU患者理想的镇静水平是既能保证安静入睡，又容易被唤醒。应在镇静治疗开始时就明确所需的镇静水平，定时、系统地进行评估和记录，并随时调整镇静用药，以达到并维持所需的镇静水平。

（2）镇静的客观评估：是镇静评估的重要组成部分。但现有的客观性镇静评估方法的临床可靠性尚有待进一步验证。目前报道的方法有脑电双频指数、心率变异系数及食道下段收缩性等。

(四) 附件4：镇静、镇痛治疗中器官功能的监测与保护

1. 呼吸功能

（1）镇痛、镇静治疗期间呼吸功能的监测：具体包括以下几点。

1）密切观察患者的呼吸频率、呼吸幅度、呼吸节律、呼吸周期和呼吸形式。

2）监测脉搏氧饱和度，酌情监测 $PetCO_2$，定时监测 PaO_2 和 $PaCO_2$，对机械通气患者定期监测自主呼吸潮气量、静息每分钟通气量等。0.1 s 口腔闭合压可反映患者呼吸中枢的兴奋性，必要时亦应进行监测。

3）镇痛、镇静不足时，患者可出现呼吸浅促、潮气量减少、脉搏氧饱和度降低等。

4）镇痛、镇静过深时，患者可能表现为呼吸频率减慢、幅度减小、缺氧和（或）二氧化碳蓄积等。

5）应结合镇痛、镇静状态评估结果，及时调整治疗方案，避免发生不良事件。

6）对进行无创机械通气的患者尤其应注意。

（2）加强护理及呼吸治疗，预防肺部并发症：具体包括以下几点。

1）在 ICU 患者长期镇痛、镇静治疗期间，应尽可能地实施每日唤醒计划。

2）观察患者神志，在患者清醒期间鼓励其进行肢体运动与自主咳痰。

3）加强护理，缩短翻身、拍背的间隔时间，酌情给予背部叩击和肺部理疗，结合体位引流，促进呼吸道内的分泌物排出，必要时可用纤维支气管镜协助治疗。

2. 循环功能

1）严密监测血压（有创血压或无创血压）、CVP、心率和心电节律。

2）当给予负荷量时，应根据患者的血流动力学变化调整给药速度，并适当进行液体复苏治疗，力求维持血流动力学平稳。

3）必要时应给予血管活性药物。

4）接受氟哌啶醇治疗时，应定期复查标准导联 ECG。

5）当镇痛、镇静不足时，可出现血压高、心率快，此时不应盲目使用药物降血压或心率，应结合临床评估，充分镇痛，适当镇静，并酌情采取进一步的治疗措施。

6）忌未给予镇痛、镇静基础治疗即直接应用肌肉松弛药。

3. 神经、肌肉功能，消化功能，代谢功能，肾功能，凝血功能，免疫功能等

详见常用药物的不良反应及注意事项部分。

第四十三节 抢救药物的计算方法、剂量及注意事项（成人）

一、血管收缩药（升压药）

(一) 多巴胺（每支 20 mg：2 mL）

1. 作用机制

多巴胺可刺激 α 受体、β 受体和多巴胺受体，增加 CO，扩张肾血管。多巴胺经肾

排泄，其半衰期为 2 min。

2. 用法、用量

多巴胺的用量为 2～20 μg/（kg·min），不同浓度药效见表 1-45、表 1-46。

表 1-45　多巴胺作用的剂量依赖性

指标	2μg/（kg·min）	5μg/（kg·min）	>20μg/（kg·min）
CO、SV、心率、心肌收缩力	无改变	增加	增加
增加心率的可能性	低	低	中等
CVP	从轻微减少到不变	从轻微减少到不变	增加
肾血流	增加	增加	减少

表 1-46　多巴胺不同注射浓度、不同给药方式速查表

浓度 [μg/（kg·min）]	静脉滴注（滴/分）								微量泵（mL/h）			
	100 mg＋溶液 495 mL（即 200 μg/mL）				200 mg＋溶液 240 mL（即 800 μg/mL）				100 mg＋溶液 45 mL（即 2000 μg/mL）			
40	2	5	10	20	2	5	10	20	2	5	10	20
45	9	23	45	90	2	6	11	23	2.7	6.75	13.5	27
50	10	25	50	100	3	6	13	25	3	7.5	15	30
55	11	28	55	110	3	7	14	28	3.3	8.25	16.5	33
60	12	30	60	120	3	8	15	30	3.6	9	18	36
65	13	33	65	130	3	8	16	33	3.9	9.75	19.5	39
70	14	35	70	140	4	9	18	35	4.2	10.5	21	42
75	15	38	75	150	4	9	19	38	4.5	11.25	22.5	45
80	16	40	80	180	4	10	20	40	4.8	12	24	48

注：1 mL＝20 滴。

3. 适应证

急性心肌梗死所致的急性低血压和休克；肾衰竭、败血症或手术所致的血流动力学不稳定；慢性心功能不全。

4. 禁忌证

嗜铬细胞瘤；房性或室性心动过速；甲状腺功能亢进症；使用麦角胺者。

5. 不良反应

心悸、心绞痛、周围血管收缩、低血压、恶心、呕吐、呼吸困难、漏出血管发生组织坏死。

6. 注意事项

逐渐增加到所需剂量；若发生药物局部渗漏，则以酚妥拉明 5～10 mg＋生理盐水 10～15 mL 进行局部浸润注射。

(二)去甲肾上腺素（每支 2 mg：1 mL）

1. 作用机制

去甲肾上腺素的 α 受体激动作用（血管收缩）＞β 受体激动作用（变时和变力效应）；其血管收缩作用应用后 1～2 min 即可出现。

2. 用法、用量

起始量 0.5～1 μg/min，维持量 0.01～0.3 μg/（kg·min）或 0.5～15 μg/min，高级生命支持用量 0.5～30 μg/min。

3. 适应证

低血压、休克。

4. 禁忌证

对去甲肾上腺素、亚硫酸氢盐或剂型中含其化合物过敏；血容量低所致的低血压，除非在液体容量补足的情况下作为急救措施来维持心、脑灌注；肠系膜或外周静脉血栓症（可导致心律失常），除非在用环丙烷或三氟氯乙烷麻醉作为急救措施时。

5. 不良反应

(1) 心血管系统：心动过缓、心律失常、外周末梢缺血。

(2) 中枢神经系统：短暂的头痛、焦虑。

(3) 局部：皮肤坏死（有渗漏）。

(4) 呼吸系统：呼吸困难。

6. 注意事项

(1) 剂量换算：2 mg 重酒石酸去甲肾上腺素＝1 mg 去甲肾上腺素碱。

(2) 治疗休克时应在保证足量的液体后使用该药。

(3) 配伍禁忌：普通胰岛素、硫喷妥钠。

(4) 应从大静脉给药，避免液体外渗，避免从下肢静脉给药。

(5) 该药须稀释后应用，不能在同一通路中用 $NaHCO_3$；在 5% 葡萄糖氯化钠注射液、5% 葡萄糖和胶体液中稳定，在生理盐水或碱性溶液中不稳定。当该药药液外渗时，应尽早在渗透部位应用稀释后的酚妥拉明。

二、血管扩张药（降压药）

(一)单硝酸异山梨酯（每支 10 mg：10 mL）

1. 作用机制

单硝酸异山梨酯可扩张周围动脉及静脉，其中以静脉为主。

2. 用法、用量

自 1～2 mg/h 始，依据个体需要调整剂量，最大剂量不超过 8～10 mg/h（表 1-47）。对个别患者可增至 10～50 mg/h。

表 1-47　单硝酸异山梨酯不同浓度、不同给药方式速查表

注射速度 (mg/h)	静脉滴注（滴/分） 将 20 mg 稀释成 500 mL (40 μg/mL)	输液泵 (mL/h) 将 20 mg 稀释成 500 mL (40 μg/mL)	微量泵 (mL/h) 将 20 mg 稀释至 50 mL (400 μg/mL)
1	8	25	2.5
2	17	50	5
3	25	75	7.5
4	33	100	10
5	42	125	12.5
6	50	150	15
7	58	175	17.5
8	67	200	20
9	75	225	22.5
10	83	250	25

注：1 mL＝20 滴。

3. 适应证

该药适用于各种不同病因所致的左心室衰竭及严重性或不稳定型心绞痛。

4. 禁忌证

对硝酸盐过敏的患者；各种原因所致的严重低血压（收缩压＜90 mmHg）；对严重贫血患者，该药合用西地那非、伐地那非或他达那非时会导致严重的血压降低。

5. 不良反应

头痛、体位性低血压、恶心、呕吐、面部潮红、皮肤过敏（如皮疹）、剥脱性皮炎。

6. 注意事项

（1）应用时必须密切观察脉搏及血压，以便及时调整剂量。

（2）有下列情况时应详细阅读药物说明书：肥厚梗阻型心肌病、缩窄性心包炎、心包压塞、伴颅内压增高的疾病、直立性低血压、闭角型青光眼、近期心肌梗死、甲状腺功能减退症、营养不良、严重肝脏或肾脏疾病、主动脉和（或）二尖瓣狭窄、低温。

（3）用药期间宜保持卧位，站起时应缓慢，以防突发体位性低血压。

（4）长期连续用药可产生耐药性，故不宜长期连续用药。

（二）酚妥拉明（每支 10 mg : 1 mL）

1. 作用机制

酚妥拉明是 α 受体阻滞剂，可显著降低外周血管阻力，静脉注射 2 min 后可起效，药效可维持 10～15 min。

2. 用法、用量

静脉给药自 0.1 mg/min 始，逐渐增加剂量；进行局部浸润注射治疗时，在 5～10 mg 酚妥拉明中加入 10 mL 氯化钠注射液，12 h 内有效（表 1-48）。

表 1-48　酚妥拉明不同浓度、不同给药方式速查表

注射速度 (mg/min)	静脉注射 5～10 mg+50%葡萄糖至 20～40 mL	静脉滴注（滴/分） 50 mg+5%葡萄糖 245 mL (200 μg/mL)	微量泵（mL/h） 100 mg+5%葡萄糖 40 mL (2000 μg/mL)
0.1	缓慢静脉注射	10	3
0.3	—	30	9
2	—	>0.6 mg/min 时加大药物浓度	60

注：1 mL=20 滴。

3. 适应证

（1）周围血管疾病，如肢端动脉痉挛症、手或足发绀、感染中毒性休克及肾上腺嗜铬细胞瘤的诊断试验。

（2）局部浸润注射治疗由去甲肾上腺素外漏所导致的局部组织坏死。

4. 禁忌证

低血压、严重动脉硬化、心脏器质性损害、肾功能减退。

5. 配伍禁忌

本药忌与铁剂配伍。

6. 不良反应

（1）消化道症状，如腹痛、腹泻、呕吐及加重的消化性溃疡等（胃炎、溃疡病、冠心病患者慎用）。

（2）静脉给药可引起体位性低血压、心律失常和心绞痛，需缓慢注射或滴注。

（3）可出现直立性低血压、鼻塞、皮肤瘙痒；偶有恶心、呕吐等反应。

7. 注意事项

使用时严密监测血压，使收缩压≥90～110 mmHg，高血压患者的收缩压≥150～160 mmHg。

（三）硝普钠（每支 50 mg：10 mL）

1. 作用机制

硝普钠为速效和短时作用的血管扩张药，对动脉、静脉平滑肌均有直接扩张作用，但不影响子宫、十二指肠或心肌的收缩。

2. 用法、用量

起始剂量 0.1 μg/(kg·min)，每 5～10 min 增加 5～10 μg/min，血压降至 80～90 mmHg（既往血压正常者）为最低限（表 1-49），极量为 10 μg/(kg·min)。

表 1-49　硝普钠不同浓度、不同给药方式速查表

注射速度 (μg/min)	静脉滴注（滴/分） 50 mg+5%葡萄糖 500 mL (100 μg/mL)	输液泵（mL/h） 50 mg+5%葡萄糖 500 mL (100 μg/mL)	微量泵（mL/h） 50 mg+5%葡萄糖 50 mL (1000 μg/mL)
5	1	3	0.3 mL

续表

注射速度 (μg/min)	静脉滴注（滴/分） 50mg＋5％葡萄糖 500 mL（100 μg/mL）	输液泵（mL/h） 50 mg＋5％葡萄糖 500 mL（100 μg/mL）	微量泵（mL/h） 50 mg＋5％葡萄糖 50 mL（1000 μg/mL）
10	2	6	0.6 mL
20	4	12	1.2 mL
200	40	120	12 mL

注：1 mL＝20 滴。

3. 适应证

高血压急症、急性心力衰竭、急性肺水肿；术中进行控制性降压；急性心肌梗死或瓣膜（二尖瓣或主动脉瓣）关闭不全时的急性心力衰竭。

4. 禁忌证

患代偿性高血压（如动静脉分流或主动脉缩窄）时，禁用本物。

5. 不良反应

低血压；突然停药可引起反跳现象；氰化物中毒。

6. 注意事项

（1）应用 5％葡萄糖配制。

（2）因其遇光易分解，故应避光。

（3）因溶液配好后 6 h 会失效，故应更换。

（4）因药液有局部刺激性，故应谨防外渗。

（5）如 10 μg/（kg·min）静脉滴注 10 min 仍降压不满意，则应考虑停用本药。

（6）有肝、肾功能障碍者慎用，用药不能超过 3 d。

（四）硝酸甘油（每支 5 mg：1 mL）

1. 作用机制

硝酸甘油可降低血管平滑肌张力，对静脉容量血管的作用比动脉血管显著。

2. 用法、用量

自 5～10 μg/min 起始，每 5 min（术中降压）或 15～30 min（心力衰竭及心绞痛）增加 10～25 μg/min，最大剂量为 200 μg/min（表 1-50）。

表 1-50 硝酸甘油不同浓度、不同给药方式速查表

注射速度 (μg/min)	静脉滴注（滴/分） 5 mg＋5％葡萄糖 499 mL（10 μg/mL）	静脉滴注（滴/分） 10 mg＋5％葡萄糖 498 mL（20 μg/mL）	输液泵（mL/h） 10 mg＋5％葡萄糖 498 mL（20 μg/mL）	微量泵（mL/h） 50 mg＋5％葡萄糖 40 mL（1000 μg/mL）
5	10	5	15	0.3
10	20	10	30	0.6
15	30	15	45	0.9
30	60	30	90	1.8

续表

注射速度 （μg/min）	静脉滴注（滴/分）		输液泵（mL/h）	微量泵（mL/h）
	5 mg＋5％葡萄糖 499 mL（10 μg/mL）	10 mg＋5％葡萄糖 498 mL（20 μg/mL）	10 mg＋5％葡萄糖 498 mL（20 μg/mL）	50 mg＋5％葡萄糖 40 mL（1000 μg/mL）
50	100	50	150	3
100	200	100	300	6
200	—	—	600	12

注：1 mL＝20 滴。

3. 适应证

（1）不稳定型心绞痛。

（2）心肌梗死伴持续胸痛。

（3）左心衰竭。

（4）主动脉撕裂。

（5）高血压。

4. 禁忌证

（1）对硝酸盐过敏者。

（2）严重贫血、重症脑出血、未纠正的低血容量和严重的低血压者。

（3）有闭角型青光眼倾向者。

5. 不良反应

头痛、恶心、反射性心动过速；低血压患者收缩压低于 95 mmHg 时慎用；耐药性常见。

6. 注意事项

应用本药时必须密切注意患者（尤其是心绞痛及血压非急剧增高的左心衰竭患者）的脉搏和血压，剂量自 5 μg/min 始，缓慢增加。

（五）尼卡地平（每支 2 mg：2 mL）

1. 作用机制

尼卡地平可选择性扩张血管平滑肌，对高血压患者的作用大于对血压正常者的，降压时会有反射性心率加快，其半衰期为 50～63 min。

2. 用法、用量

（1）高血压急症：以 0.5～6 μg/（kg·min）的剂量给药，根据血压变化调整滴注速度。

（2）手术时异常高血压：以 2～10 μg/（kg·min）的剂量静脉注射，必要时以 10～30 μg/（kg·min）的剂量静脉注射。

尼卡地平的用法、用量见表 1-51。

表 1-51 尼卡地平不同浓度、不同给药方式速查表

注射速度（mg/h）	静脉滴注（滴/分） 20 mg+5％葡萄糖 230 mL（80 μg/mL）	输液泵（mL/h） 20 mg+5％葡萄糖 230 mL（80 μg/mL）	微量泵（mL/h） 20 mg+5％葡萄糖 30 mL（400 μg/mL）
2	8.3	25	5
4	16.7	50	10
6	25	75	15
15（最大量）	62.5	187.5	37.5

注：1 mL=20 滴。

3. 适应证

高血压性急症，手术时异常高血压的急救处置。

4. 禁忌证

颅内活动性出血者、脑卒中的急性期颅内压增高者、对盐酸尼卡地平过敏者。

5. 不良反应

（1）心动过速、心慌、面赤、全身不适感、ECG 变化。

（2）恶心。

（3）谷草转氨酶浓度、谷丙转氨酶浓度、血尿素氮浓度、肌酐浓度升高。

（4）有时会出现血氧含量过少、头痛、体温上升、尿量减少、血液总胆固醇下降。

6. 注意事项

（1）应在充分监测血压、心率等情形下慎重用药。

（2）应逐渐减量，停药后仍应细心观察血压；改口服时也应注意血压可能会再次上升。

（3）孕妇须在权衡利弊后慎用。哺乳期妇女避免使用，如需用药，则应停止哺乳。

（4）老年人用药应从低剂量开始〔如 0.5 μg/（kg·min）〕。

三、强心药

（一）地高辛（每片 0.25 mg）

1. 作用机制

地高辛具有正性肌力作用（抑制心肌细胞膜 Na^+-K^+-ATP 酶）、负性频率作用、心脏电生理作用。

2. 用法、用量

0.125～0.5 mg（即 0.5～2 片），每天 1 次，7 d 可达稳态血药浓度；口服给药者以老年人为主，应从小剂量（0.0625～0.125 mg）起始。

3. 适应证

高血压瓣膜性心脏病、先天性心脏病等急、慢性心功能不全（尤其适用于伴有快速心室率、心房颤动的心功能不全）。地高辛还适用于控制伴有快速心室率的心房颤

动、心房扑动患者的心室率及室上性心动过速。

4. 禁忌证

与钙注射剂合用；任何洋地黄类制剂中毒；室性心动过速、心室颤动；梗阻性肥厚型心肌病（若伴收缩功能不全或心房颤动，则仍可考虑）；预激综合征伴心房颤动或心房扑动。

5. 不良反应

（1）心律失常、胃纳不佳或恶心、呕吐、下腹痛、异常无力、软弱。

（2）视物模糊或色视症（如黄视症、绿视症）、腹泻、中枢神经系统反应（如精神抑郁或错乱，少见）。

（3）罕见的反应包括嗜睡、头痛及皮疹、荨麻疹等过敏反应（罕见）。

6. 注意事项

（1）个体化用药，监测血药浓度，有效血药浓度为 0.8～2 ng/mL。

（2）实验室检查无低钾、高钙后应用。

（3）不宜与酸、碱类配伍。

（4）不完全性房室传导阻滞、甲状腺功能减退症、缺血性心脏病、心肌梗死、心肌炎、肾功能损害者慎用。地尔硫䓬、胺碘酮可增加血浆地高辛浓度。

（5）肾功能损害者自 0.0625 mg 起始，应用时应尽早监测血浆地高辛浓度。

（6）用药期间应注意随访检查血压、心率、心律、ECG、心功能、电解质（尤其是钾、钙、镁）、肾功能。

（7）当疑有洋地黄中毒时，应即刻测血浆地高辛浓度。当地高辛过量时，因其蓄积性小，故一般于停药后 1～2 d 中毒表现可以消退。

（二）西地兰（每支 0.4 mg：2 mL）

1. 作用机制

同地高辛。

2. 用法、用量

首剂 0.4～0.6 mg + 5% 葡萄糖 20 mL，缓慢静脉注射（5～10 min），后每 2～4 h 可再给予 0.2～0.4 mg，总量 1～1.6 mg。

3. 适应证

（1）急性心功能不全或慢性心功能不全急性加重。

（2）控制伴快速心室率的心房颤动、心房扑动患者的心室率。

4. 禁忌证

（1）预激综合征伴心房颤动或心房扑动。

（2）任何强心甙中毒。

（3）室性心动过速、心室颤动。

（4）梗阻性肥厚型心肌病（伴收缩功能不全或心房颤动时仍可考虑）。

（4）急性心肌梗死 24 h 内。

5. 不良反应

同地高辛。

第一章 常见急危重症的救治流程和措施

6. 注意事项

同地高辛。

(三) 多巴酚丁胺 (每支 20 mg : 2 mL)

1. 作用机制

多巴酚丁胺可刺激心脏的 β 受体,增加 SV,增加 CO。其 1～2 min 起作用,达到峰作用需 10 min,半衰期为 2 min,推荐剂量为 2.5～10 μg/(kg·min)。

2. 用法、用量

多巴酚丁胺的用法、用量见表 1-52。

表 1-52 多巴酚丁胺不同浓度、不同方式应用速查表

体重 /kg	静脉滴注 (滴/分)		微量泵 (mL/h)	
	100 mg＋溶液 490 mL (即 200 μg/mL)		200 mg＋溶液 30 mL (即 4000 μg/mL)	
	2.5 μg/(kg·min)	10 μg/(kg·min)	2.5 μg/(kg·min)	10 μg/(kg·min)
45	11	45	1.7	6.8
50	13	50	1.9	7.5
55	14	55	2.1	8.3
60	15	60	2.3	9
65	16	65	2.4	9.8
70	18	70	2.6	10.5
75	19	75	2.8	11.3
80	20	80	3	12

注:1 mL＝20 滴。

3. 适应证

心力衰竭的短期治疗。

4. 禁忌证

原发性肥厚型心肌病。

5. 副作用

多巴酚丁胺可增加心率、血压,引发室性早搏。

6. 注意事项

开始给予小剂量,逐渐调整到需要的剂量,停药前应先逐渐减低剂量;调节药量前应请医师确认;密切进行心电监护;因多巴酚丁胺漏入局部组织后可致组织坏死,故使用时应谨防渗漏。

(四) 米力农 (每支 5 mg : 5 mL)

1. 作用机制

米力农为磷酸二酯酶抑制剂,可使心肌细胞内的环磷酸腺苷 (cAMP) 浓度增高、细胞内钙含量增加、心肌收缩力加强、CO 增加。

2. 用法、用量

米力农的负荷量为 25～75 μg/kg,5～10 min 缓慢静脉注射,之后以 0.25～

1.0 μg/（kg·min）维持，每日最大剂量不超过 1.13 mg/kg（表 1-53）。

表 1-53 米力农不同浓度、不同方式应用速查表

体重 /kg	输液泵（mL/h） 10 mg+5%葡萄糖 240 mL（40 μg/mL）			微量泵（mL/h） 10 mg+5%葡萄糖 40 mL（200 μg/mL）		
	负荷量 25 μg/kg（10 min）	15 μg/（kg·h）	45 μg/（kg·h）	负荷量 25 μg/kg（10 min）	15 μg/（kg·h）	45 μg/（kg·h）
45	168.8	16.9	50.6	33.8	3.4	10.1
50	187.5	18.8	56.3	37.5	3.8	11.3
55	206.3	20.6	61.4	41.3	4.1	12.3
60	225	22.5	67.5	45	4.5	13.5
65	243.6	24.4	73.1	48.6	4.9	14.6
70	262.5	26.3	78.8	52.5	5.3	15.8

3. 适应证

米力农可短期（48 h）经静脉给药治疗严重充血性心力衰竭，尤其对洋地黄、利尿剂、血管扩张剂治疗无效或效果欠佳的急、慢性顽固性充血性心力衰竭患者有效。

4. 禁忌证

低血压、心动过速、心肌梗死者慎用，肾功能不全者宜减量。

5. 不良反应

少数患者有头痛、室性心律失常、肢体无力、血小板计数减少等。摄入过量米力农后可引发低血压、心动过速。

6. 注意事项

（1）用药期间应监测心率、心律、血压，必要时应调整剂量。

（2）不宜用于严重瓣膜狭窄病变及梗阻性肥厚型心肌病患者。

（3）急性缺血性心脏病者，急性心肌梗死者，孕妇，哺乳期妇女，儿童，肝、肾功能损害者慎用。

（4）米力农与强利尿剂合用时可使左心室充盈压过度下降且易引起水、电解质失衡。

（5）对心房扑动、心房颤动的患者，在用洋地黄制剂控制心室率后可考虑用米力农，因其可增加房室传导作用、导致心室率增快。

（五）重组人脑利钠肽（每支 0.5 mg，粉剂）

1. 作用机制

本药可与特异性的利钠肽受体相结合，引起细胞内环单磷酸鸟苷（cGMP）的浓度升高和平滑肌细胞的舒张。cGMP 能扩张动脉和静脉，迅速降低全身动脉压、右房压和肺毛细血管楔压，从而降低心脏的前、后负荷。

2. 用法、用量

先以负荷量 1.5～2.0 μg/kg 3～5 min 推注，后以 0.0075～0.01 μg/（kg·min）持续 24 h 静脉滴注（表 1-54）。

表 1-54 重组人脑利钠肽不同浓度、不同方式应用速查表

体重/kg	输液泵（mL/h） 0.5 mg+5%葡萄糖 250 mL（2 μg/mL）		微量泵（mL/h） 0.5 mg+5%葡萄糖 50 mL（10 μg/mL）		
	0.0075 μg/(kg·min)	0.015 μg/(kg·min)	负荷量 1.5 μg/kg (5 min)	0.0075 μg/(kg·min)	0.015 μg/(kg·min)
50	11.3	22.5	90	2.3	4.5
60	13.5	27	108	2.7	5.4
70	15.8	31.5	126	3.2	6.3
80	18	36	144	3.6	7.2
90	20.3	40.5	162	4.1	8.1
100	22.5	45	180	4.5	9.0
110	24.8	49.5	198	4.95	9.9

3. 适应证

休息或轻微活动时呼吸困难的急性失代偿心力衰竭患者。

4. 禁忌证

（1）禁用于对重组人脑利钠肽中的任何一种成分过敏的患者。

（2）有心源性休克或收缩压＜90 mmHg 的患者。

5. 不良反应

（1）最常见是不良反应是低血压。

（2）其他不良反应多表现为头痛、恶心、室速、血肌酐升高。

6. 注意事项

（1）注意监测血压。

（2）血压偏低患者负荷量酌减。

（3）0.5 mg+稀释液 50 mL 给予 1.5 μg/kg 负荷量，将余液稀释至 250 mL 静脉滴注。

（4）有严重瓣膜狭窄、限制性或阻塞性心肌病、限制性心包炎、心包压塞或其他心输出依赖静脉回流或怀疑有心脏低充盈压者，因低血压影响灌注，故应慎用。

（5）将本药与其他可能造成低血压的药物合用时，应谨慎。

（六）左西孟旦（每支 12.5 mg：5 mL）

1. 作用机制

本药为钙增敏剂，可增强心肌收缩力，不影响心室舒张；本药通过使 ATP 敏感的 K^+ 通道（K_{ATP}）开放而产生血管舒张作用，可改善冠状动脉的血流供应，抑制磷酸二酯酶Ⅲ；原药半衰期大约为 1 h，54% 自尿中排泄，44% 自粪便排泄；停止注射左西孟旦后大约 2 d 可达血浆峰浓度；代谢物半衰期为 75～80 h。

2. 用法、用量

先以负荷量 6～12 μg/kg，缓慢静脉推注，至少 10 min，后以 0.05～0.2 μg/(kg·min)，持续静脉用药 24 h（表 1-55）。

表1-55 左西孟旦不同浓度、不同方式应用速查表

体重 /kg	输液泵（mL/h）						微量泵（12.5 mg + 5%葡萄糖 45 mL）（250 μg/mL）			
	12.5 mg+5%葡萄糖 245 mL（50 μg/mL）			12.5 mg+5%葡萄糖 495 mL（25 μg/mL）			495 mL（25 μg/mL）			
	负荷量 6 μg/kg (10 min)	维持量 0.05 μg/ (kg·min)	维持量 0.1 μg/ (kg·min)	负荷量 6 μg/kg (10 min)	维持量 0.05 μg/ (kg·min)	维持量 0.1 μg/ (kg·min)	负荷量 6 μg/kg (10 min)	12 μg/kg	0.05 μg/ (kg·min)	0.1 μg/ (kg·min)	0.2 μg/ (kg·min)
40	28.8	2.4	4.8	57.6	4.8	9.6	5.8	11.5	0.5	1	1.9
50	36	3	6	72	6	12	7.2	14.4	0.6	1.2	2.4
60	43.2	3.6	7.2	86.4	7.2	14.4	8.6	17.3	0.7	1.4	2.9
70	50.4	4.2	8.4	100.8	8.4	16.8	10.1	20.1	0.8	1.7	3.4
80	57.6	4.8	9.6	115.2	9.6	19.2	11.5	23	1	1.9	3.8
90	64.8	5.4	10.8	129.6	10.8	21.6	13	25.9	1.2	2.2	4.3
100	72	6.0	12	144	12	24	14.4	28.8	1.2	2.4	4.8
110	79.2	6.6	13.2	158.4	13.2	26.4	15.8	31.7	1.3	2.6	5.3
120	86.2	7.2	14.4	172.4	14.4	28.8	17.3	34.6	1.4	2.9	5.8

3. 适应证

左西孟旦适用于经传统治疗（利尿剂、血管转换酶抑制剂和洋地黄类）疗效不佳且需要增加心肌收缩力的急性失代偿心力衰竭（ADHF）患者的短期治疗。

4. 禁忌证

（1）对左西孟旦或其他任何辅料过敏者。

（2）显著影响心室充盈或（和）射血功能的机械性阻塞性疾病。

（3）严重的肝、肾（肌酸酐清除率＜30 mL/min）功能损伤的患者。

（4）严重低血压和心动过速的患者。有尖端扭转型室性心动过速史的患者。

5. 不良反应

左西孟旦的不良反应最常见的是头痛、低血压、室性心动过速，此外还可有低钾、失眠、头晕、心动过速、室性期前收缩、心力衰竭、心肌缺血、恶心、便秘、腹泻、呕吐及血红蛋白浓度减少等。

6. 注意事项

（1）监测血压，无创监测应持续 4～5 d，监测应持续到血压降到最低值并开始升高时；有低血压风险的患者应谨慎使用。

（2）用药前应纠正严重的血容量减少症状。

（3）肝、肾功能损伤可能会导致活性代谢物浓度增加，从而引起更明显、更持久的血流动力学效应。

（4）左西孟旦可引起低血钾，用药前应纠正血钾浓度异常，在治疗过程中应监测血钾浓度。

（5）左西孟旦可能会引起血红蛋白浓度和红细胞压积降低，因此缺血性心脏病合并贫血的患者应谨慎使用。

（6）心房颤动伴有心室率增快或致命性心律失常的患者应谨慎使用本药。

四、抗心律失常药

（一）利多卡因（每支 100 mg：5 mL）

1. 作用机制

利多卡因属于Ⅰb类抗心律失常药，能阻断快钠通道、缩短动作电位时程。

2. 用法、用量

负荷量 1～1.5 mg/kg 体重（一般用 50～100 mg）静脉注射 2～3 min，必要时每 5 min 重复静脉注射 1 或 2 次，但 1 h 内的总量不得超过 300 mg，后以 5% 葡萄糖液配制 1～4 mg/min，或 0.015～0.03 mg/（kg·min）静脉滴注维持（表 1-56）。老年人、心力衰竭、心源性休克、肝血流量减少、肝或肾功能障碍时应减少用量。

表 1-56　利多卡因治疗心律失常应用速查表

注射速度	负荷量	维持量	
		静脉滴注（滴/分）	微量泵（mL/h）
		1000 mg，用氯化钠或葡萄糖稀释至 500 mL（2 mg/mL）	1000 mg（50 mL）
1 mg/min	50～100 mg 或 1～1.5 mg/kg 静脉注射 1～2 min。若无效，则隔 10 min 重复 1 次，总量<300 mg	10	3
4 mg/mL		40	12

注：1 mL=20 滴。

3. 适应证

利多卡因既可用于急性心肌梗死后室性期前收缩和室性心动过速，还可用于洋地黄中毒、心脏外科手术及心导管引起的室性心律失常。利多卡因对室上性心律失常通常无效。

4. 禁忌证

（1）对局部麻醉药过敏者禁用利多卡因。

（2）阿-斯综合征（急性心源性脑缺血综合征）、预激综合征、严重心脏传导阻滞（包括窦房传导阻滞、房室传导阻滞及心室内传导阻滞）。

5. 不良反应

（1）利多卡因可作用于中枢神经系统，引起嗜睡、感觉异常、肌肉震颤、惊厥、昏迷及呼吸抑制等不良反应。

（2）低血压及心动过缓。

（3）若利多卡因血药浓度过高，则可引起心房传导速度减慢、房室传导阻滞、心肌收缩力减弱和 CO 下降。

6. 注意事项

（1）用药期间应注意监测血压、ECG，并备好抢救设备。

（2）若服药期间患者 ECG P-R 间期延长或 QRS 波群增宽，出现其他心律失常或原有心律失常加重，则应立即停药。

（二）胺碘酮（每支 150 mg：3 mL）

1. 作用机制

胺碘酮可延长心肌细胞动作电位，增加心房、房室结和心室组织的不应期。其静脉给药半衰期为 20 h，口服半衰期为 14～59 d。

2. 用法、用量

（1）先以负荷量 5 mg/kg+5％葡萄糖 50 mL 泵入 20 min～2 h，后以 10～20 mg/（kg·d）维持。

（2）先以 150 mg+5％葡萄糖 10 mL 静脉注射 10 min，后以 1 mg/kg 持续泵入 6 h，继以 0.5 mg/min 维持。

胺碘酮的用法、用量见表 1-57。

表 1-57 胺碘酮用法、用量速查表

方法	用法、用量		
方法一	负荷量：5 mg/kg+5%葡萄糖 50~200 mL，静脉注射/静脉滴注，20~120 min（依据心率、血压逐渐调整），24 h 重复 2 或 3 次。 维持量：10~20 mg/（kg·d）（600~1200 mg/24 h）+5%葡萄糖 500 mL，静脉滴注		
方法二	负荷量：150 mg+5%葡萄糖 10 mL 静脉注射>10 min。 维持量：1 mg/min 静脉泵入 6 h，后 0.5 mg/min 持续泵入		
	胺碘酮（150 mg×3 mL）	5%葡萄糖	方法
	450mg（9 mL）	36 mL	6 mL/h，6 h 后改为 3 mL/h

3. 适应证

心室颤动、室性心动过速、心房扑动、心房颤动、预激综合征、其他治疗无效的严重快速心律。

4. 禁忌证

（1）窦性心动过缓、窦房结传导阻滞，或病窦综合征，或高度传导障碍未安置起搏器者；甲状腺功能亢进症患者（胺碘酮可能会加重其症状）；已知对碘或胺碘酮过敏者。

（2）妊娠 4~9 个月。

（3）严重循环衰竭、严重低血压。

（4）3 岁以下儿童（因含有苯醇）。

（5）哺乳期。

（6）与某些可导致尖端扭转型室性心动过速的药物合用。

5. 不良反应

窦性心动过缓、失眠、厌食、低血压、间质性肺炎、充血性心力衰竭、皮肤褪色、周围神经病变、肝病、甲状腺功能异常。

6. 注意事项

5%葡萄糖更适合与胺碘酮联合使用，它对胺碘酮的药效影响小。

7. 药物的相互作用

胺碘酮与钙离子拮抗剂合用，可导致窦性心动过缓；与地高辛合用，可增加血浆地高辛浓度；与美西律合用，可使 Q-T 间期延长；与 β 受体阻滞剂合用，可导致窦性心动过缓；与普鲁卡因胺合用，可使血浆普鲁卡因胺浓度明显增加。禁止将胺碘酮与单胺氧化酶抑制剂联合应用。

（三）普罗帕酮（每支 70 mg：20 mL）

1. 作用机制

普罗帕酮属于 Ⅰc 类抗心律失常药，可直接作用于细胞膜，进而阻断钠通道、减慢传导速度。

2. 用法、用量

先以负荷量 1~1.5 mg/kg 或 70 mg+5%葡萄糖 10 mL 静脉注射 5~10 min，必要时 10~20 min 重复 1 次，总量不超过 210 mg，后以维持量 0.5~1.0 mg/min 静脉滴注（表 1-58）。

表 1-58 普罗帕酮治疗心律失常应用速查表

注射速度	负荷量	维持量		
		静脉滴注（滴/分） 280 mg＋溶液 420 mL （0.56 mg/mL）	输液泵（mL/h） 280 mg＋溶液 420 mL （0.56 mg/mL）	微量泵（mL/h） 210 mg（60 mL） （3.5 mg/mL）
0.5 mg/min	10 min 内将 70 mg 普罗帕酮静脉注射完。若无效，则隔 10～20 min 重复 1 次，总量＜210 mg	18	54	8.6
10 mg/mL		36	107	17.1

3. 适应证

普罗帕酮既可用于阵发性室性心动过速、阵发性室上性心动过速及预激综合征伴室上性心动过速、心房扑动或心房颤动的预防，也可用于各种期前收缩的治疗。

4. 禁忌证

对该药过敏者，严重低血压、心源性休克、严重充血性心力衰竭及无起搏器保护的窦房结功能障碍、严重房室传导阻滞、双束支传导阻滞者。

5. 不良反应

普罗帕酮的不良反应有头痛，头晕、恶心、呕吐及便秘等，可出现房室传导阻滞。

6. 注意事项

因静脉注射普罗帕酮可抑制心肌活动，故心肌严重损害者、老年人、心功能差者慎用。严重的心动过缓，肝、肾功能不全，明显低血压患者慎用。用药中出现窦房结传导阻滞或房室传导阻滞时，可静脉注射乳酸钠、阿托品、异丙肾上腺素。

（四）地尔硫䓬（合贝爽粉剂）（每支 10 mg）

1. 作用机制

地尔硫䓬为钙离子通道阻滞药，可使窦房结和房室结的自律性和传导性降低。

2. 用法、用量

以负荷量 10 mg 或 0.15～0.25 mg/kg＋0.9%生理盐水或 5%葡萄糖 1～2 mL（1%溶液），3 min 内缓慢注射，15 min 后可重复 1 次；以维持量 5～15 mg/（kg·min）静脉滴注（表 1-59、表 1-60）。

3. 适应证

不稳定型心绞痛、高血压急症或术中高血压、心房颤动、室上性心动过速。

4. 禁忌证

对药物中任一成分过敏、严重充血性心力衰竭、严重心肌病、严重低血压或心源性休克、Ⅱ和Ⅲ度房室传导阻滞或病态窦房结综合征、妊娠或可能妊娠者。

5. 不良反应

地尔硫䓬最常见的不良反应为水肿、头痛、恶心、眩晕、皮疹、无力。

6. 注意事项

对孕妇禁用地尔硫䓬。将地尔硫䓬用于室上性心动过速治疗时，应进行心电监测。若肝、肾功能不全的患者需要应用，则应防止药物蓄积过量。

表 1-59 地尔硫䓬静脉泵入速查表

体重/kg	地尔硫䓬 50 mg+0.9%氯化钠或葡萄糖 50 mL(1 mg/mL),微量泵(mL/h)														
	适用于不稳定型心绞痛、心律失常的剂量[μg/(kg·min)]				适用于不稳定型心绞痛,心律失常、高血压急症、术中高血压的剂量[μg/(kg·min)]										
	1	2	3	4	5	6	7	8	9	10	11	12	13	14	15
40	2.4	4.8	7.2	9.6	12	14.4	16.8	19.2	21.6	24	26.4	28.8	31.2	33.6	36
50	3	6	9	12	15	18	21	24	27	30	33	36	39	42	45
60	3.6	7.2	10.8	14.4	18	21.6	25.2	28.8	32.4	36	39.6	43.2	46.8	50.4	54
70	4.2	8.4	12.6	16.8	21	25.2	29.4	33.6	37.8	42	46.2	50.4	54.6	58.8	63
80	4.8	9.6	14.4	19.2	24	28.8	33.6	38.4	43.2	48	52.8	57.6	62.4	67.2	72

表 1-60 地尔硫䓬静脉滴注速查表

体重/kg	地尔硫䓬 50 mg + 0.9%氯化钠或葡萄糖 250 mL(0.2 mg/mL),输液泵(滴/分)														
	适用于不稳定型心绞痛,心律失常、高血压急症、术中高血压的剂量[μg/(kg·min)]				适用于高血压急症、术中高血压的剂量[μg/(kg·min)]										
	1	2	3	4	5	6	7	8	9	10	11	12	13	14	15
40	4	8	12	16	20	24	28	32	36	40	44	48	52	56	60
50	5	10	15	20	25	30	35	40	45	50	55	60	65	70	75
60	6	12	18	24	30	36	42	48	54	60	66	72	78	84	90
70	7	14	21	28	35	42	49	56	63	70	77	84	91	98	105
80	8	16	24	32	40	48	56	64	72	80	88	96	104	112	120

(五) 艾司洛尔 (每支 100 mg : 10 mL)

1. 作用机制

艾司洛尔为选择性 β_1 肾上腺素受体阻滞剂,起效快,静脉注射后的半衰期约为 9 min,作用维持时间短,在治疗剂量下无明显的内在拟交感活性或膜稳定作用。

2. 用法、用量

(1) 控制心房颤动、心房扑动时的心室率。负荷量 0.5 mg/(kg·min) 静脉注射 1 min;维持量,自 0.05 mg/(kg·min) 始,4 min 后,若疗效不佳,则可重复给予负荷量并将维持量以 0.05 mg/(kg·min) 的幅度递增,最大可至 0.3 mg/(kg·min)。

(2) 用于治疗围手术期高血压或窦性心动过速。负荷量 1 mg/kg,静脉注射 30 s;维持量 0.15 mg/(kg·min) 静脉点滴,最大维持量为 0.3 mg/(kg·min)。

(3) 预防气管插管的心血管反应,于插管前 2 min 静脉注射 1~2 mg/kg。

艾司洛尔的用法、用量见表 1-61。

表 1-61 艾司洛尔不同浓度、不同方式应用速查表

体重/kg	500 mg (50 mL) 微量泵 (mL/h) 或 1000 mg (100 mL) 输液泵 (mL/h)				
	控制心房颤动、心房扑动时的心室率		用于治疗围手术期高血压或窦性心动过速		
	负荷量 0.5 mg/kg	维持量		负荷量 1 mg/kg	维持量	
	1 min	0.05 mg/(kg·min)	0.1 mg/(kg·min)	30 s	0.15 mg/(kg·min)	0.3 mg/(kg·min)
40	2.0 mL	12	24	4.0 mL	36	72
50	2.5 mL	15	30	5.0 mL	45	90
60	3.0 mL	18	36	6.0 mL	54	108
70	3.5 mL	21	42	7.0 mL	63	126
80	4.0 mL	24	48	8.0 mL	72	144
90	4.5 mL	27	54	9.0 mL	81	162
100	5.0 mL	30	60	10.0 mL	90	180
110	5.5 mL	33	66	11.0 mL	99	198
120	6.0 mL	36	72	12.0 mL	108	216

3. 适应证

艾司洛尔既可用于控制心房颤动、心房扑动时的心室率,还可用于治疗围手术期高血压、窦性心动过速。

4. 禁忌证

窦性心动过缓、Ⅰ度以上房室传导阻滞、心源性休克、心力衰竭、肺动脉高压患

者禁用。

5. 不良反应

艾司洛尔最明显的不良反应是低血压。

6. 注意事项

（1）用药期间监测血压。

（2）艾司洛尔慎用于糖尿病、支气管痉挛性疾病。

（3）艾司洛尔不能用于控制由伴有低体温的血管收缩引起的高血压。

五、镇静药

（一）咪达唑仑（每支 5 mg：1 mL）

1. 作用机制

咪达唑仑可通过激活 γ-氨基丁酸受体-氯离子复合物发挥镇静、催眠作用。

2. 用法、用量

麻醉前给药：0.05～0.075 mg/kg，肌内注射，麻醉诱导前 20～60 min，老年患者剂量酌减。全麻诱导：5～10 mg（0.1～0.15 mg/kg），肌内注射。局部麻醉或椎管内麻醉辅助用药：0.03～0.04 mg/kg，分次静脉注射。ICU 患者镇静：先以 2～3 mg 静脉注射，继之以 0.05 mg/(kg·h) 静脉滴注维持。咪达唑仑的用法、用量见表 1-62。

表 1-62 咪达唑仑 ICU 镇静微量泵应用速查表

体重/kg	咪达唑仑 25 mg + 0.9%氯化钠 45 mL (0.5 mg/mL)	
	负荷量（mL）	微量（mL/h）
40	4～6 mL	4
50		5
60		6
70		7
80		8
90		9
100		10
110		11
120		12

3. 适应证

辅助麻醉；诊断或治疗性操作时患者的镇静；ICU 患者的镇静。

4. 禁忌证

对苯二氮䓬过敏者及重症肌无力、精神分裂症、严重抑郁状态患者。

5. 不良反应

咪达唑仑较常见的不良反应为嗜睡、镇静过度、头痛、幻觉、共济失调、呃逆和喉痉挛。静脉注射咪达唑仑时还可发生呼吸抑制及血压下降，极少数可发生呼吸暂停、停止或心跳骤停。

6. 注意事项

（1）长期静脉注射咪达唑仑，突然撤药可引起戒断综合征。

（2）将咪达唑仑用于全麻诱导术后，常有较长时间的再睡眠现象，应注意保持患者气道通畅。

（3）咪达唑仑不能用6％葡聚糖注射液或碱性注射液稀释，也不能与6％葡聚糖注射液或碱性注射液混合。

（4）肌内注射或静脉注射后至3 h不能离开医院或诊室，之后应有人伴随才能离开；至少12 h内不得开车或操作机器等。

（5）咪达唑仑慎用于体质衰弱者或慢性病、COPD、慢性肾衰竭、肝功能损害或充血性心力衰竭患者，应用时应监测生命体征。

（二）右美托咪定（每支0.2 mg∶2 mL）

1. 作用机制

右美托咪定为高选择性α_2肾上腺素能受体激动剂，既有中枢性抗交感作用、近似自然睡眠的镇静作用，还有一定的镇痛、利尿和抗焦虑作用，对呼吸无抑制。

2. 用法、用量

（1）用于有创检查时的镇静：负荷量1 μg/kg（10～15 min），静脉注射；维持量0.2～0.7 μg/（kg·h）。

（2）用于重症机械通气患者的镇静：根据ICU中机械通气患者的反应给予右美托咪定0.2～0.7 μg/（kg·h），通常为0.4 μg/（kg·h），不宜超过72 h。

右美托咪定的用法、用量见表1-63。

表1-63 右美托咪定不同浓度、不同方式应用速查表

体重/kg	微量泵（200μg＋0.9％氯化钠48mL，4μg/mL）				
	负荷量 10 min	维持量（mL/h）			
	1 μg/kg	0.2 μg/（kg·h）	0.4 μg/（kg·h）	0.6 μg/（kg·h）	0.7 μg/（kg·h）
40	10.0 mL	2	4	6	7
50	12.5 mL	2.5	5	7.5	8.75
60	15.0 mL	3	6	9	10.5
70	17.5 mL	3.5	7	10.5	12.25
80	20.0 mL	4	8	12	14
90	22.5 mL	4.5	9	13.5	15.75

续表

体重/kg	微量泵（200μg+0.9‰氯化钠48mL，4μg/mL）				
	负荷量 10 min	维持量（mL/h）			
	1 μg/kg	0.2 μg/(kg·h)	0.4 μg/(kg·h)	0.6 μg/(kg·h)	0.7 μg/(kg·h)
100	25.0 mL	5	10	15	17.5
110	27.5 mL	5.5	11	16.5	19.25
120	30.0 mL	6	12	18	21

3. 适应证

右美托咪定可用于全身麻醉的手术患者气管插管、有创检查和机械通气时的镇静。

4. 禁忌证

对右美托咪定及其成分过敏者禁用。

5. 不良反应

右美托咪定最常见的不良反应为低血压、心动过缓及口干。迷走神经张力高、糖尿病、高血压、高龄、肝功能或肾功能有损伤的患者使用时更易发生心动过缓甚至窦性停搏。

6. 注意事项

重度心脏传导阻滞和重度心室功能不全的患者慎用。右美托咪定用药后，一般起效时间为10～15 min，达峰时间为25～30 min，因此30 min内不宜频繁增加输注剂量，以免镇静过度。过快给予负荷量可能引起一过性高血压和心动过缓，只要减慢给药速度即可缓解，无须特殊处理。若出现持续低血压和心动过缓，则应停止给予右美托咪定，加快输液，抬高下肢，静脉注射阿托品或麻黄素。由于可能的药效学相互作用，当右美托咪定与其他麻醉剂、镇静剂、安眠药或阿片类药物同时给药时，可能需要减少给药剂量（见药物相互作用）。肝、肾功能损伤的患者和老年患者可能需要考虑减少给药剂量。

六、华法林（每片 2.5 mg 或 3 mg）

1. 作用机制

华法林主要通过抑制维生素 K 在肝细胞内合成凝血因子Ⅱ、Ⅶ、Ⅸ、Ⅹ，从而发挥抗凝作用。

2. 用法、用量

口服，第 1～3 d，3～4 mg（年老体弱及糖尿病患者半量即可），3 d 后可给予维持量 2.5～5 mg/d［参考凝血时间调整剂量，使国际标准化比率（INR）在 2～3］。

3. 适应证

（1）华法林可防治血栓栓塞性疾病，如治疗血栓栓塞性静脉炎，降低肺栓塞的发病率和死亡率，减少接受外科大手术、髋关节固定术、心脏瓣膜置换术等的患者及风湿性心脏病患者的静脉血栓发生率。

(2) 华法林可作为心肌梗死的辅助用药。

4. 禁忌证

(1) 有出血倾向者（如血友病、血小板减少性紫癜者）禁用。

(2) 重度肝、肾疾病，活动性消化性溃疡及中枢神经系统或眼科手术者禁用。

(3) 华法林易通过胎盘并致畸胎、胎儿中枢神经系统异常、流产及死胎（死胎率高达 16％～17％），因此妊娠期妇女禁用。

5. 不良反应

华法林使用过量易导致出血，早期可有瘀斑、紫癜、牙龈出血、鼻衄、伤口出血经久不愈、月经过多等。出血可发生在任何部位，特别是泌尿道和消化道。

6. 注意事项

(1) 用药期间应检查凝血酶原时间，做大便隐血试验和尿隐血试验。

(2) 老年体弱者及糖尿病患者用量减半。

(3) 恶病质、衰弱、发热、慢性酒精中毒、活动性肺结核、充血性心力衰竭、重度高血压、亚急性细菌性心内膜炎、月经过多、先兆流产等的患者慎用。

(4) 长期应用最低维持量期间，如需手术，则可先静脉注射维生素 K_1 注射液 50 mg，但进行中枢神经系统手术及眼科手术前需先停药。进行胃肠手术前应做大便隐血试验。

(5) 华法林少量可经乳腺分泌进乳汁，但浓度极低，对婴儿可视为无影响。

(6) 可增强华法林作用的药物包括阿司匹林、阿嘌呤醇、胺碘酮、阿奇霉素、苯扎贝特、羟基鸟苷、克拉霉素、水合氯醛、头孢氨苄、头孢甲肟、头孢美唑、头孢哌酮、头孢呋辛酯、西咪替丁、左氧氟沙星、可待因、环磷酰胺、右旋甲状腺素、地高辛、红霉素、氯霉素、氟康唑、氟尿嘧啶、氟伐他汀、吲哚美辛、流感疫苗、α 干扰素、β 干扰素、异环磷酰胺、伊曲康唑、酮康唑、洛伐他汀、氨甲喋呤、甲硝唑、咪康唑、拉氧头孢、萘啶酸、诺氟沙星、氧氟沙星、奥美拉唑、对乙酰氨基酚、普萘洛尔、奎宁、奎尼丁、罗红霉素、辛伐他汀、磺胺异恶唑、磺胺甲噻二唑、磺胺甲恶唑、磺胺苯吡嗪、磺吡酮、甾体类激素、四环素、氯噻苯氧酸、曲格列酮、扎鲁司特、维生素 A、维生素 E、水杨酸钠、胰高血糖素、某些氨基糖苷类抗生素、对乙酰氨基酚、依他尼酸、甲苯磺丁脲、甲硝唑、别嘌呤醇等。

(7) 可减弱华法林作用的药物包括硫唑嘌呤、苯妥英钠、巴比妥类、卡马西平、氯噻酮、氯唑西林、环孢素、双氯西林、灰黄霉素、异烟肼、萘夫西林、巯基嘌呤、美沙拉嗪、苯巴比胺、去氧苯比妥、利福平、丙戊酸钠、螺内酯、维生素 C、维生素 K、口服避孕药、雌激素、扑米酮、皮质激素、人参、贯叶连翘等。

第四十四节 ICU 肠外营养、肠内营养支持指南

一、ICU 肠外营养、肠内营养支持——营养方式的选择

ICU 肠外营养（PN）、肠内营养（EN）支持——营养方式的选择见图 1-73。

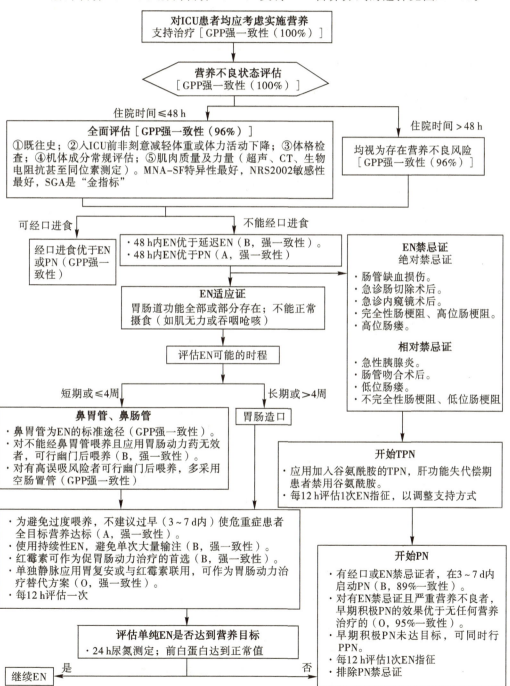

A指至少一个Meta分析/系统评价/级别为1++的随机对照试验,直接用于目标人群;B指构成证据体的研究级别为2++,可直接应用于目标人群;O指证据级别为3或4;GPP指最佳临床实践/专家意见;强一致性指至少90%的参评专家达成共识;MNA-SF指微营养评估;SGA指主观全面评定;TPN指全胃肠外营养;PPN指部分胃肠外营养。

图1-73 ICU PN、PE支持——营养方式的选择

二、ICU PN、EN支持——营养制剂的选择

ICU PN、EN支持——营养制剂的选择见图1-74。

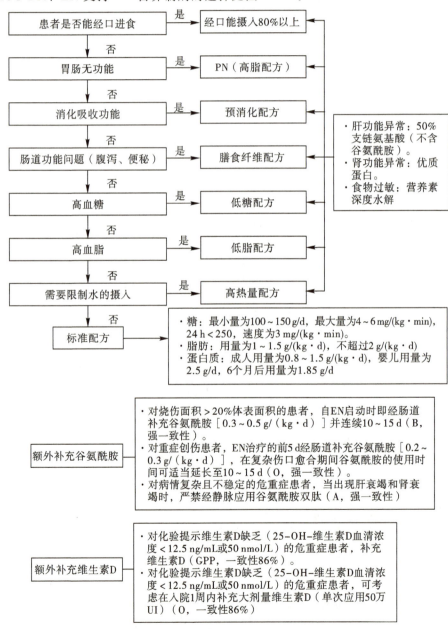

图1-74 ICU PN、PE支持——营养制剂的选择

三、ICU PN、EN 支持——腹泻

ICU PN、EN 支持——腹泻见图 1-75。

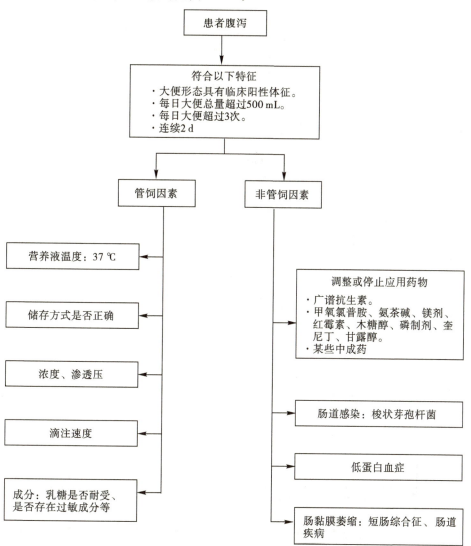

图 1-75 ICU PN、PE 支持——腹泻

四、ICU PN、EN 支持——特殊情况

ICU PN、EN 支持——特殊情况见图 1-76。

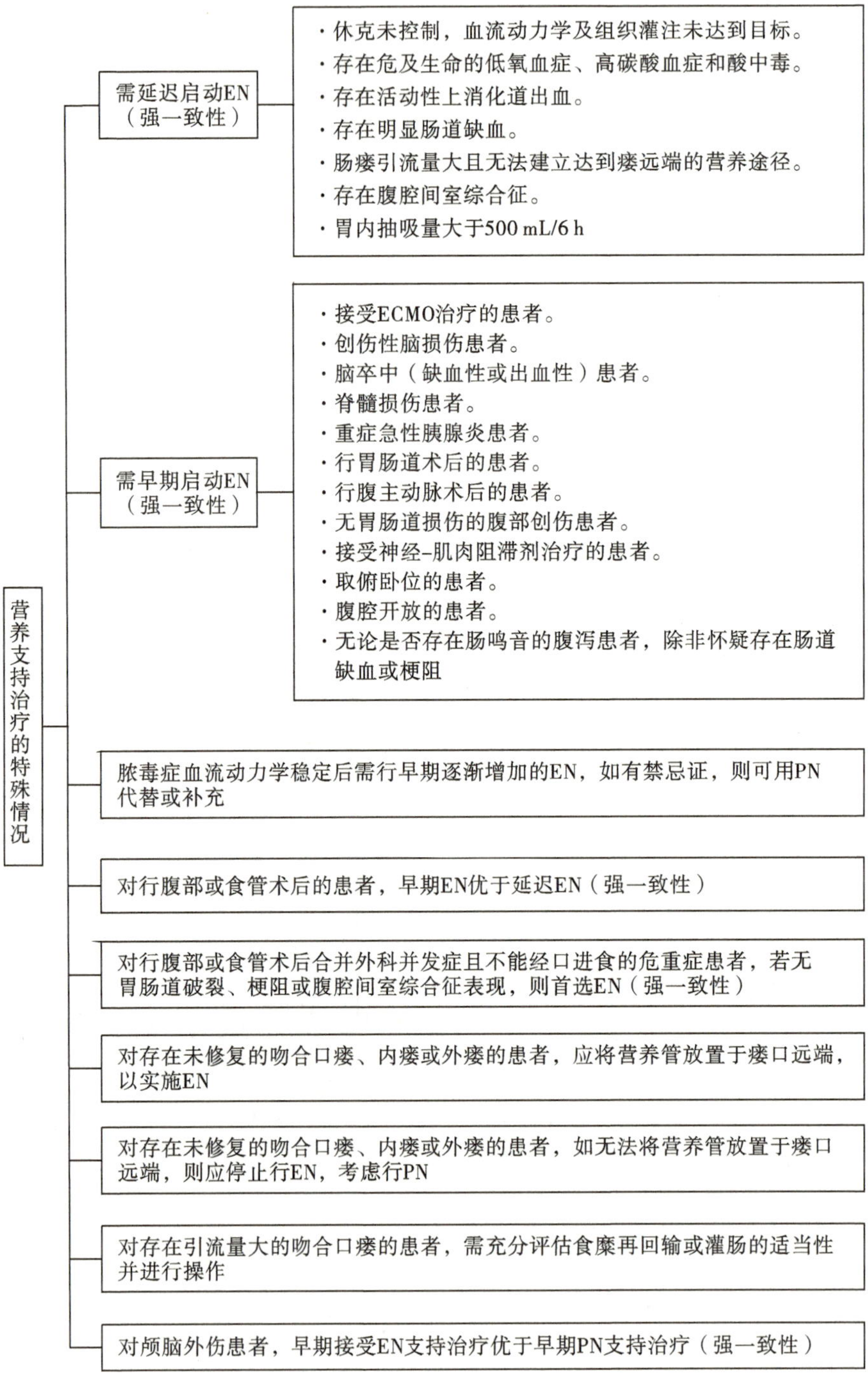

```
营养支持治疗的特殊情况
├─ 需延迟启动EN（强一致性）
│   • 休克未控制，血流动力学及组织灌注未达到目标。
│   • 存在危及生命的低氧血症、高碳酸血症和酸中毒。
│   • 存在活动性上消化道出血。
│   • 存在明显肠道缺血。
│   • 肠瘘引流量大且无法建立达到瘘远端的营养途径。
│   • 存在腹腔间室综合征。
│   • 胃内抽吸量大于500 mL/6 h
│
├─ 需早期启动EN（强一致性）
│   • 接受ECMO治疗的患者。
│   • 创伤性脑损伤患者。
│   • 脑卒中（缺血性或出血性）患者。
│   • 脊髓损伤患者。
│   • 重症急性胰腺炎患者。
│   • 行胃肠道术后的患者。
│   • 行腹主动脉术后的患者。
│   • 无胃肠道损伤的腹部创伤患者。
│   • 接受神经-肌肉阻滞剂治疗的患者。
│   • 取俯卧位的患者。
│   • 腹腔开放的患者。
│   • 无论是否存在肠鸣音的腹泻患者，除非怀疑存在肠道缺血或梗阻
│
├─ 脓毒症血流动力学稳定后需行早期逐渐增加的EN，如有禁忌证，则可用PN代替或补充
│
├─ 对行腹部或食管术后的患者，早期EN优于延迟EN（强一致性）
│
├─ 对行腹部或食管术后合并外科并发症且不能经口进食的危重症患者，若无胃肠道破裂、梗阻或腹腔间室综合征表现，则首选EN（强一致性）
│
├─ 对存在未修复的吻合口瘘、内瘘或外瘘的患者，应将营养管放置于瘘口远端，以实施EN
│
├─ 对存在未修复的吻合口瘘、内瘘或外瘘的患者，如无法将营养管放置于瘘口远端，则应停止行EN，考虑行PN
│
├─ 对存在引流量大的吻合口瘘的患者，需充分评估食糜再回输或灌肠的适当性并进行操作
│
└─ 对颅脑外伤患者，早期接受EN支持治疗优于早期PN支持治疗（强一致性）
```

图 1-76 ICU PN、PE 支持——特殊情况

第二章 急性血栓性疾病的救治流程

第一节 急性胸痛的救治流程

一、急性胸痛的救治流程

急性胸痛的救治流程见图 2-1。

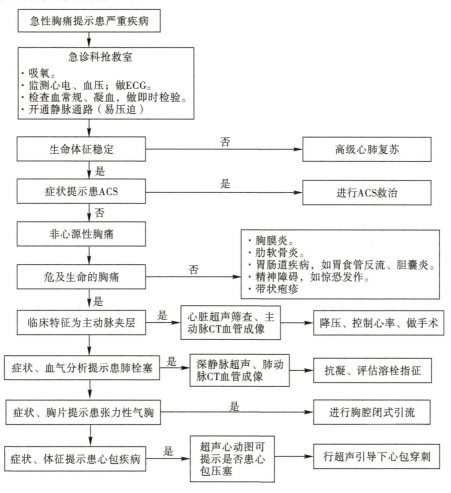

ACS 胸痛症状：①胸痛为压迫性、紧缩性、烧灼感、刀割样或沉重感；②无法解释的上腹痛或腹胀；③疼痛放射至颈部、下颌、肩背部/左臂/双上臂；④"烧心"，胸部不适伴恶心和（或）呕吐；⑤伴持续性气短或呼吸困难；⑥伴无力、眩晕、头晕或意识丧失；⑦伴大汗。注意：女性患者、糖尿病患者和老年患者的症状可不典型。非典型性心绞痛的特征：①胸痛为锐痛，与呼吸或咳嗽有关；②胸痛与转动身体或按压身体局部有关；③胸痛持续时间很短；④非典型性胸痛不能排除 ACS。

图 2-1 急性胸痛的救治流程

二、附件

(一) 附件1：ACS 的救治流程

ACS 的救治流程见图 2-2。

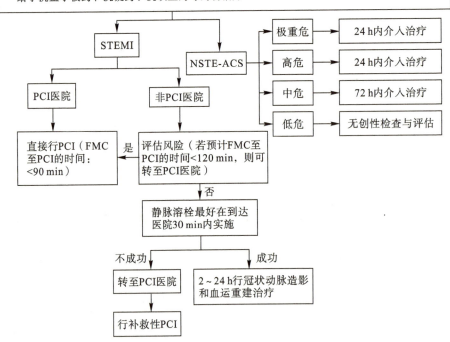

FMC 指首次医疗接触；TnI 指高敏肌钙蛋白；CK-MB 指血清肌酸激酶同工酶；STEMI 指 ST 段抬高心肌梗死；NSTE-ACS 指非 ST 段抬高型急性冠状动脉综合征；PCI 指经皮冠状动脉介入术；PCI 医院指有行 PCI 能力的医院。

图 2-2 ACS 的救治流程

(二)附件2:急性心肌梗死血管再通的救治流程

急性心肌梗死血管再通的救治流程见图2-3。

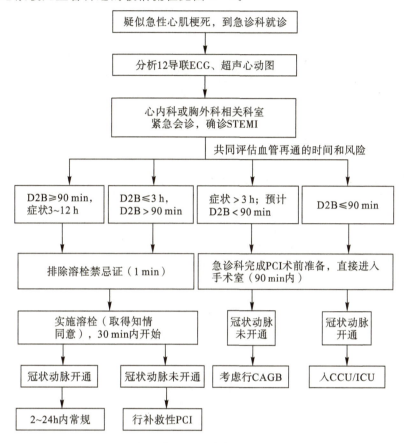

D2B指患者入院至球囊扩张的时间。

图2-3 急性心肌梗死血管再通的救治流程

(三)附件3:急性心肌梗死溶栓治疗的初步筛查

急性心肌梗死溶栓治疗的初步筛查指标见表2-1。

表2-1 急性心肌梗死溶栓治疗的初步筛查指标

序号	指标	是	否
1	进行性胸痛(20~720 min)①	是	
2	年龄>30岁(女性>40岁),<75岁	是	
3	ST段抬高>0.1 mV至少两个相邻导联或诊断LBBB②	是	
4	ST段显著抬高,>75岁,慎重权衡利弊	是	
5	胸痛持续12~24 h,可考虑	是	
6	患者或家属知道风险与受益后的意见	是	
7	既往发生过出血性脑卒中		否
8	过去6个月内发生过缺血性脑卒中或脑血管事件		否

续表

序号	指标	是	否
9	中枢神经系统受损、颅内肿瘤或畸形		否
10	近期（2～4周）有活动性内脏出血		否
11	未排除主动脉夹层		否
12	入院时有严重未控制的高血压（>180/110 mmHg）③或慢性严重高血压病史		否
13	目前正在使用治疗剂量的抗凝剂或已知有出血倾向		否
14	有近期（2～4周）创伤（包括头部外伤、创伤性心肺复苏）史或较长时间（>10 min）的心肺复苏		否
15	近期（<3周）行外科大手术		否
16	近期（<2周）曾在不能压迫部位的大血管行穿刺术		否

注：①胸痛和（或）ST段抬高不能被硝酸甘油（含化）解除者；②LBBB为新发生的ST段抬高，如在就诊时ST段未抬高或为LBBB时，则重复做ECG直至ST段抬高（每30 min 1次）；③血压≥180/110 mmHg是指使用硝酸甘油、β受体阻滞剂治疗后。表中所有选择"是"者，有溶栓治疗或直接行经皮冠状动脉腔内成形术（PTCA）再灌注治疗的指征；所有选择"否"且血压≤180/110 mmHg者，一般无溶栓禁忌证。

（四）附件4：急性ST段抬高心肌梗死溶栓治疗的适应证与禁忌证

急性ST段抬高心肌梗死溶栓治疗的适应证与禁忌证见图2-4。

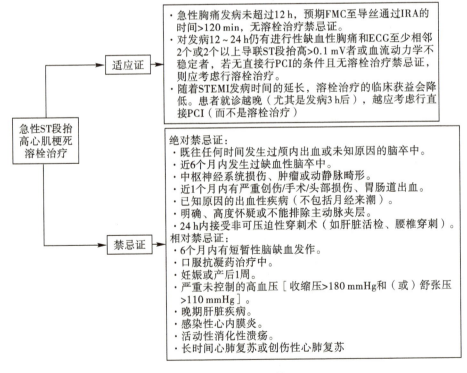

IRA指梗死相关血管。

图2-4 急性ST段抬高心肌梗死溶栓治疗的适应证与禁忌证

（五）附件 5：对急性 STEMI 患者直接行 PCI 的推荐指征

对急性 STEMI 患者直接行 PCI 的推荐指征见图 2-5。

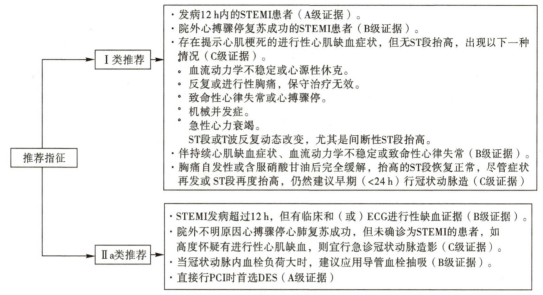

DES 指药物洗脱支架。

图 2-5 对急性 STEMI 患者直接行 PCI 的推荐指征

（六）附件 6：急性 STEMI 溶栓治疗后紧急行 PCI 的推荐指征

急性 STEMI 溶栓治疗后紧急行 PCI 的推荐指征见图 2-6。

- 对接受溶栓治疗的患者，应在溶栓治疗后 60~90 min 内评估溶栓治疗的有效性，对溶栓治疗失败的患者应立即行紧急补救性PCI（I级推荐，A级证据）。
- 对溶栓治疗成功的患者应在溶栓治疗后 2~24 h 内常规行直接PCI（急诊 冠状动脉造影后根据病变特点决定是否干预IRA）（I级推荐，A级证据）

图 2-6 急性 STEMI 溶栓治疗后紧急行 PCI 的推荐指征

（七）附件 7：对未接受再灌注治疗的急性 ST 段抬高心肌梗死患者（>24 h）行 PCI 的推荐指征

对未接受再灌注治疗的急性 STEMI 患者（>24 h）行 PCI 的推荐指征见图 2-7。

- 对在推荐时间（12 h）内未能接受再灌注治疗的STEMI患者，应立即进行临床评估。如存在持续性心肌缺血、心力衰竭、血流动力学不稳定或致死性心律失常等危及生命的症状或体征，则应行紧急PCI（IIa级推荐，B级证据）。
- 对症状出现12~48 h的稳定无症状的STEMI患者也考虑行PCI（IIa级推荐，B级证据）。
- 对上述情况以外的STEMI患者应进行非侵入性检查，评估残留心肌缺血，并决定晚期侵入性治疗或选择性冠状动脉造影的合适时机。对非侵入性检查提示有中度或高度缺血风险者推荐早期行PCI。对症状发作超过48 h且犯罪血管完全闭塞，或血流动力学稳定且无明确心肌缺血证据的患者，不推荐行常规PCI

图 2-7 对未接受再灌注治疗的急性 STEMI 患者（>24 h）行 PCI 的推荐指征

(八)附件8:将急性STEMI患者转运至PCI医院的推荐指征

将急性STEMI患者转运至PCI医院的推荐指征见图2-8。

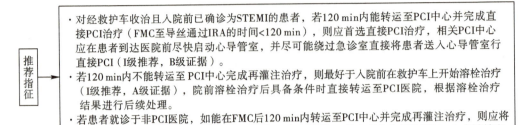

图2-8 将急性STEMI患者转运至PCI医院的推荐指征

(九)附件9:急性STEMI CABG的治疗选择

急性STEMI CABG的治疗选择见图2-9。

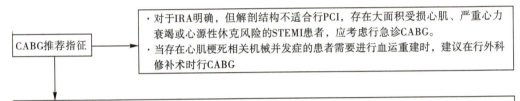

CABG的时机选择及抗血小板药应用

- 对患STEMI后病情稳定者行非急诊CABG的最佳手术时机要依据患者个体情况而定。
- 对出现血流动力学恶化或再发缺血事件(如有冠状动脉严重狭窄或再发缺血可导致大面积心肌损伤)的高危患者,应尽快手术,无须等待DAPT停用后血小板功能完全恢复。
- 对于正在服用P2Y12受体抑制剂而拟行择期CABG的STEMI患者,应在术前停用P2Y12受体抑制剂3~7 d,以减少出血的发生率,但建议继续服用阿司匹林。
- 择期行CABG术前需停替格瑞洛至少3 d(I级推荐,B级证据),停氯吡格雷至少5 d(I级推荐,B级证据)。
- 推荐对CABG术后无出血性并发症的STEMI患者尽快(术后6~24 h)重启DAPT,服用阿司匹林100 mg/d,替格瑞洛90 mg,2次/天;如无法获得替格瑞洛或有替格瑞洛禁忌证,则选择氯吡格雷75 mg/d

DAPT指双重抗血小板治疗。

图2-9 急性STEMI CABG的治疗选择

(十)附件10:再灌注治疗的注意事项

1. 溶栓治疗与PCI的利弊比较

梗死动脉血栓性栓塞是STEMI的主要原因。在冠状动脉堵塞20 min后,心肌从心内膜向心外膜发生波浪状坏死,时间就是心脏,时间就是生命。积极开通被堵塞的血管是重要首选治疗措施之一。溶栓治疗和PCI各有利弊,医师与患者可根据具体情况选择。

(1)溶栓治疗的利弊:具体包括以下几点。

1)无时间延迟(D2B在30 min内)。

2) 梗死相关血管再通率的比例为 60%~80%。

3) 再梗死的发生率为 4%。

4) 脑卒中的总发生率为 2%,脑出血（ICH）的发生率<1%。

5) 不需要特殊的治疗室,任何时间均可进行治疗。

6) 被大规模临床试验证实。

7) 费用较低。

(2) PCI 的利弊：具体包括以下几点。

1) IRA 血流心肌梗死溶栓治疗试验（TIMI）Ⅲ级的比例为 80%~90%,较高。

2) 再梗死的发生率<2%。

3) 脑卒中的总发生率为 1%,ICH 的发生率为 0.2%。

4) 有时间延迟（>1 h）。

5) 受导管室和有经验的手术小组限制。

6) 有白天、夜晚及节假日的限制。

7) 费用比溶栓治疗的费用高数倍。

2. STEMI 初始诊断

STEMI 初始诊断通常基于持续性心肌缺血症状和 ECG 检查。

(1) 在发病的最初 3~4 h 内,ECG 是重要的诊断标准之一,推荐记录 18 导联 ECG。对症状和 ECG 能够明确诊断 STEMI 的患者不需要等待心肌损伤标志物（表 2-2）和（或）影像学检查结果,应尽早治疗。

(2) 心肌酶不作为主要标准,肌红蛋白、肌钙蛋白、CK-MB 在发病后的检测时间见表 2-2。

表 2-2 心肌损伤标志物及其检测时间

检测时间	肌红蛋白	肌钙蛋白		CK-MB
		cTnT	cTnI	
开始升高的时间/h	2	3~4	3~4	4
峰值时间/h	12	24~48	11~24	16~24
持续时间/d	1~2	10~14	7~10	3~4

注：cTnT 指心脏肌钙蛋白 T；cTnI 指心脏肌钙蛋白 I。

(3) 床旁超声心动图能提供急性心肌梗死节段性室壁运动异常图像,超声心动图等影像学检查有助于对急性胸痛患者进行鉴别诊断和危险分层（Ⅰ级推荐,C 级证据）。

(十一) 附件 11：急性心肌梗死患者的溶栓治疗

1. 溶栓治疗前处理

溶栓治疗前处理见图 2-10。

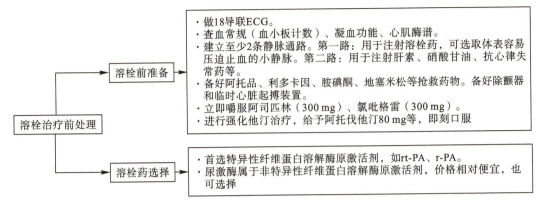

rt-PA 指阿替普酶；r-PA 指瑞替普酶。

图 2-10 溶栓治疗前处理

2. 溶栓药及给药方法

（1）rt-PA（每支 50 mg，自带溶媒）：具体如下。

1）rt-PA 全量加速给药法（约 90 min 内给药）：先以负荷量 15 mg 静脉推注 1~2 min，然后以 0.75 mg/kg（不超过 50 mg）静脉滴注 30 min，再以 0.5 mg/kg（不超过 35 mg）静脉注射 60 min（总量 100 mg）。详见表 2-3。

表 2-3 rt-PA 全量加速给药法——输液泵给药

体重/kg	最初静脉注射输液泵给药剂量（液体量）	输液泵 0.75 mg/(kg·0.5 h)（液体量）的输注速度	输液泵 0.5 mg/(kg·h)（液体量）的输注速度	输液泵 rt-PA 总量/mL
45	15 mg (15 mL)	34.0 mg (34 mL), 68 mL/h	23 mg (23 mL), 23 mL/h	57 mL
50	15 mg (15 mL)	37.5 mg (37 mL), 75 mL/h	25 mg (25 mL), 25 mL/h	63 mL
55	15 mg (15 mL)	41.5 mg (41 mL), 83 mL/h	28 mg (28 mL), 28 mL/h	69 mL
60	15 mg (15 mL)	45.0 mg (45 mL), 90 mL/h	30 mg (30 mL), 30 mL/h	75 mL
65	15 mg (15 mL)	49.0 mg (49 mL), 98 mL/h	33 mg (33 mL), 33 mL/h	82 mL
70	15 mg (15 mL)	50.0 mg (50 mL), 100 mL/h	35 mg (35 mL), 35 mL/h	85 mL

注：体重＞70 kg 者，接受 70 kg 者的使用剂量。

2）rt-PA 半量给药法：将 50 mg 溶于 50 mL 专用溶剂中，首先静脉注射 8 mg，其后静脉滴注 42 mg，90 min 内滴注结束。

近年来的研究表明，半量给药法血管开通率低，因此建议采取按体重计算的加速给药法，给药时应特别注意肝素不要过量。

（2）r-PA（每支 18 mg）：具体如下。

1）r-PA 的给药方法：用 5~10 mL 注射用水或生理盐水溶解 18 mg 瑞替普酶，静脉推注不少于 2 min，30 min 后重复给同样剂量一次。

2）注意事项：具体如下。①因为纤维蛋白被溶解后可能会引起新近注射部位出

第二章 急性血栓性疾病的救治流程

血,所以溶栓治疗期间必须仔细观察所有潜在的出血点(包括插入部位、穿刺点、各种皮肤切口及肌内注射部位),对不可压迫的大血管(如颈静脉或锁骨下静脉)应尽量避免穿刺。②用药期间若必须进行动脉穿刺,则应采用上肢末端血管,以便于压迫止血。穿刺后应压迫>30 min,加压包扎,反复观察有无渗血。若必须进行静脉穿刺,则操作时应特别仔细。③用药期间应尽量避免对患者进行肌内注射和非必要的搬动。④一旦发生严重出血(局部无法加压时),则应立即停用肝素、抗凝剂,停止溶栓治疗。⑤如果出血发生在第1次静脉注射r-PA后,则第2次静脉注射应该停止。⑥对需用该药治疗的所有患者,用药前应仔细权衡治疗效果与潜在的危险性。

(3)替奈普酶(TNK):以TNK 30~50 mg+0.9%氯化钠10 mL静脉推注(如患者体重<60 kg,则剂量为30 mg;患者体重每增加10 kg,剂量增加5 mg,最大剂量为50 mg)。

(4)重组人TNK组织型纤溶酶原激活剂(rhTNK-tPA):单次给药16 mg(1支)。将16 mg rhTNK-tPA用3 mL无菌注射用水溶解后,静脉推注给药,5~10 s完成注射。

(5)尿激酶(UK)(每支1万U或10万U):以UK 150万U+0.9%氯化钠100 mL,30 min内静脉滴注。溶栓治疗结束后12 h皮下注射普通肝素7500 U或低分子肝素,共3~5 d。

(6)重组人尿激酶原:以重组人尿激酶原20 mg+0.9%氯化钠1 mL,3 min内静脉推注,继以30 mg溶于90 mL 0.9%氯化钠中,30 min内完成静脉滴注。

(7)常用溶栓药的用法及特点:见表2-4。

表2-4 常用溶栓药的用法及特点

药物	用法及用量	优点
rt-PA	全量加速给药法或半量给药法	—
r-PA	两次静脉注射,每次18 mg,间隔30 min	两次静脉注射,使用方便
TNK	30~50 mg静脉推注(如患者体重<60 kg,则剂量为30 mg;患者体重每增加10 kg,剂量增加5 mg,最大剂量为50 mg)	血管再通率高,脑出血发生率低
rhTNK-tPA	每支16 mg,用3 mL注射用水稀释后5~10 s内静脉推注	血管再通率高,一次静脉注射,使用方便
UK	将150万U溶于100 mL生理盐水中,30 min内静脉滴注	无纤维蛋白选择性,血管再通率低

续表

药物	用法及用量	优点
重组人尿激酶原	每支 5 mg，每次用 50 mg，先将 20 mg（4 支）用生理盐水溶解，3 min 静脉推注完毕，将其余 30 mg（6 支）溶于 90 mL 生理盐水中，于 30 min 内静脉滴注完毕	血管再通率高，脑出血发生率低

(8) 不同溶栓药的特征：见表 2-5。

表 2-5 不同溶栓药的特征

项目	rt-PA	r-PA	TNK	rhTNK-tPA	UK	重组人尿激酶原
剂量	90 min 内不超过 100 mg（根据体重）	1000 万 U×2 次，每次>2 min	30~50 mg（根据体重）	16 mg，每次 5~10 s	150 万 U，每次 30 min	50 mg，每次 30 min
负荷量	需要	弹丸式静脉推注	不需要	弹丸式静脉推注	不需要	需要
抗原性及过敏反应	无	无	无	无	无	无
全身纤维蛋白原消耗	轻度	中度	极小	极小	明显	极少
90 min 血管开通率/%	73~84	84	89	85	53	78.5
TIMI Ⅲ级/%	54	60	68	66	28	60.8

3. 溶栓治疗期间抗凝剂的使用

应至少接受 48 h 抗凝治疗（最多 8 d 或至血运重建）（Ⅰ级推荐，A 级证据）。具体建议如下。

(1) 普通肝素：具体如下。

1) 根据体重调整普通肝素的剂量（Ⅰ级推荐，B 级证据）。

2) 推荐先以弹丸式静脉注射（60 U/kg，最大剂量 4000 U），随后以 12 U/（kg·h）的速度静脉滴注（每小时最大剂量为 1000 U），持续 24~48 h。

3) 维持 APTT 为正常水平的 1.5~2.0 倍（50~70 s）（Ⅰ级推荐，C 级证据）。

(2) 依诺肝素：具体如下。

1) 根据年龄、体重、内生肌酐清除率（ECCR）调整用量。

2) 年龄<75 岁的患者，静脉推注 30 mg，继以每 12 h 皮下注射 1 mg/kg（前 2 次最大

剂量 100 mg)（Ⅰ级推荐，A级证据）。

3) 年龄≥75岁的患者仅需每 12 h 皮下注射 0.75 mg/kg（前 2 次最大剂量 75 mg）。

4) 如 ECCR<30 mL/（min·1.73 m²），则不论年龄大小，均每 24 h 皮下注射 1 mg/kg。

(3) 磺达肝癸钠：具体如下。

1) 先静脉推注 2.5 mg，然后皮下注射 2.5 mg/d（Ⅰ级推荐，B级证据）。

2) 如果 ECCR<30 mL/（min·1.73 m²），则不用磺达肝癸钠。

4. 行直接 PCI 的患者的抗凝治疗

(1) 普通肝素：静脉推注 70～100 U/kg，维持 ACT 250～300 s。当合用 GPⅡb/Ⅲa 受体拮抗剂时，静脉推注普通肝素 50～70 U/kg，维持 ACT 200～250 s（Ⅰ级推荐，B级证据）。

(2) 比伐卢定：静脉推注 0.75 mg/kg，继而以 1.75 mg/（kg·h）静脉滴注（合用或不合用替罗非班）（Ⅱa级推荐，A级证据），并维持至行 PCI 后 3～4 h，以降低发生急性支架血栓形成的风险。

(3) 对出血风险高的 STEMI 患者，单用比伐卢定的效果优于联合使用普通肝素和 GPⅡb/Ⅲa 受体拮抗剂的效果（Ⅱa级推荐，B级证据）。

(4) 使用肝素期间，应监测血小板计数，以及时发现由肝素诱导的血小板减少症。

(5) 磺达肝癸钠有增加导管内血栓形成的风险，不宜单用（Ⅲ级推荐，C级证据）。

5. 急性 STEMI 患者的抗血小板治疗

(1) 阿司匹林：可通过抑制血小板环氧化酶使血栓素 A_2 合成减少，进而起到抗血小板聚集的作用。所有无禁忌证的 STEMI 患者均应立即口服水溶性阿司匹林或嚼服阿司匹林肠溶片 300 mg（Ⅰ级推荐，B级证据），继以 75～100 mg/d 长期维持（Ⅰ级推荐，A级证据）。

(2) P2Y12 受体抑制剂：可干扰由二磷酸腺苷介导的血小板活化。其中氯吡格雷为前体药物，需经肝脏细胞色素 P450 酶代谢形成活性代谢物，然后与 P2Y12 受体进行不可逆性结合；替格瑞洛和普拉格雷具有更强的快速抑制血小板的作用，且前者不受基因多态性的影响。

1) 对直接行 PCI（特别是置入 DES）的 STEMI 患者，先给予替格瑞洛 180 mg 负荷量，以后每次 90 mg，每日 2 次，至少 12 个月（Ⅰ级推荐，B级证据），或氯吡格雷 600 mg 负荷量，以后每次 75 mg，每日 1 次，至少 12 个月（Ⅰ级推荐，A级证据）。

2) 对肾功能不全（GFR<60 mL/min）者无须调整 P2Y12 受体抑制剂的用量。

3) 对行静脉溶栓治疗的 STEMI 患者，如年龄≤75岁，则先给予氯吡格雷 300 mg 负荷量，以后 75 mg/d，维持 12 个月（Ⅰ级推荐，A级证据）；如年龄>75岁，则用氯吡格雷 75 mg，以后 75 mg/d，维持 12 个月（Ⅰ级推荐，A级证据）。

4) 行挽救性 PCI 或延迟 PCI 时，P2Y12 受体抑制剂的应用与直接 PCI 的相同。

5) 对未接受再灌注治疗的 STEMI 患者，可给予任何一种 P2Y12 受体抑制剂，如氯吡格雷 75 mg、每天 1 次，或替格瑞洛 90 mg，每天 2 次，至少 12 个月（Ⅰ级推荐，

B 级证据)。

6) 对正在服用 P2Y12 受体抑制剂而拟行 CABG 的患者,应在术前停用 P2Y12 受体抑制剂。择期行 CABG 者需停用氯吡格雷至少 5 d,急诊时需停用替格瑞洛至少 24 h (Ⅰ级推荐,B 级证据);择期行 CABG 者需停用替格瑞洛 5 d,急诊时需停用替格瑞洛至少 24 h (Ⅰ级推荐,B 级证据)。

7) 对 STEMI 合并心房颤动需持续行抗凝治疗的直接 PCI 患者,建议给予氯吡格雷 600 mg 负荷量,以后 75 mg 1 d (Ⅱa 级推荐,B 级证据)。

(3) 血小板糖蛋白(GP)Ⅱb/Ⅲa 受体拮抗剂:在有效的双联抗血小板及抗凝治疗的情况下,不推荐对 STEMI 患者造影前常规应用 GPⅡb/Ⅲa 受体拮抗剂(Ⅱb 级推荐,B 级证据)。

对高危或造影提示血栓负荷重、未给予适当负荷量 P2Y12 受体抑制剂的患者,可静脉使用替罗非班或依替巴肽(Ⅱa 级推荐,B 级证据)。

直接行 PCI 时,冠状动脉内注射替罗非班有助于减少无复流、改善心肌微循环灌注(Ⅱb 级推荐,B 级证据)。

6. 急性心肌梗死溶栓治疗时的监测项目

(1) 症状及体征:胸痛减轻或消失的时间、神志及肢体活动等;皮肤黏膜、痰液、呕吐物、大小便有无出血征象;生命体征(如心率、血氧饱和度)等的变化情况。

(2) ECG:溶栓治疗开始后 3 h 内每半小时做 12 导联 ECG(对正后壁及右室梗死者行 18 导联 ECG)一次,然后每日做一次 ECG,共 3 d,3 d 后每周一次。

(3) 心肌酶谱:溶栓治疗后 6 h、12 h、24 h 抽查。

(4) 常规检查:溶栓治疗后每 12 小时查血常规、尿常规、凝血功能,共 3 d。每天做大便隐血试验一次,共 1 周。溶栓术中应尽量避免各种穿刺术,尤其应避免动脉穿刺。

7. 急性心肌梗死溶栓后并发症的监测和处理

(1) 再闭塞:溶栓治疗后,开通的冠状动脉多在 24 h 内再闭塞,占 20%～30%,特别是残留狭窄＞90% 者,与溶栓治疗后未充分抗凝有关。临床上主张溶栓治疗后保持肝素化 1~2 周。

再闭塞的表现具体如下。

1) 再度胸痛,持续时间＞0.5 h,休息和含化硝酸甘油无缓解;

2) ST 段再抬高＞0.2 mV,持续 0.5 h 以上;

3) CK-MB 水平再升高,出现第 2 个峰值。

以上 3 项中有 2 项者为再闭塞。

(2) 出血:溶栓治疗的主要风险是出血,尤其是颅内出血(0.9%～1.0%)。高龄、低体重指数、女性、既往有脑血管病史、入院时血压升高是颅内出血的主要危险因素。

1) 监测：①用药后 12 h 内应注意；②低血压或有不能缓解的心动过速；③3）仔细观察皮肤、黏膜、痰、呕吐物、尿、大便等情况；④若患者有精神、神志方面的变化，则应立即做临床检查，如头颅 CT 检查。

2) 出血并发症的治疗：①溶栓治疗前应仔细询问病史，分析利益与风险平衡；②注意体重标准，分析使用普通肝素的利弊；③一旦发生颅内出血，则应立即停止溶栓治疗和抗栓治疗；④进行急诊 CT 或磁共振检查；⑤测红细胞比容、血红蛋白、凝血酶原、APTT、血小板计数、纤维蛋白原、D-二聚体、血型，进行交叉配血；⑥治疗包括降低颅内压；⑦4 h 内用过普通肝素，推荐用鱼精蛋白中和（1 mg 鱼精蛋白可中和 100 U 普通肝素）；⑧若患者出血时间异常，则可酌情输入血小板。

8. 急性心肌梗死溶栓治疗后冠状动脉再通与否的评定

溶栓治疗开始 60～90 min 内应密切监测临床症状、ECG 可显示 ST 段变化及心律失常。

（1）血管再通的间接判断指标：包括 60～90 min 内：①ECG 示抬高的 ST 段至少回落 50%；②心肌损伤标志物峰值提前，cTn 峰值提前至发病 12 h 内，CK-MB 峰值提前到 14 h 内；③胸痛症状明显缓解或消失；④发生再灌注性心律失常，如加速性室性自主心律、室性心动过速甚至心室颤动、房室传导阻滞、束支阻滞突然改善或消失，或下壁心肌梗死患者出现一过性窦性心动过缓、窦房传导阻滞，伴或不伴低血压。

在上述 4 项中，ECG 变化和心肌损伤标志物峰值前移最重要，溶栓治疗成功的标准是在抬高的 ST 段回落≥50% 基础上，胸痛症状明显缓解和（或）出现再灌注性心律失常。

（2）冠状动脉造影的判断标准：TIMI Ⅱ级或Ⅲ级血流表示血管再通，TIMI Ⅲ级为完全性再通。若溶栓失败，则梗死相关血管持续闭塞（TIMI 0～Ⅰ级）。

评价标准（TIMI 分级和血流灌注分级）具体如下。

1) 0 级：无灌注或梗死，远端无血流。

2) Ⅰ级：造影剂部分穿过梗死区，梗死相关血管充盈不全。

3) Ⅱ级：部分灌注，造影剂能充盈整段远端的冠状动脉，但是造影剂充盈或清除的速度均较完全正常的动脉缓慢。

4) Ⅲ级：完全灌注，造影剂充盈或清除的速度均正常。

9. 相关指南

（1）ACC/AHA 2013《急性 ST 段抬高心肌梗死患者管理指南》急性 ST 段抬高心肌梗死抗血小板治疗和抗凝治疗》：具体如下。

1) 患急性 ST 段抬高心肌梗死后行直接 PCI 者的抗栓治疗：具体如下。

急性 ST 段抬高心肌梗死患者的抗血小板治疗：不同类型的治疗方案如下。

Ⅰ类

- 行直接 PCI 前，患者应服用阿司匹林 163～325 mg（B 级证据）。

- 行直接 PCI 后，患者应持续服用阿司匹林，时间不限（A 级证据）。

- 直接 PCI 术中或术后，应尽早给予负荷量的 P2Y12 受体抑制剂。可选药物包括：氯吡格雷 600 mg（B 级证据），或普拉格雷 60 mg（B 级证据），或替格瑞洛 180 mg（B 级证据）。

- 在行直接 PCI 治疗过程中植入支架（裸支架或药物洗脱支架）的急性 ST 段抬高心肌梗死患者术后应接受 1 年的 P2Y12 受体抑制剂治疗，维持量如下：氯吡格雷 75 mg/d（B 级证据），或普拉格雷 10 mg/d（B 级证据），或替卡格雷 90 mg，2 次/日（B 级证据）。

Ⅱa 类

- 行直接 PCI 后，患者宜每日服用 81 mg 阿司匹林，而非较高剂量的维持量（B 级证据）。

- 当对使用普通肝素的急性 ST 段抬高心肌梗死患者行直接 PCI（无论是否植入支架或给予氯吡格雷预治疗）时，宜开始通过静脉给予 GPⅡb/Ⅲa 受体拮抗剂，如阿昔单抗（A 级证据）、高剂量替罗非班丸剂（B 级证据）或双片剂埃替非巴肽（B 级证据）。

Ⅱb 类

- 对急性 ST 段抬高心肌梗死患者行直接 PCI 治疗前，在插入预导管的实验室环境（如救护车、急诊室）中为患者静脉注射 GPⅡb/Ⅲa 受体拮抗剂可能较为合理。

- 在对急性 ST 段抬高心肌梗死患者行直接 PCI 治疗的过程中，在冠状动脉内注入阿昔单抗可能较为合理（B 级证揣）。在患者植入 DES 的过程中，可以考虑连续使用超过 1 年的 P2Y12 受体抑制剂（C 级证据）。

Ⅲ类（危害）

- 先前有中风或短暂脑缺血发作病史的患者不可使用普拉格雷（B 级证据）。

抗凝治疗：不同类型治疗方案如下。

Ⅰ类

- 对于行直接 PCI 的急性 ST 段抬高心肌梗死患者，推荐如下抗凝方案：负荷量加维持量维持治疗性 ACT，不管是否用 GPⅡb/Ⅲa 受体拮抗剂（C 级证据）；使用 GPⅡb/Ⅲa 受体拮抗剂：给予普通肝素 50～70 U/kg，未使用 GPⅡb/Ⅲa 受体拮抗剂：给予普通肝素 70～100U/kg，以达到治疗性 ACT，或给予比伐芦定 1.75 mg/（kg·h）。若 ECCR<30 mL/（min·1.73 m^2），则给予比伐芦定 1 μg/（kg·min）维持，无论之前是否使用过普通肝素（B 级证据）。

Ⅱa 类

- 对具有高出血风险的行直接 PCI 治疗的急性 ST 段抬高心肌梗死患者来说，比伐芦定单抗治疗的效果优于普通肝素与 GPⅡb/Ⅲa 受体拮抗剂联合治疗的效果（B 级证据）。

第二章 急性血栓性疾病的救治流程

Ⅲ类（危害）

- 磺达肝癸钠有引起导管血栓的风险，不宜单一抗凝，可用于辅助 PCI 治疗（B 级证据）。
- 在未植入支架时，可以对部分患者进行气囊血管成形术。当联用阿司匹林与替格瑞落时，推荐阿司匹林的维持量为 81 mg/d。

2）急性 ST 段抬高心肌梗死患者的溶栓治疗：具体如下。

抗血小板治疗：不同类型的治疗方案如下。

Ⅰ类

- 对＞75 岁的急性 ST 段抬高心肌梗死患者进行溶栓治疗时，应给予阿司匹林（162～325 mg 负荷量）和氯吡格雷（≤75 岁者负荷量为 300 mg，＞75 岁者负荷量为 75 mg）（A 级证据）。
- 对急性 ST 段抬高心肌梗死患者进行溶栓治疗时，除了应继续给予阿司匹林（A 级证据），还应给予氯吡格雷（每天 75 mg，应持续至少 14 d，长者可达 1 年）。

Ⅱa 类

- 溶栓治疗后维持使用阿司匹林 81 mg/d 这个较高剂量是合理的（B 级证据）。

抗凝治疗：不同类型的治疗方案如下。

Ⅰ类

- 接受溶栓治疗再灌注的急性 ST 段抬高心肌梗死患者应接受抗凝治疗至少 48 h，且住院天数持续达 8 d 或在血栓部位重建血运为止为最佳（A 级证据）。

推荐的治疗方案包括：

- 普通肝素作为权重调整后的静脉注射和输液给药的目的是为了使 48 h 内或血运重建后 APTT 为对照组的 1.5～2.0 倍（C 级证据）。
- 对依诺肝素应依年龄、体重、ECCR 给药。先静脉注射，然后在 15 min 内皮下注射，直至住院天数达 8 d 或在血栓部位重建血运（A 级证据）。
- 首先给予磺达肝癸钠初始静脉注射剂量，然后如果估计 ECCR＞30 mL/（min·1.73 m^2），则在 24 h 内皮下注射，直至住院天数达 8 d 或在血栓部位重建血运（B 级证据）。

3）巩固溶栓后择期 PCI 的辅助抗凝治疗：具体如下。

溶栓治疗后巩固择期 PCI 的辅助抗凝治疗：不同类型的治疗方案如下。

Ⅰ类

- 行 PCI 后，需无限期服用阿司匹林（A 级证据）。参照以下标准服用氯吡格雷：对之前未接受负荷量及溶栓治疗 24 h 内行 PCI 的患者，在行 PCI 前或过程中需给予 300 mg 负荷量（C 级证据）。对之前未接受负荷量及溶栓治疗＞24 h 后行 PCI 的患者，在行 PCI 前或过程中需给予 600 mg 负荷量（C 级证据），在行 PCI 后应用氯吡格雷 75 mg/d（C 级证据）。

Ⅱa类

· 行PCI后，合理的用法是服用阿司匹林81 mg/d，其效果优于更高的维持量的效果（B级证据）。

对于接受溶栓治疗前未服用负荷量氯吡格雷的患者，一旦冠状动脉解剖明确，则应服用60 mg负荷量的普拉格雷。用特异性溶栓药物溶栓治疗24 h或用非特异性溶栓药物溶栓治疗≥48 h后，若行PCI，则给予普拉格雷60 mg（B级证据）。行PCI后普拉格雷的维持量是10 mg/d（B级证据）。

Ⅲ类（有害）

· 有中风史或短暂脑缺血发作者不应服用普拉格雷（B级证据）。

巩固溶栓治疗后PCI的抗凝治疗：不同类型的治疗方案如下。

Ⅰ类

· 溶栓治疗后行PCI的急性ST段抬高心肌梗死患者，若使用普通肝素，不管是否使用了GPⅡb/Ⅲa受体拮抗剂，均需通过静脉追加足够剂量的普通肝素，以维持这一过程（C级证据）。

· 对于溶栓治疗后行PCI的急性ST段抬高心肌梗死患者，若之前8 h已皮下注射依诺肝素，则无须追加；若8～12 h才注射依诺肝素，则需追加0.3 mg/kg（B级证据）。

Ⅲ类（有害）

· 不应单独使用磺达肝癸钠巩固PCI，需同时使用具抗Ⅱa活性的抗凝剂，以防导管内血栓形成（C级证据）。

（2）TIMI危险评分：具体如下。≥65岁；有3个及3个以上的冠心病危险因素；曾经冠状动脉狭窄≥50%；ST段抬高或降低；24 h内发生了2次及2次以上的心绞痛；7 d内曾使用阿司匹林；心肌酶浓度升高。以上各因素各计1分，共记7分。不同危险计分患者心血管病事件的发生率见表2-6。

表2-6 不同危险计分患者心血管病事件的发生率

TIMI危险计分（分）	心血管事件的发生率（%）
0～1	4.7
2	8.3
3	13.2
4	19.9
5	26.2
6～7	40.9

(3) 出血风险预测（GRACE）：详见表2-7。

表2-7 GRACE危险评分方法（总分0~258分）

年龄（岁）	评分（分）	心率（次/分）	评分（分）	动脉收缩压（mmHg）	评分（分）	肌酐（μmmoI/L）	评分（分）
<40	0	<70	0	<80	63	0~68.25	2
40~49	18	70~89	7	80~99	58	70~138.25	5
50~59	36	90~109	13	100~119	47	140~208.25	8
60~69	55	110~149	23	120~139	37	210~278.25	11
70~79	73	150~199	36	140~159	26	280~348.25	14
≥80	91	≥200	46	160~159	11	350~698.25	23
				≥200	0	≥700	31
Killip分级	评分（分）	心肌标志物升高	评分（分）	ST变化	评分（分）	入院时心搏骤停	评分（分）
Ⅰ	0	是	15	是	30	是	43
Ⅱ	21	否	0	否	0	否	0
Ⅲ	43	—	—	—	—	—	—
Ⅳ	64	—	—	—	—	—	—

GRACE评分包括以下几点。①医院内的死亡风险(%)：低危≤108；中危109~140；高危>140。②出院后6个月内的死亡风险(%)：低危<88；中危89~118；高危>118。③大出血：颅内出血，明显的临床出血（包括影像），血红蛋白浓度下降≥5 g/L。④小出血：明显的临床出血（包括影像），血红蛋白浓度，血红蛋白a受体拮抗剂，基础血红蛋白浓度/红细胞压积下降。下降3~5 g/L。⑤微小出血：明显的临床出血（包括影像），血红蛋白浓度下降<3 g/L。⑥大出血预测因子：高龄，出血史，肾衰竭，服用GP Ⅱb/Ⅲa受体拮抗剂，基础血红蛋白浓度/红细胞压积下降。

(4) 急性 ST 段抬高心肌梗死临床路径〔卫生部（现为国家卫生健康委员会），2009 版〕：具体如下。

1) 适用对象：第一诊断为急性 ST 段抬高心肌梗死（ICD-10：121.0～121.3）

2) 诊断依据：《急性 ST 段抬高心肌梗死的诊断与治疗指南》（中华医学会心血管病分会，2001 年）、2007 年 ACC/AHA 及 2008 年 ESC 相关指南。①持续剧烈胸痛＞30 min，含服硝酸甘油不缓解。②相邻 2 个或 2 个以上导联 ECG ST 段抬高≥0.1 mV。③心肌损伤标志物〔肌酸激酶、CK-MB、心肌特异的肌钙蛋白（cTnT、cTnI）、肌红蛋白〕浓度异常升高。

注：符合前两项条件时，即确诊为 STEMI，不能因为等待心肌标志物检测的结果而延误再灌注治疗的时机。

3) 治疗方案的选择及依据：《急性 ST 段抬高心肌梗死的诊断与治疗指南》（中华医学会心血管病分会，2001 年）、2007 年 ACC/AHA 及 2008 年 ESC 相关指南。①一般治疗。②再灌注治疗：具体如下。a. 直接 PCI（以下为优先选择指征）：发病时间＜12 h 的所有患者，尤其是发病时间＜3 h 的患者；高危患者，如并发心源性休克，但急性心肌梗死＜36 h，休克＜18 h，尤其是发病时间＜3 h 的患者；有溶栓治疗禁忌证者；高度疑诊为 STEMI 者。急诊 PCI 指标：从急诊室至血管开通的时间＜90 min。b. 静脉溶栓治疗（以下为优先选择指征）：无溶栓治疗禁忌证，发病＜12 h 的所有患者，尤其是发病时间≤3 h 的患者；无条件行急诊 PCI；PCI 需延误时间（＞90min）者。溶栓治疗指标：从急诊室到溶栓治疗开始的时间＜30 min。

4) 标准住院日：10～14 d。

5) 进入临床路径的标准：①第一诊断须符合急性 ST 段抬高心肌梗死疾病编码（ICD-10：121.0～121.3）；②除主动脉夹层、急性肺栓塞等疾病外或有严重机械性并发症者；③当患者同时具有其他疾病诊断时，如在住院期间无须特殊处理也不影响第一诊断的临床路径流程实施，则可以进入临床路径。

6) 术前准备（术前评估）：具体如下。①就诊当天所必需的检查项目：心电、血压监护；血常规、血型；凝血功能；心肌损伤标志物；肝功能、肾功能、电解质、血糖；感染性疾病（乙型肝炎、丙型肝炎、艾滋病、梅毒等）筛查。②根据患者的具体情况可查：血脂、D-二聚体、BNP；尿常规、便常规、大便隐血试验、酮体；血气分析；床旁胸部 X 线片；床旁心脏超声。

7) 选择用药：具体如下。①抗心肌缺血药：硝酸酯类药物、β 受体阻滞剂。抗血小板药：阿司匹林和氯吡格雷（常规合用）。③对于行介入治疗者，术中可选用 GPⅡb/Ⅲa 受体拮抗剂。④抗凝剂：普通肝素或低分子肝素。⑤调脂药：他汀类药物。⑥抗心律失常药：ACEI。⑦镇静止痛药：吗啡或哌替啶。

8) 介入治疗时间：对急性心肌梗死起病＜12 h 者，应行急诊 PCI，对急性心肌梗死起病＞12 h 者，如其仍有缺血性疼痛证据，或血流动力学不稳定，或合并心源性休克，则仍应行急诊 PCI。①麻醉方式：局部麻醉。②手术内置物：冠状动脉内支架。③术中用药：抗凝剂（如普通肝素等）、抗血小板药（如 GPⅡb/Ⅲa 受体拮抗剂等）、血管活性药、抗心律失常药。④术后住院第 1 天需检查项目：ECG（动态观察）、心肌损伤标志物（6 h 测一次，至发病 24 h）、血常规、尿常规、便常规、大便隐血试验、凝血功能、血生化、血气分析、BNP、CRP 或 hs-CRP、D-二聚体、心脏超声心动图、胸部 X 线片。

9）术后住院恢复时间：7~14 d。

10）出院标准（围绕一般情况、切口情况、第一诊断转归）：①生命体征平稳。②血流动力学稳定。③心电稳定。④心功能稳定。⑤心肌缺血症状得到有效控制。

11）有无变异及原因分析：①冠状动脉造影后转外科行急诊冠状动脉搭桥；②等待二次择期 PCI；③有合并症、病情危重不能出 CCU 和出院；④等待择期 CABG；⑤患者拒绝出院。

注：本流程适用于 STEMI 发病＜12 h 者，不适用于择期 PCI 患者。

（十二）附件 12：NSTE-ACS 的救治

1. NSTE-ACS 的救治流程

NSTE-ACS 的救治流程见图 2-11。

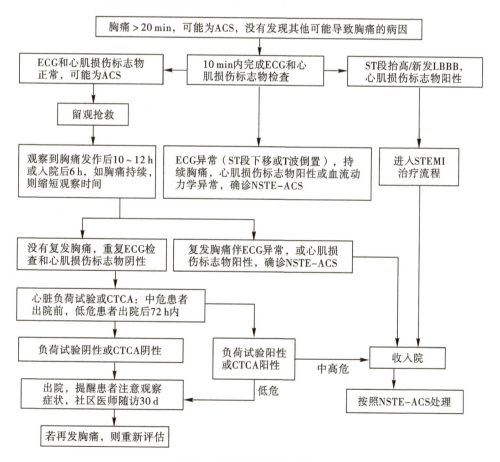

CTCA 指心脏血管 CT 成像。

图 2-11　NSTE-ACS 的救治流程

2. NSTE-ACS 的临床流程

NSTE-ACS 的临床流程见图 2-12。

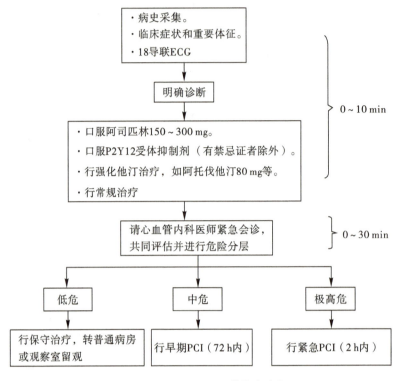

图 2-12　NSTE-ACS 的临床流程

3. NSTE-ACS 危险分层

根据病史、症状、生命体征、体检结果、ECG 和实验室检查结果，给出初始诊断和最初的缺血性分层（Ⅰ级推荐，A 级证据）。

（1）临床表现：除临床统一使用的风险特征（如高龄、糖尿病和肾功能不全）外，发病时的临床表现能高度预测早期预后。与体力活动诱发的胸痛相比，静息性胸痛的预后更差。患者的胸痛症状频繁发作，就诊时心动过速、低血压、心力衰竭和新出现的二尖瓣反流提示预后不良，需尽快诊断和处理。

（2）ECG 表现：发病初的 ECG 表现与患者的预后相关。ST 段下移的导联数和幅度与心肌缺血的范围相关，缺血范围越大，其风险越高。若 ST 段压低伴短暂抬高，则风险更高。

（3）生化指标：生化指标的升高及其幅度有助于评估短期预后和长期预后（Ⅰ级推荐，B 级证据）。就诊时高敏肌钙蛋白（hs-cTn）水平越高，则死亡风险越大。对心肌梗死患者，可在第 3 天或第 4 天再检测 1 次 hs-cTn，以评估梗死面积和心肌坏死的动态变化（Ⅱb 级推荐，B 级证据）。应用经过选择的新型生物标志物，尤其是 B 型利钠肽，可提高预后判断的准确性（Ⅱb 级推荐，B 级证据）。

第二章 急性血栓性疾病的救治流程

4. 对疑似 NSTE‑ACS 患者的诊断、风险分层、影像学检查和心律监测的建议

详见表 2‑8。

表 2‑8 对疑似 NSTE‑ACS 患者的诊断、风险分层、影像学和心律监测的建议

推荐意见	推荐等级	证据等级
根据病史、临床症状、生命体征、体格检查结果、ECG 和实验室检查结果（包括 hs‑cTn）进行综合诊断进行初步短期风险分层	I	B
入院后立即用高敏测定法测量心脏肌钙蛋白，采血后 60 min 内获得结果	I	B
首次就医 10 min 内做 12 导联 ECG，并由有经验的医师立即进行解释	I	B
如果症状反复出现或诊断不确定，则建议另外进行 12 导联 ECG	I	C
如果可以使用经过验证的 0 h/1 h 的 hs‑cTn 检测，则建议使用 ESC 的 0 h/1 h 方法，并在 0 h 和 1 h 进行血液采样	I	B
如果 ESC 0 h/1 h 方法的前 2 次心脏肌钙蛋白测量尚不确定，并且临床状况仍提示为 ACS，则建议在 3 h 后进行额外测试	I	B
作为 ESC 0h/1h 方法的替代方法，如果测量 hs‑cTn 采用经过验证的 0 h/2 h 方法，则建议使用 ESC 0 h/2 h 方法并在 0 h 和 2 h 进行血液采样	I	B
如果怀疑正在发生心肌缺血而在标准导联不能确定的情况下，则建议使用其他 ECG 导联（V_3R、V_4R、$V_{7\sim9}$）	I	C
作为 ESC 0 h/1 h 方法的替代方法，如果测量 hs‑cTn 采用经过验证的高敏感性（或敏感性）0 h/2 h 方法，则建议使用 ESC 0 h/3 h 方法并在 0 h 和 3 h 进行血液采样	IIa	B
应该考虑使用已建立的风险评分系统进行预后评估	IIa	C
为了进行初步诊断，除 hs‑cTn 外，不建议常规测量其他生物标志物，如 h‑FABP 或 copeptin	III	B

5. NSTE‑ACS 的临床特点和诊断

（1）临床特点：具体如下。

1) 长时间（>20 min）静息性心绞痛。

2) 新发心绞痛，表现为自发性心绞痛或劳力性心绞痛［加拿大心血管病学会（CCS）Ⅱ级或Ⅲ级］。

3) 既往患稳定型心绞痛，最近 1 个月内症状加重且具有至少 CCSⅢ级的特点（恶化性心绞痛）。

4) 心肌梗死后 1 个月内发生心绞痛。

（2）诊断：具体如下。

1) ECG：典型特征包括 ST 段下移、一过性 ST 段抬高和 T 波改变。

2）生物标志物：hs-cTn 是 NSTE-ACS 最敏感和最特异的生物标志物。

6. 心绞痛严重程度分级（CCS）

（1）Ⅰ级：一般体力活动（如步行和登楼）不受限，仅在强、快或持续用力时发生心绞痛。

（2）Ⅱ级：一般体力活动轻度受限，可于快步、饭后、寒冷或刮风中、精神应激或醒后数小时内发生心绞痛。一般情况下平地步行 200 m 以上或登楼 1 层以上受限。

（3）Ⅲ级：一般体力活动明显受限。一般情况下平地步行 200 m 或登楼 1 层即可引发心绞痛。

（4）Ⅳ级：轻微活动或休息时即可发生心绞痛。

7. NSTE-ACS 的治疗建议

NSTE-ACS 的治疗建议为抗缺血药物治疗，详见表 2-9。

表 2-9　抗缺血药物治疗

建议	推荐等级	证据等级
对有缺血症状且无禁忌证的患者，推荐通过舌下或静脉应用硝酸酯类药物，并早期开始 β 受体拮抗剂治疗	Ⅰ	C
推荐长期应用 β 受体拮抗剂，除非患者存在明显的心力衰竭	Ⅰ	C
推荐高血压无法控制或有心力衰竭症状的患者通过静脉应用硝酸酯类药物	Ⅰ	C
对可疑/确诊血管痉挛性心绞痛的患者，应当考虑应用钙通道阻滞剂和硝酸酯类药物，避免应用 β 受体拮抗剂	Ⅱa	B

8. 各种抗血小板药和抗凝剂的用法

各种抗血小板药和抗凝剂的用法见表 2-10。

表 2-10　各种抗血小板药和抗凝剂的用法

类型		药物	用法
抗血小板药	—	阿司匹林	先给予负荷量 150~300 mg 口服（若无法口服，则静脉注射 75~250 mg），随后给予维持量 75~100 mg，每日 1 次
	P2Y12 受体拮抗剂	氯吡格雷	先给予负荷量 300~600 mg 口服，随后给予维持量 75 mg，每日 1 次。对 CKD 患者无须调整剂量
		普拉格雷	先给予负荷量 60 mg 口服，随后给予维持量 10 mg，每日 1 次。对体重<60 kg 的患者，推荐给予维持量 5 mg，每日 1 次。对年龄≥75 岁的患者，应谨慎使用普拉格雷，必须使用时应给予 5 mg，每日 1 次。对 CKD 患者无须调整剂量。既往有脑卒中史是普拉格雷的禁忌证

续表

类型		药物	用法
抗血小板药	P2Y12受体拮抗剂	替格瑞洛	先给予负荷量180 mg口服；随后给予维持量90 mg，每日2次。对CKD患者无须调整剂量
		坎格瑞洛	先给予30 μg/kg静脉推注，随后给予4 μg/(kg·min)静脉注射2 h或维持于整个手术期间（取决于哪个时间长）
	GPⅡb/Ⅲa受体拮抗剂	阿昔单抗	先给予0.25 μg/kg静脉推注（最多10 min），随后给予0.125 μg/(kg·min)静脉注射12 h（该药物目前已经不再应用）
		依替巴肽	先给予180 μg/kg静脉推注2次（间隔10 min），随后给予2.0 μg/(kg·min)静脉注射18 h
		替罗非班	先给予25 μg/kg静脉推注3 min以上，随后给予0.15 μg/(kg·min)静脉注射18 h
抗凝剂（行PCI前和过程中应用）	—	普通肝素	未计划使用GPⅡb/Ⅲa受体拮抗剂时，以70～100 U/kg静脉注射；使用GPⅡb/Ⅲa受体拮抗剂时，以50～70 U/kg静脉注射
		依诺肝素	给予0.5 mg/kg静脉注射
		比伐芦定	先给予0.75 mg/kg静脉注射，随后结合临床必要给予1.75 mg/(kg·h)静脉注射至术后4 h
		磺达肝癸钠	给予2.5 mg/d皮下注射（仅限于行PCI前）
	口服抗凝剂	利伐沙班	对CAD二级患者进行预防性长期抗栓治疗时，给予极低维持量2.5 mg，每日2次（联合阿司匹林）

注：CAD为冠状动脉疾病。

9. NSTE-ACS患者的PCI指征推荐

NSTE-ACS患者的PCI指征推荐见表2-11。

表2-11 NSTE-ACS患者的PCI指征推荐

指征	推荐类别	证据水平
对具有至少1条极高危标准的患者选择紧急侵入治疗策略（<2 h）	Ⅰ	C
对具有至少1条高危标准的患者选择早期侵入治疗策略（<24 h）	Ⅰ	A
对具有至少1条中危标准或无创检查提示症状/缺血反复发作的患者选择侵入治疗策略（<72 h）	Ⅰ	A
对无任何1条危险标准和症状无反复发作的患者，建议在决定有创评估前先行无创检查（首选影像学检查），以寻找缺血的证据	Ⅰ	A

NSTE-ACS 患者有创治疗策略的风险标准见表 2-12。

表 2-12　NSTE-ACS 患者有创治疗策略的风险标准

危险分层	症状及临床表现
极高危	• 血流动力学不稳定或心源性休克。 • 药物治疗无效的反复发作的胸痛或持续性胸痛。 • 致命性心律失常或心搏骤停。 • 心肌梗死合并机械性并发症。 • 急性出现心力衰竭。 • 反复出现的 ST-T 动态改变，尤其是伴随间歇性 ST 段抬高
高危	• 心肌梗死相关的肌钙蛋白浓度上升或下降。 • ST-T 动态改变（有或无症状）。 • GRACE 评分＞140
中危	• 糖尿病。 • 肾功能不全 [eGFR＜60 mL/（min·1.73m²）]。 • LVEF＜40% 或慢性心力衰竭。 • 早期心肌梗死后心绞痛。 • 有 PCI 史。 • 有 CABG 史。 • 109＜GRACE 评分＜140
低危	• 无任何上述特征

注：eGFR 指估算的肾小球滤过率。

10. 不稳定型心绞痛患者发生死亡或非致死性心肌梗死的短期危险

不稳定型心绞痛患者发生死亡或非致死性心肌梗死的短期危险见表 2-13。

表 2-13　不稳定型心绞痛患者发生死亡或非致死性心肌梗死的短期危险

项目	高度危险性（至少具备下列 1 条）	中度危险性（无高度危险性特征，但具备下列任何 1 条）	低度危险性（无高度、中度危险性特征，但具备下列任何 1 条）
病史	缺血性症状在 48 h 内恶化	既往患心肌梗死或脑血管疾病，或行冠脉旁路移植术，或应用阿司匹林	—
疼痛特点	长时间（＞20 min）静息性胸痛	长时间（＞20 min）静息性胸痛目前缓解，并有中度或高度冠心病可能。静息性胸痛（＜20 min）或因休息或舌下含服硝酸甘油而缓解	过去 2 周内新发 CCS Ⅲ 级或 Ⅳ 级心绞痛，但无长时间（＞20 min）静息性胸痛，有中度或高度冠心病可能

续表

项目	高度危险性（至少具备下列1条）	中度危险性（无高度危险性特征，但具备下列任何1条）	低度危险性（无高度、中度危险性特征，但具备下列任何1条）
临床表现	缺血引起的肺水肿，新出现二尖瓣关闭不全杂音或原杂音加重，出现第三心音/新出现啰音/原啰音加重，低血压，心动过缓，心动过速，年龄>75岁	年龄>70岁	—
ECG	静息性心绞痛伴一过性ST段改变（>0.05 mV），新出现束支传导阻滞或新出现持续性心动过速	T波倒置>0.2 mV，病理性Q波	胸痛期间ECG正常或不变
心肌损伤标志物	明显增高（即cTnT>0.1 g/L）	轻度增高（0.01 g/L<cTnT<0.1 g/L）	正常

11. 不稳定型心绞痛介入治疗的临床路径

（1）不稳定型心绞痛介入治疗临床路径中的住院流程：具体如下。

1）适用对象：第一诊断为不稳定型心绞痛（ICD-10：120.0/120.1），行冠状动脉内支架置入术（ICD-9-CM3：36.06/36.07）。

2）诊断依据：《非ST段抬高型急性冠状动脉综合征诊断和治疗指南》（中华医学会心血管病学分会，2016年）及《非ST段抬高型急性冠状动脉综合征管理指南》（ESC，2015年）。①临床特点：长时间（>20 min）静息性心绞痛；新发心绞痛，表现为自发性心绞痛或劳力性心绞痛（CCS Ⅱ级或Ⅲ级）；过去稳定型心绞痛最近1个月内症状加重，且至少为CCSⅢ级（恶化性心绞痛）；心肌梗死后1个月内发生心绞痛。②ECG表现：症状发作时相邻2个或2个以上导联ECG ST段压低或抬高>0.1 mV，或T波倒置≥0.2 mV，症状缓解后ST-T变化可恢复。③心肌损伤标志物（cTnT、cTnI、CK、CK-MB）：不升高。

3）治疗方案的选择及依据：《非ST段抬高型急性冠状动脉综合征诊断和治疗指南》（中华医学会心血管病学分会，2016年）及《非ST段抬高型急性冠状动脉综合征管理指南》（ESC，2015年）、《中国经皮冠状动脉介入治疗指南》（中华医学会心血管病学分会，2016年）、《冠心病合理用药指南（第2版）》（国家卫生计生委合理用药专家委员会，中国药师协会，2018年）。①危险程度分层：根据GRACE评分或TIMI风险评分和心绞痛发作类型及严重程度、心肌缺血持续时间、ECG和心肌损伤标志物测定结果进行缺血风险评估，其危险程度可分为低、中、高危和极高危；根据CRU-

SADE 评分进行出血风险评估。②药物治疗：抗心肌缺血药、抗血小板药、抗凝剂、调脂药。③冠状动脉血运重建治疗：在强化药物治疗的基础上，对中危、高危和极高危患者可优先选择 PCI 或 CABG。对合并心力衰竭及 LVEF≤35% 的患者行心肌血运重建时，可优先考虑 CABG，PCI 可作为 CABG 的替代治疗。①极高危标准：血流动力学不稳定或心源性休克；药物难治性胸痛复发或持续性胸痛；危及生命的心律失常或心搏骤停；急性心力衰竭伴顽固性心绞痛或 ST 段下移；对 ST 段或 T 波重复性动态演变，尤其是伴有间歇性 ST 段抬高；合并机械性并发症且无上述指征的中、对高危患者，可于入院后 24~72 h 内进行早期介入治疗。②高危标准：心肌梗死相关的肌钙蛋白浓度上升或下降；T-T 动态改变（有或无症状）；GRACE 评分＞140。③中危标准：糖尿病；肾功能不全 [eGFR＜60 mL/（min·1.73m²）]；LVEF＜40% 或慢性心力衰竭；早期心肌梗死后心绞痛；有 PCI 史或 CABG 史；109＜GRACE 评分＜140。④IABP：在强化药物治疗后仍有心肌缺血复发，在完成冠状动脉造影和血运重建前血流动力学不稳定的患者，可应用 IABP。⑤保守治疗：对低危患者，可优先选择保守治疗，在强化药物治疗的基础上，待病情稳定后，可进行负荷试验检查，择期进行冠状动脉造影和血运重建治疗。对非阻塞性冠心病、冠状动脉血栓栓塞、冠状动脉痉挛、冠状动脉微血管病变、自发性冠状动脉夹层患者，也应进行保守治疗。⑥其他：控制危险因素。

4）标准住院日：≤7 d。

5）进入路径的标准：①第一诊断必须为不稳定型心绞痛（ICD-10：I20.0/I20.1）；②排除急性心肌梗死、主动脉夹层、急性肺栓塞、急性心包炎或心肌炎、消化系统疾病等疾病；③如患有其他非心血管疾病，但在住院期间无须特殊处理（检查和治疗）且不影响第一诊断时，则可以进入路径。

6）术前准备（术前评估，0~3 d）：具体如下。

必需的检查项目：①血清心肌损伤标志物包括 CK-MB、hs-cTn；②常规做 12 导联 ECG，必要时做 18 导联 ECG；③血常规、尿常规、粪常规、大便隐血试验、肝功能、肾功能、电解质、血糖、血脂、凝血功能、甲状腺功能检查及感染性疾病筛查（乙型肝炎、丙型肝炎、艾滋病、梅毒等）；④胸部影像学检查、超声心动图。

根据患者的具体情况可查：①动脉血气分析、BNP、D-二聚体、红细胞沉降率、CRP 或 hs-CRP；②24 h 动态 ECG、心脏负荷试验；③心肌缺血评估（低危、非急诊血运重建患者）。

7）选择用药：具体如下。

抗血小板治疗：阿司匹林是抗血小板治疗的基石，如无禁忌证，则无论采用何种治疗策略，所有患者均应口服阿司匹林首剂负荷量 150~300 mg（未用过阿司匹林的患者），并以 75~100 mg/d 维持量长期服用。除非有极高出血风险等禁忌证，在阿司匹林基础上应联用 P2Y12 受体拮抗剂，并维持≥12 个月，P2Y12 受体拮抗剂替格瑞洛（180 mg 负荷量，90 mg、2 次/天维持）或氯吡格雷（300~600 mg 负荷量，75 mg/d 维持），对不耐受阿司匹林或胃肠道反应大者，可考虑使用其他抗血小板药替代。对介入治疗术中的高危病变患者，可考虑通过静脉应用 GPⅡb/Ⅲa 受体拮抗剂，但不常规推荐。

抗凝剂：可用低分子肝素/普通肝素/磺达肝癸钠，对有高出血风险的患者，可应用比伐芦定，除非有其他用药指征，否则行 PCI 后都应停用抗凝剂。

抗心肌缺血药：β 受体阻滞剂、硝酸酯类药物、钙通道阻滞剂、钾通道开放剂等。①β 受体阻滞剂：无禁忌证者 24h 内常规口服。②硝酸酯类药物：舌下或静脉使用。如患者有反复心绞痛发作、难以控制的高血压或心力衰竭，则通过静脉使用。③钙通道阻滞剂：若在应用 β 受体阻滞剂和硝酸酯类药物后仍存在心绞痛症状或难以控制的高血压，则可加用长效钙通道阻滞剂。对可疑或证实有血管痉挛性心绞痛的患者，可考虑使用钙通道阻滞剂和硝酸酯类药物，避免使用 β 受体阻滞剂。钙通道阻滞剂也可作为持续或反复缺血发作且存在 β 受体阻滞剂禁忌证者的初始治疗用药。在无 β 受体阻滞剂时，短效硝苯地平不可用于不稳定型心绞痛患者。④钾通道开放剂（尼可地尔）：适用于对硝酸酯类药物不耐受或耐受效果差的患者。

镇静镇痛药：当硝酸酯类药物不能缓解症状或出现急性肺充血时，可静脉注射吗啡。

调脂药物：无禁忌证的患者均应早期和长期服用他汀类药物，必要时需加用其他种类的调脂药。

ACEI 或 ARB：所有合并高血压、糖尿病、心力衰竭或左心室收缩功能不全的高危患者，如无禁忌证，则均应使用 ACEI，对不能耐受者可选用 ARB 治疗。

抗心律失常药：有心律失常时应用。

质子泵抑制剂：有高胃肠出血风险者可以使用，优先选择泮托拉唑或雷贝拉唑。

其他药物：如伴随疾病的治疗药物等。

8）手术日为入院第 0～5 天（如有需要，则进行手术）：具体如下。①麻醉方式：局部麻醉。②手术方式：冠状动脉造影（必要时进行冠状动脉内影像学检查或生理评估）+支架植入术或药物球囊等处理。③手术内植入物：冠状动脉内支架。④术中用药：抗血栓药（肝素化，必要时可使用 GPⅡb/Ⅲa 受体拮抗剂）、血管活性药、抗心律失常药等。⑤介入术后即刻需检查的项目：生命体征、心电监测、ECG、穿刺部位的检查。⑥必要时，行介入术后将患者转入 CCU。⑦介入术后第 1 天需检查的项目：血常规、尿常规、ECG、心肌损伤标志物（根据病情选择）。必要时查：大便隐血试验、肝功能、肾功能、电解质、血糖、凝血功能、超声心动图、胸部 X 线片、动脉血气分析等。

9）术后住院恢复 1～3 d 后必须复查的项目：①观察患者心肌缺血等不适症状，及时发现和处理并发症；②继续严密观察穿刺部位的情况。

10）出院标准：①生命体征平稳；②血流动力学稳定；③心肌缺血症状得到有效控制；④无其他需要继续住院的并发症。

11）变异及原因分析：①冠状动脉造影后转外科行急诊 CABG；②等待二次 PCI 或择期 CABG；③病情危重；④出现严重并发症。

（2）不稳定型心绞痛介入治疗的临床路径：见表2-14。

表2-14 不稳定型心绞痛介入治疗的临床路径

适用对象：①第一诊断为不稳定型心绞痛（ICD-10：120.0/120.1）；②行冠状动脉内支架植入术（ICD-9-CM 3：36.06/36.07）。

患者姓名：_____ 性别：_____ 年龄：_____ 门诊号：_____ 住院号：_____

发病时间：__年__月__日__时__分；到达急诊科时间：__年__月__日__时__分

住院日期：__年__月__日；　出院日期：__年__月__日　　标准住院日：≤7 d

时间	到达急诊科（0~10 min）	到达急诊科（0~30 min）
主要诊疗活动	□病史采集与体格检查。 □描记18导联ECG并评价初始ECG。 □明确诊断，立即口服阿司匹林及P2Y12受体拮抗剂（有禁忌证者除外）。 □开始常规治疗（参照不稳定型心绞痛诊断与常规治疗）	□心血管内科专科医师紧急会诊。 □迅速进行危险程度分层，评估尽早进行血运重建治疗或保守治疗的适应证和禁忌证。 □确定急诊冠脉造影及血运重建（直接PCI和急诊CABG）治疗方案。 □对未行紧急有创治疗者，尽快转入CCU治疗，再次评估早期血运重建的必要性及风险
重点医嘱	长期医嘱： □持续监测心电、血压和血氧饱和度等。 □吸氧。 临时医嘱： □描记18导联ECG、拍摄胸部X线片。	长期医嘱： □给予不稳定性心绞痛常规护理。 □给予一级护理或特级护理。 □记录24 h出入量。 □卧床。
重点医嘱	□做血清心肌损伤标志物测定。 □做血、尿常规。 □做大便常规、大便隐血试验。 □查血脂、血糖、肝功能、肾功能、电解质。 □查凝血功能。 □进行感染性疾病筛查。 □建立静脉通道。 □必要时查血气分析、BNP、D-二聚体、红细胞沉降率、CRP。 □执行其他特殊医嘱	□持续监测心电、血压和血氧饱和度等。 □吸氧（酌情）。 □镇静止痛：给予吗啡（酌情）。 □静脉滴注硝酸酯类药物

第二章　急性血栓性疾病的救治流程

续表

时间	到达急诊科（0～10 min）	到达急诊科（0～30 min）
主要护理工作	□协助患者或其家属完成急诊挂号、交费和办理"入院手续"等工作。 □采血并建立静脉通道。 □记录患者一般情况和用药	□密切观察生命体征。 □给予不稳定型心绞痛常规护理。 □给予一级护理或二级护理。 □给予患者及其家属心理支持。 □告知采取检查、治疗的意义及注意事项
病情变异记录	□无　□有，原因： 1. 2.	□无　□有，原因： 1. 2.
护士签名：		
医师签名：		

时间	到达急诊科（0～60 min）	住院第1天（CCU）
主要诊疗活动	对需要进行急诊冠状动脉造影和血运重建的高危和极高危患者： □向患者及其家属交代病情和治疗措施。 □签署手术知情同意书。 □进行急诊冠状动脉造影和血运重建治疗。 □术前服用足量的抗血小板药（如阿司匹林及P2Y12受体拮抗剂）。 □术前水化（肾功能不全者）。 □维持合适的血压、心率、心律、心功能和重要脏器功能，能耐受急诊冠状动脉造影及血运重建治疗。 □常规术前医嘱（必要时进行预防性抗菌）。 □术后转入CCU或恢复室继续治疗 □记录24 h出入量。	□监测血压、心率、心律、尿量、呼吸、药物反应等。 □观察穿刺部位情况；观察有无ECG变化；动态监测血红蛋白浓度及心肌损伤标志物浓度变化。 □上级医师查房：进行危险程度分层，确定监护强度，评估治疗效果，制订下一步诊疗方案。 □完成病历及上级医师查房记录。 □给予不稳定型心绞痛常规药物治疗。 □预防手术并发症。 □预防感染（必要时）。 □对于在急诊科未行早期有创治疗者，再次进行危险程度分层，评价手术必要性及风险，对中、高危患者，应在入院后24 h内完成冠状动脉造影和血运重建治疗

时间	到达急诊科（0～6 min）	住院第1天（CCU）
重点医嘱	长期医嘱： □给予不稳定型心绞痛常规护理。 □给予一级护理或二级护理。 □卧床。 □持续监测心电、血压和血氧饱和度等。 □吸氧（酌情）。	长期医嘱： □给予不稳定型心绞痛常规护理。 □给予一级护理或二级护理；给予低盐低脂饮食。 □吸氧（酌情）。 □下发病危通知，指导卧床或床旁活动，保持排便通畅。

续表

时间	到达急诊科（0~6 min）	住院第1天（CCU）
重点医嘱	□镇静止痛：给予吗啡（酌情）。 □静脉滴注硝酸酯类药物。 □进行急诊血运重建治疗。 临时医嘱： □进行术前镇静。 □进行术前水化（肾功能不全时）。 □指导术前禁食。 □进行预防性抗感染（必要时）。 □足量使用抗血小板药（如阿司匹林及P2Y12受体拮抗剂）	持续监测心电、血压和血氧饱和度等。 □给予β受体阻滞剂（无禁忌证者常规使用）。 □给予ACEI（酌情）、对不能耐受者可选用ARB治疗。 □给予硝酸酯类药物。 □联合应用阿司匹林/吲哚布芬/西洛他唑＋P2Y12受体拮抗剂。 □抗凝剂：给予低分子肝素/普通肝素/磺达肝癸钠，对有高出血风险者，可用比伐芦定，血运重建术后应停用。对有心房颤动者，可考虑应用凝血酶原抑制剂或Ⅹa因子抑制剂。 □调脂：给予他汀类药物，必要时加用其他类调脂药。 □给予钙离子通道阻滞剂（酌情）。 □给予质子泵抑制剂（酌情），优选泮托拉唑或雷贝拉唑。 □给予伴随疾病的治疗药物。 临时医嘱： □做ECG；动态监测心肌损伤标志物。 □复查血常规、肾功能、血电解质及异常指标。 □进行术后水化（肾功能不全时）。 □拍摄胸部X线片，做超声心动图
主要护理工作	□密切观察生命体征。 □给予不稳定型心绞痛常规护理。 □给予一级护理或二级护理。 □给予患者及其家属心理支持。 □告知检查、治疗的意义及注意事项	□给予疾病恢复期心理与生活护理。 □根据患者的病情和危险程度分层，指导并监督患者恢复期的治疗与活动
病情变异记录	□无　□有，原因： 1. 2.	□无　□有，原因： 1. 2.
护士签名：		
医师签名：		

第二章 急性血栓性疾病的救治流程

续表

时间	住院第 2～3 天（CCU）	住院第 3～6 天（普通第 1～3 天）	住院第 5～7 天（出院日）
主要诊疗工作	□继续进行心电监护。 □观察穿刺部位情况。 □观察有无 ECG 变化。 □动态监测有无血红蛋白浓度下降及心肌损伤标志物变化。 □上级医师查房：评估疗效，修订诊疗方案。 □完成病程及上级查房记录。 □给予不稳定型心绞痛常规药物治疗。 □对保守治疗者，随时评价急诊血运重建的必要性，强化抗心肌缺血药治疗。 □确定患者是否可以转出 CCU。 □对转出者，完成转科记录	□上级医师查房：评价心功能。 □确定下一步治疗方案。 □完成上级医师查房记录。 □完成转科记录。 □进行血运重建术（PCI 或 CABG）术后治疗。 □预防手术并发症。 □再次进行血运重建治疗评估。 □完成择期 PCI。 □进行心功能再评价。 □进行治疗效果、预后和出院评估。 □确定患者是否可以出院。 □进行康复和宣教	如果患者可以出院： □通知患者及其家属出院。 □向患者交代出院后的注意事项，预约复诊日期。 □将出院小结交给患者。 如果患者不能出院： □在病程记录中说明原因和继续治疗。 □制订二级预防方案
重点医嘱	长期医嘱： □给予不稳定型心绞痛常规护理。 □给予一级护理或特级护理。 □指导床旁活动，给予低盐低脂普食。 □持续进行心电和血氧饱和度监测。 □保持排便通畅。 □给予 β 受体阻滞剂（无禁忌证者常规用）。 □给予 ACEI 或 ARB 治疗（酌情）。 □给予硝酸酯类药物。 □给予阿司匹林或吲哚布芬或西洛他唑联合 P2Y12 受体拮抗剂。 □调脂：给予他汀类药物，必要时加用其他种类的调脂药物。 □给予钙离子通道阻滞剂（酌情）	长期医嘱： □给予不稳定型心绞痛常规护理。 □给予二级护理。 □指导室内或室外活动 □进食低盐低脂饮食。 □给予 β 受体阻滞剂（无禁忌证者常规用）。 □给予 ACEI 或 ARB 治疗（酌情）。 □给予硝酸酯类药物。 □给予阿司匹林或吲哚布芬或西洛他唑联合 P2Y12 受体拮抗剂。 □调脂：给予他汀类药物，必要时加用其他种类的调脂药物。 □给予钙离子通道阻滞剂（酌情）。 □给予质子泵抑制剂（酌情），优选泮托拉唑或雷贝拉唑	出院医嘱： □进食低盐低脂饮食，适当运动、改善生活方式（戒烟）。 □控制高血压、高血脂、糖尿病危险因素。 □出院带药（根据情况）：他汀类药物、抗血小板药物、β 受体阻滞剂、ACEI、钙离子通道阻滞剂。 □定期复查

续表

时间	住院第2~3天（CCU）	住院第3~6天（普通第1~3天）	住院第5~7天（出院日）
重点医嘱	□给予质子泵抑制剂（酌情），优先选择泮托拉唑或雷贝拉唑。 □给予伴随疾病的治疗药物。 临时医嘱： □做ECG，查心肌损伤标志物。 □复查血常规、肾功能、血电解质及异常指标	□给予伴随疾病的治疗药物。 临时医嘱： □做ECG。 □查心肌损伤标志物。 □复查血常规、肾功能、血电解质及异常指标	
主要护理工作	□配合急救和诊疗。 □给予生活与心理护理。 □根据病情和危险程度分层指导患者恢复期的康复和锻炼。 □将病情稳定者由CCU转至普通病房	□配合医疗工作。 □给予生活与心理护理。 □给予康复和二级预防宣教。 □若可转出CCU，则办理转出。 □若不能转出CCU，则记录原因	□给予疾病恢复期心理与生活护理。 □依病情和危险程度分层，指导并监督恢复期的治疗与活动。 □给予二级预防宣教。 □做好出院指导准备
变异记录	□无 □有，原因： 1. 2.	□无 □有，原因： 1. 2.	
签名	护士： 医师：		

（十三）附件13：PCI术前及围手术期照护和围手术期用药

1. 术前准备

（1）术前谈话，签知情同意书。

（2）如果需择期手术，则术前12 h禁食，6 h禁饮。

（3）进行双侧腹股沟处备皮/双侧颈、胸部备皮。

（4）进行抗生素皮试。

（5）进行碘过敏试验。

（6）送手术单2份（手术室/放射导管室）。

（7）术前30 min，给予安定10 mg肌内注射。

（8）在右上肢留置静脉留置针。

（9）携带病历及药品。

（10）做好术中药物准备（表2-15）。

第二章 急性血栓性疾病的救治流程

表 2-15 术中药物准备

药物	规格	数量
0.9%氯化钠	500 mL	5~8 瓶
5%葡萄糖	500 mL	1~2 瓶
2%利多卡因	5 mL	2~5 支
普通肝素	12500 U	1~2 支
硝酸甘油	5 mg	1~2 支
造影剂，如碘普罗胺注射液 370/300	100 mL	1~2 瓶

(11) 术后使用抗生素，以预防感染。

(12) 术后制动下肢，对伤口用沙袋压迫止血 8~12 h，注意伤口有无出血及远端血运情况。

(13) 术后连续记录 3 d 病程，记录伤口有无红肿、渗血、压痛，记录伤口愈合情况。

2. 术后护理

(1) 伸展手术侧肢体，平卧 8~24 h。

(2) 对伤口用沙袋压迫 6~8 h，观察局部渗血及末梢血运情况。

(3) 术后监测血压、心率 8~12 h。

(4) 嘱多饮水，少食多餐，必要时静脉补液，以促进造影剂排泄。

(5) 拔除动脉鞘管后，压迫止血 30 min，压迫过程中如出现心率减慢、出汗、恶心等不适，则静脉注射阿托品 1 mg。

3. 对 NSTE-ACS 患者进行 PCI 时的抗栓治疗推荐

(1) 抗血小板治疗：见表 2-16。

表 2-16 抗血小板治疗

建议	推荐等级	证据等级
所有无禁忌证的患者口服起始负荷量 150~300mg（或 75~250 mg，静脉注射）的阿司匹林，随后 75~100 mg，隔日应用，长期治疗	I	A
若无禁忌证或极高出血风险，则推荐在阿司匹林基础上联合应用一种 P2Y12 受体抑制剂≥12 个月	I	A
对没有服用过 P2Y12 受体抑制剂的患者在行 PCI 前推荐应用普拉格雷（60 mg 负荷量，标准剂量为 10 mg/d，对年龄≥75 岁或体重＜60 kg 的患者，剂量为 5 mg/d）	I	B
无论计划治疗策略如何（侵入性或保守治疗），均可应用替格瑞洛（180 mg 负荷量，90 mg，每日 2 次）	I	B
仅当普拉格雷或替格瑞洛无法获取、不能耐受或存在药物禁忌证时，才应用氯吡格雷（300~600 mg 负荷量，每日剂量 75 mg）	I	C
不推荐对冠状动脉解剖未知的患者应用 GPⅡb/Ⅲa 受体拮抗剂	Ⅲ	A

续表

建议	推荐等级	证据等级
不推荐对冠状动脉解剖未知且计划行早期侵入性治疗策略的患者术前常规应用 P2Y12 受体抑制剂	Ⅲ	A

（2）围手术期抗凝治疗：见表 2-17。

表 2-17 围手术期抗凝治疗

建议	推荐等级	证据等级
推荐对所有确诊后的患者在抗血小板治疗的基础上根据缺血和出血风险给予肠外抗凝治疗，尤其是在血运重建治疗期间	Ⅰ	A
对行 PCI 的患者推荐应用普通肝素（行 PCI 期间依体重调整剂量：静脉推注 70～100 IU/kg；或 50～70 IU/kg 联合应用 GPⅡb/Ⅲa 受体拮抗剂；保持 APTT 在 250～350 s，若联合应用 GPⅡb/Ⅲa 受体拮抗剂，则保持 APTT 在 200～250 s）	Ⅰ	A
如果需要在规定时间内将患者转运以行 PCI 或考虑药物治疗，则推荐使用磺达肝癸钠；在这种情况下，建议在行 PCI 时进行单次普通肝素静脉推注	Ⅰ	B
推荐对所有确诊后的患者在抗血小板治疗的基础上根据缺血和出血风险给予肠外抗凝治疗，尤期是在血运重建治疗期间	Ⅰ	A
推荐根据缺血和出血风险、有效性-安全性评估选择抗凝治疗	Ⅰ	C
不推荐交叉应用普通肝素和低分子肝素	Ⅲ	B

（十四）附件 14：2020 年 ESC NSTEMI ACS 指南 CRUSADE 出血评分

CRUSADE 出血评分主要用于评估性冠状动脉综合征住院患者的初始出血风险（表 2-18）。

表 2-18 CRUSADE 出血评分

指标	赋值	评分/分
基础红细胞压积	<31	+9
	31～33.9	+7
	34～36.9	+3
	37～39.9	+2
	≥40	0
ECCR [mL/(min·1.73 m²)]	≤15	+39
	>15～30	+35
	>30～60	+28
	>60～90	+17
	>90～120	+7
	>120	0

续表

指标	赋值		评分/分	
心率（次/分）	≤70		0	
	71～80		+1	
	81～90		+3	
	91～100		+6	
	101～110		+8	
	111～120		+10	
	≥121		+11	
性别	男	女	0	+8
慢性心功能不全的体征	No	Yes	0	+7
糖尿病	No	Yes	0	+6
血管疾病史	No	Yes	0	+6
收缩压（mmHg）	≤90		+10	
	91～100		+8	
	101～120		+5	
	121～180		+1	
	181～200		+3	
	≥201		+5	

CRUSADE出血评分对应的风险分级与发生大出血的风险见表2-19。

表2-19 CRUSADE评分对应的风险分级与发生大出血的风险

评分范围/分	风险分级	发生大出血的风险/%
<21	很低	3.1
低	21-30	5.5
31-40	中	8.6
41-50	高	11.9
>50	很高	19.5

注：大出血即颅内出血、腹膜后出血，红细胞压积下降≥12%，可能需要输血。

第二节 急性缺血性脑卒中的救治流程

一、急性缺血性脑卒中的筛查

（一）突然出现以下症状，应考虑为急性缺血性脑卒中

（1）一侧肢体（伴或不伴面部）无力或麻木。

（2）一侧面部麻木或口角歪斜。

（3）言语不清或理解语言困难。

（4）双眼向一侧凝视。

（5）单眼或双眼视力丧失或模糊。

（6）眩晕伴呕吐。

（7）发生既往少见的严重头痛、呕吐。

（8）意识障碍或抽搐。

（二）急性缺血性脑卒中的检查项目

1. 必须做的检查项目

（1）头颅 CT 平扫或 MRI。

（2）血糖、血脂、肝功能、肾功能和电解质。

（3）ECG 和心肌缺血标志物。

（4）全血计数，包括血小板计数。

（5）PT、INR 和 APTT。

（6）血氧饱和度。

2. 部分患者必要时可选择的检查项目

（1）毒理学筛查。

（2）血液酒精水平。

（3）妊娠试验。

（4）动脉血气分析（怀疑为缺氧）。

（5）腰椎穿刺（怀疑为蛛网膜下腔出血而 CT 未显示或怀疑为脑卒中继发与感染性疾病）。

（6）脑电图（怀疑为痫性发作）。

（7）胸部 X 线检查。

二、急性缺血性脑卒中的诊断流程

急性缺血性脑卒中的诊断流程见图 2-13。

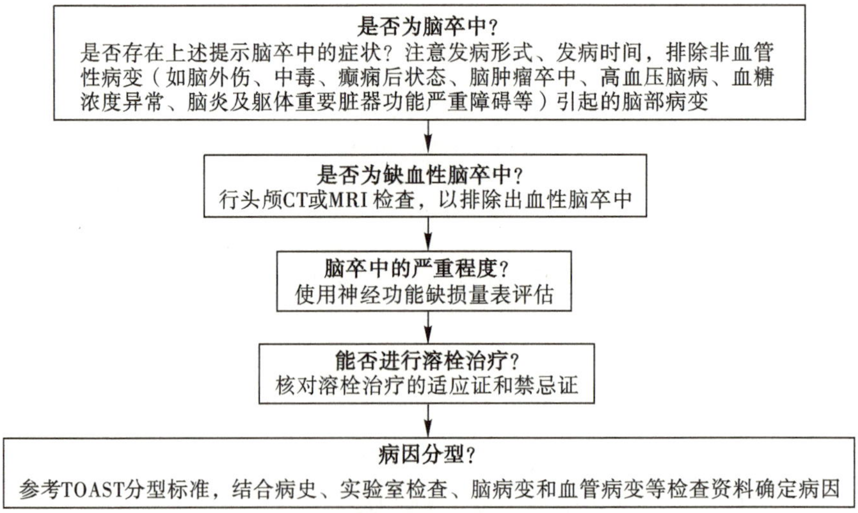

```
┌─────────────────────────────────────────┐
│ 是否为脑卒中？                            │
│ 是否存在上述提示脑卒中的症状？注意发病形式、 │
│ 发病时间，排除非血管性病变（如脑外伤、中毒、 │
│ 癫痫后状态、脑肿瘤卒中、高血压脑病、血糖    │
│ 浓度异常、脑炎及躯体重要脏器功能严重障碍等） │
│ 引起的脑部病变                            │
└─────────────────────────────────────────┘
                    ↓
┌─────────────────────────────────────────┐
│ 是否为缺血性脑卒中？                       │
│ 行头颅CT或MRI检查，以排除出血性脑卒中       │
└─────────────────────────────────────────┘
                    ↓
┌─────────────────────────────────────────┐
│ 脑卒中的严重程度？                         │
│ 使用神经功能缺损量表评估                   │
└─────────────────────────────────────────┘
                    ↓
┌─────────────────────────────────────────┐
│ 能否进行溶栓治疗？                         │
│ 核对溶栓治疗的适应证和禁忌证                │
└─────────────────────────────────────────┘
                    ↓
┌─────────────────────────────────────────┐
│ 病因分型？                                │
│ 参考TOAST分型标准，结合病史、实验室检查、   │
│ 脑病变和血管病变等检查资料确定病因          │
│ TOAST 分型包括大动脉粥样硬化型、心源性栓塞型、│
│ 小动脉闭塞型、其他明确病因型、不明原因型。  │
└─────────────────────────────────────────┘
```

图 2-13 急性缺血性脑卒中的诊断流程

三、急性缺血性脑卒中的治疗流程

急性缺血性脑卒中的治疗流程见图 2-14。

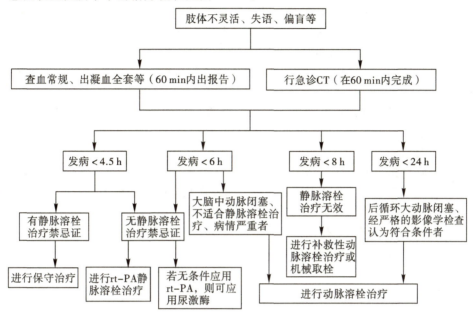

图 2-14 急性缺血性脑卒中的治疗流程

四、急性缺血性脑卒中溶栓治疗的适应证、禁忌证

(一) 3 h 内 rt-PA 静脉溶栓

1. 适应证

(1) 有急性缺血性脑卒中导致的神经功能缺损症状。

(2) 症状出现<3 h。

(3) 年龄≥18 岁。

(4) 患者或其家属签署知情同意书。

2. 绝对禁忌证

(1) 有颅内出血(包括脑实质、脑室、蛛网膜下腔出血及硬膜外/下血肿等)。

(2) 既往有颅内出血史。

(3) 近 3 个月内有重大头颅外伤史或脑卒中史。

(4) 有颅内肿瘤、巨大颅内动脉瘤。

(5) 近 3 个月内做过颅内或椎管内手术。

(6) 近 2 周内做过大型外科手术。

(7) 近 3 周内有胃肠道或泌尿道出血。

(8) 有活动性内脏急性出血倾向,包括血小板计数低于 $100 \times 10^9/L$ 或其他情况。

(9) 患主动脉弓夹层口服抗凝剂者的 INR>1.7 或 PT>15 s。

(10) 近 1 周内有在不易压迫止血部位的动脉穿刺。

(11) 血压升高:收缩压≥180 mmHg 或舒张压≥100 mmHg。

(12) 有急性出血倾向，包括血小板计数<100×10⁹/或其他情况。

(13) 24 h 内接受过低分子肝素治疗。

(14) 口服抗凝剂且 INR>1.7 或 PT>15 s。

(15) 48 h 内使用凝血酶抑制剂或 Ⅹa 因子抑制剂，敏感实验室检查异常（如 APTT、INR、血小板计数、ECT、TT 或恰当的 Ⅹa 因子活性测定等）。

(16) 血糖浓度<2.8 mmol/L 或>22.22 mmol/L。

(17) CT 或 MRI 提示发生大面积脑梗死（梗死面积>1/3 大脑中动脉供血区）。

3. 相对禁忌证

若有下列情况，则需谨慎考虑和权衡溶栓治疗的风险与获益（即虽然存在一项或多项相对禁忌证，但并非绝对不能进行溶栓治疗）。

(1) 有轻型非致残性脑卒中。

(2) 有症状迅速改善的脑卒中。

(3) 惊厥发作后出现的神经功能损害（与此次脑卒中发生相关）。

(4) 有颅外段颈部动脉夹层。

(5) 近 2 周受过严重外伤（未伤及头颅）。

(6) 近 3 个月内有心肌梗死史。

(7) 为孕、产妇。

(8) 患痴呆症。

(9) 既往疾病遗留有较重的神经功能缺损。

(10) 有未破裂且未经治疗的动静脉畸形、颅内小动脉瘤<10 mm）。

(11) 有少量的脑内微出血点（1～10 个）。

(12) 使用违禁药物。

(13) 有类脑卒中。

(二) 3～4.5 h 内 rt-PA 静脉溶栓治疗

1. 适应证

(1) 有急性缺血性脑卒中导致的神经功能缺损症状。

(2) 症状持续 3～4.5 h。

(3) 年龄≥18 岁。

(4) 患者或其家属签署知情同意书。

2. 绝对禁忌证

同 3 h 内 rt-PA 静脉溶栓治疗的绝对禁忌证。

3. 相对禁忌证

在 3 h 内 rt-PA 静脉溶栓治疗的绝对禁忌证基础上补充如下。

(1) 使用抗凝剂，INR≤1.7，PT≤15 s。

(2) 有严重脑卒中（NIHSS 评分>25 分）。

(三) 6 h 内 UK 静脉溶栓治疗

1. 适应证

(1) 有急性缺血性脑卒中导致的神经功能缺损症状。

(2) 症状出现<6 h。

(3) 年龄 18～80 岁。

(4) 意识清楚或嗜睡。

(5) 脑 CT 示无明显早期脑梗死低密度改变。

(6) 患者或其家属签署知情同意书。

2. 禁忌证

同 3 h 内 rt-PA 静脉溶栓治疗的禁忌证。

(四) 静脉溶栓治疗的监护及处理

(1) 将患者收入重症监护病房或脑卒中单元进行监护。

(2) 定期进行血压和神经功能检查，静脉溶栓治疗中及结束后 2 h 内，每 15 min 进行一次血压测量和神经功能评估，随后 6 h 内每 30 min 进行一次，持续 6 h，以后每小时进行一次，直至治疗后 24 h。

(3) 若患者出现严重头痛、高血压、恶心或呕吐或神经症状体征恶化，则应立即停用溶栓治疗药物并行脑 CT 检查。

(4) 当收缩压≥180 mmHg 或舒张压≥100 mmHg 时，应给予降压治疗并增加血压监测的次数。

(5) 在病情许可的情况下，应延迟安置鼻饲管、导尿管及动脉内测压管。

(6) 溶栓治疗 24 h 后，给予抗凝剂或抗血小板药物前，应复查颅脑 CT/MRI。

五、急性缺血性脑卒中静脉溶栓治疗筛查

急性缺血性脑卒中静脉溶栓治疗筛查见表 2-20、表 2-21。

表 2-20 静脉溶栓治疗排除标准

序号	标准	是	否	不详
1	有颅内出血（包括脑实质、脑室、蛛网膜下腔出血及硬膜外/下血肿等）			
2	近 2 周内做过大型外科手术			
3	近 3 周内有胃肠或泌尿系统出血			
4	3 个月内有过重大头颅外伤史或脑卒中史			
5	有活动性内脏出血			
6	近 1 周内有在不易压迫止血部位的动脉穿刺			
7	既往有颅内出血史			
8	有颅内肿瘤、动静脉畸形、动脉瘤			
9	近期做过颅内或椎管内手术			
10	血压升高：收缩压≥180 mmHg 或舒张压≥100 mmHg			
11	有急性出血倾向，包括血小板计数<100×10^9/L 或其他情况			
12	24 h 内接受过低分子肝素治疗			
13	口服抗凝剂者的 INR>1.7 或 PT>15 s			
14	48 h 内使用凝血酶抑制剂或 Xa 因子抑制剂，敏感实验室指标异常（如 APTT、INR、血小板计数、ECT、TT 或恰当的 Xa 因子活性测定等）			

续表

序号	标准	是	否	不详
15	血糖浓度<2.8 mmol/L 或>22.22 mmol/L			
16	CT 或 MRI 提示发生大面积脑梗死（梗死面积>1/3 大脑中动脉供血区）			
17	有主动脉弓夹层			
18	本人或其家属不知情，不签署知情同意书或不合作			

注：若有任何一项符合，则不建议进行静脉溶栓治疗。

表 2-21　静脉溶栓治疗需慎重考虑的因素

序号	标准	是	否	不详
1	有轻型卒中或症状快速改善的卒中			
2	为孕、产妇			
3	有痫性发作后出现的神经功能损害症状			
4	近 2 周内有严重外伤（未伤及头颅）			
5	有颅外段颈部动脉夹层			
6	近 3 个月内有心肌梗死史			
7	既往疾病遗留有较重的神经功能缺损			
8	有严重的脑卒中（NIHSS 评分>25 分）			
9	使用抗凝剂（INR≤1.7，PT≤15）			
10	有未破裂且未经治疗的动静脉畸形、颅内小动脉瘤（<10 mm）			
11	有少量的脑内微出血点（1-10 个）			
12	有类脑卒中			
13	使用违禁药物			

注：若其中任何一项符合，则进行静脉溶栓治疗时应慎重考虑。

六、急性缺血性脑卒中的溶栓治疗方法

（一）静脉溶栓治疗

1. 溶栓治疗药物及方法

（1）rt-PA：以 0.9 mg/kg（最大剂量 90 mg）静脉滴注，其中 10% 在最初 1 min 内静脉推注，其余 90% 持续静脉滴注 1 h，用药期间及用药 24 h 内严密监护患者（Ⅰ级推荐，A 级证据）。

（2）UK：100 万～150 万 U + 0.9% 氯化钠 100～200 mL，持续静脉滴注 30 min。备注：用于没有条件使用 rt-PA、发病<6 h、经严格选择的患者（Ⅱ级证据，B 级推荐）。

（3）TNK：静脉推注替奈普酶 0.25 mg/kg 治疗轻型脑卒中的安全性及有效性与 rt-PA 的相似，但比 rt-PA 半衰期长，可单次给药，有望成为一线溶栓治疗药物。对于有轻度神经功能缺损且不伴有颅内大血管闭塞的患者，可以考虑应用 TNK（Ⅱ级

证据,B 级推荐)。

2. 静脉溶栓治疗的监护和处理

(1) 尽可能将患者收入 ICU 或脑卒中单元进行监护。

(2) 定期进行神经功能评估,2 h 内 15 min 一次,随后 6 h 内 30 min 进行一次,以后每小时进行一次,直至治疗后 24 h。

(3) 若患者出现严重头痛、高血压、恶心或呕吐,则应立即停用溶栓治疗药物并行脑 CT 检查。

(4) 定期监测血压,最初 2 h 内 15 min 一次,随后 6 h 内 30 min 进行一次,以后每小时进行一次,直至治疗后 24 h。

(二) 动脉溶栓治疗

(1) 对发病 6 h 内由大脑中动脉闭塞导致的严重脑卒中且不适合进行静脉溶栓治疗的患者,经过严格选择后可在有条件的医院进行动脉溶栓治疗(Ⅰ级推荐,B 级证据)。

(2) 对由后循环大动脉闭塞导致的严重脑卒中且不适合静脉溶栓的患者,经过严格选择后可在有条件的医院进行动脉溶栓治疗,虽目前有在发病 24 h 内使用的经验,但也应尽早进行,以免延误时机(Ⅲ级推荐,C 级证据)。

(3) 对静脉溶栓治疗或机械取栓无效的大动脉闭塞患者,进行补救性动脉溶栓治疗(发病 6 h 内)可能是合理的(Ⅱ级推荐,B 级证据)。

(三) 溶栓治疗的并发症

(1) 梗死灶继发出血。

(2) 致命性再灌注损伤和脑水肿。

(3) 再闭塞率高达 10%~20%。

依据:2018 年《中国急性缺血性脑卒中诊治指南》、2019 年 AHA/ASA《急性缺血性脑卒中早期管理指南》。

七、急性缺血性脑卒中的机械取栓治疗

(1) 发病 6 h 内,符合以下指征即可行机械取栓治疗:①病前 mRS 0~1 分;②责任血管系颈内动脉或大脑中动脉 M1 段闭塞;③年龄≥18 岁;④NIHSS 评分≥6 分;⑤ASPECT 评分≥6 分。

(2) 发病 6~24 h 者:①对距最后正常时间 6~16 h 的急性缺血性卒中患者,如果存在前循环大血管闭塞且满足 DAWN 及 DEFUSE3 研究的其他入选标准,则推荐机械取栓(ⅠA);②对发现距离最后正常时间 16~24 h 的急性缺血性卒中患者,如果存在前循环大血管闭塞且满足 DAWN 研究的其他入选标准,则进行机械取栓治疗是合理的。

八、急性缺血性脑卒中的抗血小板治疗与抗凝治疗

(一) 抗血小板治疗

(1) 对不符合溶栓治疗适应证且无禁忌证的缺血性脑卒中患者,应在发病后尽早给予口服阿司匹林 150~300 mg/d,急性期后可改为预防剂量 50~300 mg/d。

(2) 对溶栓治疗者来说，应在溶栓治疗 24 h 后开始使用阿司匹林等抗血小板药物。

(3) 对不能耐受阿司匹林者，可考虑应用氯吡格雷等抗血小板药（Ⅱ级推荐，C级证据）。

(4) 对未接受静脉溶栓治疗的轻型脑卒中（NIHSS 评分≤3 分）患者，尽早双抗（阿司匹林和氯吡格雷）21 d 可降低 90 d 内脑卒中的复发风险（Ⅰ级推荐，A级证据）。

（二）抗凝治疗

抗凝治疗不能降低随访期末的病死率，也不能明显降低致残率。抗凝治疗能降低缺血性脑卒中的复发率、肺栓塞和深静脉血栓形成的发生率，但这些会被症状性颅内出血增加所抵消。

(1) 对大多数急性缺血性脑卒中患者，不推荐早期无选择性地进行抗凝治疗。

(2) 对少数特殊患者，可在谨慎评估风险/效益值后慎重选择抗凝治疗（Ⅲ级推荐，C级证据）。

(3) 对特殊情况下溶栓治疗后还需抗凝治疗的患者，应在 24 h 后使用抗凝剂（Ⅰ级推荐，B级证据）。

(4) 凝血酶抑制剂治疗的有效性尚待进一步研究证实。

依据：2018 年《中国急性缺血性脑卒中诊治指南》。

九、急性缺血性脑卒中的其他治疗

（一）血压管理

(1) 对拟行溶栓治疗者，应使其收缩压＜185 mmHg，舒张压＜110 mmHg。

(2) 对患缺血性脑卒中后 24 h 内血压升高的患者应谨慎处理；应先处理紧张、焦虑、疼痛、恶心、呕吐及颅内压增高等情况；对血压持续升高，收缩压≥220 mmHg 或舒张压≥120 mmHg，或伴有严重心功能不全、主动脉夹层、高血压脑病者，可谨慎进行降压治疗（24 h 内收缩压降低小于 15%），并严密观察血压变化，必要时通过静脉给予短效降压药（如拉贝洛尔、尼卡地平等），最好应用微量输液泵，避免使用易引起血压急剧下降的药物。

(3) 患脑卒中后，若病情稳定，血压持续≥140 mmHg/90 mmHg，无禁忌证，则可于起病数天后恢复使用发病前服用的降压药或开始启动降压治疗。

(4) 患脑卒中后，对低血压患者应积极寻找和处理原因，必要时采取扩容升压措施，可静脉输注 0.9%氯化钠溶液，以纠正低血容量，同时还应处理引起 CO 减少的心脏问题。

(5) 注意以下几点。

1) 对一般的缺血性脑卒中患者，不推荐进行扩容治疗。对由低血压或脑血流低灌注所致的急性脑梗死（如分水岭梗死）患者，可考虑进行扩容治疗，但应注意避免加重脑水肿、心力衰竭等并发症，对此类患者不推荐进行扩血管治疗。

2) 对一般的缺血性脑卒中患者，不推荐进行扩血管治疗。

（二）血糖控制

(1) 当血糖浓度＞10 mmol/L 时，可给予胰岛素，以将高血糖患者的血糖浓度控制在 7.8～10 mmol/L。

（2）当血糖浓度＜3.3 mmol/L 时，可给予 10%～20% 葡萄糖口服或注射。

（三）降纤治疗

对不适合溶栓治疗并经过严格筛选的脑梗死患者（特别是高纤维蛋白血症患者），可选择降纤治疗（Ⅱ级推荐，B 级证据）。降纤药有降纤酶、巴曲酶、安可洛酶、蚓激酶等。

（四）神经保护

神经保护剂的有效性与安全性有待进一步的临床试验证实，对依达拉奉、胞磷胆碱、比拉西坦等神经保护剂，可在临床试验中根据具体情况进行个体化使用（Ⅱ级推荐，B 级证据）。

依据：2018 年《中国急性缺血性脑卒中诊治指南》、2021 年欧洲脑卒中组织（ESO）《急性缺血性脑卒中和脑出血的血压管理》。

（五）降脂治疗

2018AHA/ACC《血胆固醇管理指南》再次指出低密度脂蛋白（LDL-C）是血脂中主要的致动脉粥样硬化类型，降低 LDL-C 水平可显著降低动脉粥样硬化的发生率，建议原则为"越低越好"无论是二级预防，还是急性缺血性脑卒中治疗，若无明显禁忌证，则均建议强化用他汀类药物降脂。

十、附件

（一）附件 1：NIHSS 量表（美国国立卫生研究院卒中量表）

NIHSS 量表见表 2-22。

表 2-22 NIHSS 量表

项目	评分标准	得分
1a. 意识水平： 须选一个反应	0＝清醒，反应敏捷。 1＝嗜睡，最小刺激能唤醒完成指令，能回答问题或有反应。 2＝昏睡或反应迟钝，需强烈反复刺激才有非固定模式反应。 3＝仅有反射活动或自发反应，或完全无反应、软瘫	
1b. 意识水平提问： 月份、年龄	0＝都正确。 1＝正确回答 1 个。 2＝都不正确	
1c. 意识水平指令： 睁、闭眼，非瘫痪 手握拳、伸手	0＝都正确。 1＝正确完成 1 个。 2＝都不正确	

续表

项目	评分标准	得分
2. 凝视：只测水平眼球转动	0＝无视野缺损。 1＝部分凝视麻痹（单眼或双眼凝视异常，但无被动凝视或完全凝视麻痹）。 2＝被动凝视或完全凝视麻痹（不能克服眼、头的动作）	
3. 面瘫：言语指令或动作示意	0＝正常。 1＝最小（鼻唇沟变平，微笑不对称）。 2＝部分（下面部完全或几乎完全瘫痪、中枢性瘫痪）。 3＝完全（单侧或双侧瘫痪，上、下面部缺乏运动，周围性瘫痪）	
4. 上肢运动：上肢伸展：坐位90°，卧位45°，坚持10 s	0＝上肢于要求位置坚持10 s，不下落。 1＝上肢能抬起，但维持＜10 s，下落时不撞击床或支持物。 2＝上肢能对抗一些重力，但不能达到或维持坐位90°、卧位45°，会较快下落到床上。 3＝上肢不能对抗重力，会快速下落。 4＝上肢无运动。 9＝上肢截肢或关节融合	
5. 下肢运动：下肢位抬高30°，坚持5 s	0＝下肢于要求位置坚持5 s，不下落。 1＝下肢在5 s内下落，不撞击床。 2＝下肢5 s内较快下落到床上，但可对抗重力。 3＝下肢快速落下，不能对抗重力。 4＝下肢无运动。 9＝下肢截肢或关节融合	
6. 共济失调：	0＝没有共济失调。 1＝1个肢体有。 2＝2个肢体均有。 9＝截肢或关节融合。 如果有共济失调，则： 左上肢 1＝是，2＝否。 右上肢 1＝是，2＝否。 左下肢 1＝是，2＝否。 右下肢 1＝是，2＝否	
7. 感觉障碍：用针检查	0＝正常，无感觉障碍。 1＝轻到中度感觉丧失，患侧针刺感不明显/为钝性/仅有触觉。 2＝严重到完全感觉丧失，面部、上肢、下肢无触觉	

续表

项目	评分标准	得分
8.语言： 命名、阅读测试	0＝正常，无失语。 1＝轻到中度失语，流利程度和理解能力有部分缺损，但表达无明显受限。 2＝严重失语，交流是通过患者破碎的语言表达，听者需推理、询问、猜测，能交换的信息范围有限，听者感觉与其交流困难。 3＝哑或完全失语，不能讲话或不能理解	
9.构音障碍： 读或重复特定的单词	0＝正常。 1＝轻到中度构音障碍，至少有部分发音不清，虽发音有困难，但能被理解。 2＝言语不清，不能被理解。 9＝行气管插管或有其他物理障碍	
10.忽视症： 检查患者对左、右侧同时发生的皮肤感觉和视觉刺激的识别能力	0＝没有忽视症。 1＝视、触、听、空间觉或个人的忽视，或对任何刺激双侧感觉同时消失。 2＝严重的偏身忽视，超过一种形式的偏身忽视：不认识自己的手，只能定位一侧空间	
总计		

（二）附件2：肌力六级记录法

肌力六级记录法见表2-23。

表2-23 肌力六级记录法

0级	完全瘫痪
1级	肌肉可收缩，但不能产生动作
2级	肢体能在床面上移动，但不能对抗自身重力，即不能抬起
3级	肢体能对抗重力并离开床面，但不能对抗阻力
4级	肢体能做对抗阻力的动作，但不完全
5级	肌力正常

（三）附件3：Essen脑卒中风险评分量表

Essen脑卒中风险评分量表主要用于评估脑卒中患者的复发风险（表2-24）。

表 2-24　Essen 脑卒中风险评分量表

危险因素或疾病	分数	患者评分
小于 65 岁	0	
65~75 岁	1	
大于 75 岁	2	
高血压	1	
糖尿病	1	
既往有心肌梗死史	1	
有其他类型心脏病（除心肌梗死或心房颤动外）	1	
有外周动脉疾病	1	
吸烟	1	
既往有短暂性脑缺血发作或缺血性脑卒中史	1	
最高分值	9	

第三节　急性肺栓塞的救治流程

一、急性肺栓塞的诊断

（一）急性肺栓塞的诊断流程

1. 可疑高危急性肺栓塞的诊断流程（图 2-15）

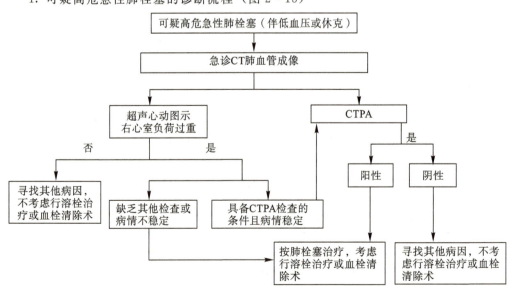

图 2-15　可疑高危急性肺栓塞的诊断流程

2. 可疑非高危急性肺栓塞的诊断流程（图 2-16）

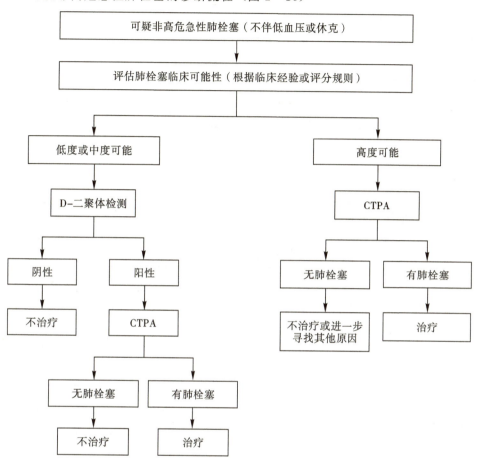

图 2-16 可疑非高危急性肺栓塞的诊断流程

（二）急性肺栓塞的临床可能性评分系统

急性肺栓塞的临床可能性评分系统见表 2-25～表 2-29。

表 2-25 Wells 评分

Wells	原始版/分	简化版/分
既往有 PE 或 DVT 病史	1.5	1
心率≥100 次/分	1.5	1
过去 4 周内有手术或制动史	1.5	1
有咯血史	1	1
处于肿瘤活动期	1	1
DVT 临床表现	3	1
其他鉴别诊断的可能性低于 PE	3	1
临床可能性		

续表

Wells	原始版/分	简化版/分
三分类法（简化版不推荐三分类法）		
低	0 或 1	—
中	2～6	—
高	≥7	-
两分类法		
PE 可能性小	0～4	0 或 1
PE 可能性大	≥5	≥2

注：DVT 指深静脉血栓形成。

表 2-26 Geneva 评分

Geneva		原始版/分	简化版/分
既往有 PE 或 DVT 病史		3	1
心率	75～94 次/分	3	1
	≥95 次/分	5	2
过去 1 个月内有手术史或骨折史		2	1
有咯血		2	1
处于肿瘤活动期		2	1
有单侧下肢痛		3	1
有下肢深静脉触痛和单侧肿胀		4	1
年龄>65 岁		1	1
临床可能性			
三分类法			
低		0～3	0 或 1
中		4～10	2～4
高		≥11	≥5
两分类法			
PE 可能性小		0～5	0～2
PE 可能性大		≥6	≥3

表 2-27 肺栓塞严重指数（PESI）评分

指标	原始版/分	简化版/分
年龄	以年龄为分数	1 分（若>80 岁）

续表

指标	原始版/分	简化版/分
男性	+10	—
肿瘤	+30	1
慢性心力衰竭	+10	1
肺部疾病	+10	—
脉搏≥110次/分	+20	1
收缩压<100 mmHg	+30	1
呼吸频率>30次/分	+20	—
体温<36 ℃	+20	—
精神状态改变	+60	—
动脉血氧饱和度<90%	+20	1

注：PESI分级为≤65分为Ⅰ级，66～85分为Ⅱ级，86～105分为Ⅲ级，106～125分为Ⅳ级，>125分为Ⅴ级。

表2-28 静脉血栓栓塞的易患因素

类型	具体因素
强易患因素（OR>10）	下肢骨折
	3个月内因心力衰竭、心房颤动或心房扑动入院
	髋关节或膝关节置换术
	严重创伤
	3个月内发生过心肌梗死
	既往有VTE史
	脊髓损伤
中等易患因素（OR 2～9）	膝关节镜手术
	自身免疫疾病
	输血
	中心静脉置管
	化疗
	慢性心力衰竭或呼吸衰竭
	应用促红细胞生成因子
	激素替代治疗
	体外受精
	感染（尤其是呼吸系统、泌尿系统感染或HIV感染）
	炎症性肠道疾病

续表

类型	具体因素
中等易患因素（OR 2~9）	肿瘤
	口服避孕药
	卒中瘫痪
	产后
	浅静脉血栓
	遗传性血栓形成倾向
弱易患因素（OR<2）	卧床>3 d
	糖尿病
	高血压
	久坐不动（如长时间乘车或飞机旅行）
	年龄增长
	腹腔镜手术（如腹腔镜下胆囊切除术）
	肥胖
	妊娠
	静脉曲张

注：OR 指相对危险度。

表 2-29 静脉血栓栓塞的常见危险因素

遗传性危险因素	获得性危险因素		
	血液高凝状态	血管内皮损伤	静脉血流瘀滞
抗凝血酶缺乏	高龄	手术（多见于全髋关节或膝关节置换）	瘫痪
蛋白S缺乏	恶性肿瘤	创伤/骨折（多见于髋部骨折和脊髓损伤）	长途航空或乘车旅行
蛋白C缺乏	抗磷脂抗体综合征	中心静脉置管或起搏器	急性内科疾病住院
V因子Leiden突变（活性蛋白C抵抗）	口服避孕药	吸烟	居家养老护理
凝血酶原20210A基因变异（罕见）	妊娠/产褥期	高同型半胱氨酸血症	—
XII因子缺乏	静脉血栓个人史/家族史	肿瘤静脉内化疗	—
纤溶酶原缺乏	肥胖	—	—
纤溶酶原不良血症	炎症性肠病	—	—
血栓调节蛋白异常	肝素诱导的血小板减少症	—	—

续表

遗传性危险因素	获得性危险因素		
	血液高凝状态	血管内皮损伤	静脉血流瘀滞
纤溶酶原激活物抑制因子过量	肾病综合征	—	—
非"O"血型	真性红细胞增多症	—	—
—	巨球蛋白血症	—	—
—	植入人工假体	—	—

二、急性肺栓塞的治疗

（一）急性肺栓塞的危险分层

急性肺栓塞的危险分层见表 2-30。

表 2-30　急性肺血栓的危险分层

危险分层	休克或低血压	影像学指标（右心室功能不全）①	实验室指标（心脏生物学标志物升高）②
高危	+	+	+/-
中高危	-	+	+
中低危	-	+/- c	-/+③
低危	-	-	-

注：①右心功能不全（RVD）的诊断标准具体如下。超声心动图或 CT 提示为 RVD，超声检查符合右心室扩张（右心室舒张末期内径/左心室舒张末期内径＞1.0 或 0.9），右心室游离壁运动幅度减小，三尖瓣反流速度增快，三尖瓣环收缩期位移减小（＜17 mm）。CTPA 检查符合以下条件也可诊断为 RVD：四腔心层面发现的右心室扩张（右心室舒张末期内径/左心室舒张末期内径＞1.0 或 0.9）。②心脏生物学标志物包括心肌损伤标志物（心脏 cTnT 或 cTnI）和心力衰竭标志物（BNP、NT-proBNP）。③影像学指标和实验室指标两者之一阳性。

（二）急性肺栓塞的治疗流程

急性肺栓塞的治疗流程见图 2-17。

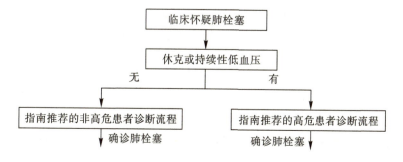

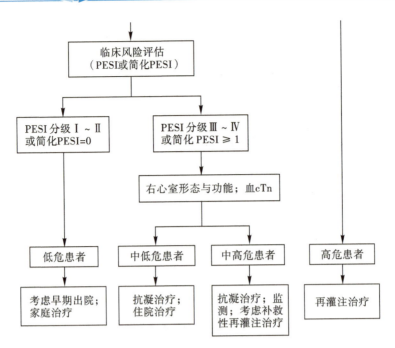

图 2-17 急性肺栓塞的治疗流程

(三) 急性肺栓塞的溶栓治疗

1. 一般原则

(1) 对急性肺栓塞合并低血压的患者（如收缩压<90 mmHg），若无高出血风险，则建议进行全身溶栓治疗（2B级证据）。

(2) 对大多数未合并低血压的急性肺栓塞患者，不推荐进行全身溶栓治疗（1C级证据）。

(3) 对某些初始未合并低血压且出血风险低的急性肺栓塞患者，如果开始抗凝治疗后出现进行性低血压的高风险，则建议进行全身溶栓治疗（2C级证据）。

注：对无低血压的急性肺栓塞患者，若其症状加重或有明显的心肺功能受损，则需密切监测是否恶化。出现低血压表明有进行溶栓治疗的指征。对心肺功能恶化（如症状、生命体征、组织灌注、气体交换、心脏生物学标志物）但未进展至低血压的急性肺栓塞患者，需要进行风险-获益评估，如果评估后发现溶栓治疗的效果优于单纯抗凝治疗的，则可进行溶栓治疗。此推荐意见更符合临床实际，能够给临床医师提供更大的个体化治疗空间。

2. 急性肺栓塞溶栓治疗的时间窗、适应证和禁忌证

(1) 溶栓治疗的时间窗：急性肺动脉栓塞起病48 h内进行溶栓治疗能取得最大疗效，但对于有症状的急性肺栓塞者来说，在6~14 d进行溶栓治疗仍有一定作用。

(2) 适应证：具体包括以下几点。

1) 2个肺叶以上的大块肺栓塞者。

2) 不论肺栓塞部位及面积大小，只要血流动力学有改变者。

3) 并发休克和体循环低灌注［如低血压、乳酸酸中毒和（或）心排量下降］者。

4) 原有心肺疾病的次大块肺栓塞引起循环衰竭者。

5) 有呼吸窘迫症状（包括呼吸频率增加、动脉血氧饱和度下降等）的肺栓塞患者。

6) 肺栓塞后出现窦性心动过速者。

(3) 绝对禁忌证：具体包括以下几点。

1) 活动性出血。

2) 既往颅内出血。

3) 近 3 个月内发生缺血性脑卒中。

4) 疑似或确诊主动脉夹层。

5) 最近行脑部或脊椎手术。

6) 近期受头部或面部创伤。

7) 颅内肿瘤、血管畸形、动脉瘤或任何其他结构性脑病。

(4) 相对禁忌证：具体包括以下几点。

1) 年龄>75 岁。

2) 体重<60 kg。

3) 已知出血性体质或获得性凝血障碍。

4) 血小板计数<100×10^9/L。

5) 凝血障碍（INR>1.7）。

6) 未控制的高血压（收缩压>180 mmHg，舒张压>110 mmHg）。

7) 近期严重非颅内出血（1 个月内）。

8) 最近的大手术、侵入性手术和（或）创伤（1 个月内）。

9) 当前怀孕或分娩（1 周内）。

10) 缺血性脑卒中病史（>3 个月）。

3. 溶栓药物

(1) rt-PA：具体用法和用量如下。

1) 国内的用法和用量：10 mg 在 1~2 min 内静脉推注，90 mg 在随后 2 h 内持续静脉滴注。对体重<65 kg 的患者，给药总剂量不应超过 1.5 mg/kg。注：国内目前缺乏严格设计的 rt-PA 溶栓治疗急性肺栓塞的临床资料。

2) 国外的用法和用量：①100 mg 静脉输注，输注持续 2 h；一旦 APTT 或 TT 为正常的 2 倍或更低，则在输注即将结束时或结束后即可开始胃肠外抗凝治疗（FDA 推荐剂量）。②对部分患者［包括大面积肺栓塞和出血高风险（比如体重<65 kg）的患者，或次大面积肺栓塞的低出血风险患者］进行低剂量治疗，给予 50 mg 静脉输注，输注持续 2 h，并进行适当的抗凝治疗（超说明书剂量）；超声辅助导管溶栓治疗（USAT）次大面积肺栓塞，进行 1 mg/h 动脉内给药，持续 24 h（单导管），或每个导管 1 mg/h（双导管）。③联合肝素全身用药，APTT 的目标值为 40~60 s 或 60~80 s（超说明书剂量）；USAT 或标准导管直接溶栓治疗，以 0.5~1 mg/h 的速度动脉内给药，平均剂量为 28.5 mg，超过平均输注的 17.7 h。

(2) r-PA：具体用法和用量如下（来自药品说明书、文献，两种方法供参考）。

1) 将 10 MU/18 mg r-PA 溶于 5~10 mL 注射用水中，缓慢静脉推注 2 min 以

上，再将 10 MU/18 mg r-PA 溶于 250 mL 溶液中，持续静脉滴注 2 h。

2）将 5 MU/9 mg 溶于 5~10 mL 注射用水中，缓慢静脉推注 2 min 以上，再将 15 MU/27 mg r-PA 溶于 250 mL 溶液中，持续静脉滴注 2 h。

注：注射 r-PA 时应该使用单独的静脉通路，不能与其他药物混合后给药，也不能与其他药物使用共同的静脉通路。

(3) UK：具体用法和用量如下。

1）负荷量 4400 U/kg，静脉注射 10 min，继以 2200 U/（kg·h）继续静脉滴注 12 h。

2）快速给药，20000 U/（kg·2 h），静脉滴注。

4. 溶栓治疗过程中的注意事项

(1) 溶栓治疗前应常规检查血常规、血型、APTT、肝功能、肾功能、动脉血气、超声心动图、X 线胸片及 ECG，将其作为基本资料，用以与溶栓治疗后的资料进行对比，进而判断溶栓治疗的疗效。

(2) 备血，向家属交代病情，签署知情同意书。

(3) 使用 UK 溶栓期间勿同时使用肝素；使用 rt-PA 溶栓时是否停用肝素无特殊要求，输注过程中可继续应用。

(4) 使用 rt-PA 溶栓时，可在第 1 小时内泵入 50 mg，观察有无不良反应，如无不良反应，则序贯在第 2 小时内另外泵入 50 mg。应在溶栓治疗开始后每 30 min 做 1 次 ECG，复查血气，严密观察患者的生命体征。

(5) 溶栓治疗结束后，应每 2~4 h 测定 APTT 1 次，当其水平低于基线值的 2 倍（或小于 80 s）时，开始进行规范的肝素治疗。常规用普通肝素或低分子肝素。使用低分子肝素时，剂量一般按体重给予，皮下注射，每日 2 次，无须检测 APTT。因为溶栓治疗有出血风险及有时可能需立即停用并逆转肝素的抗凝效应，所以推荐溶栓治疗后数小时继续给予普通肝素，然后可切换成低分子肝素或磺达肝癸钠。如患者在溶栓治疗开始前已接受低分子肝素或磺达肝癸钠，则普通肝素输注应推迟至最近一剂低分子肝素注射 12 h 后（每天给药 2 次），也可以在最近 1 剂低分子肝素或磺达肝癸钠注射 24 h 后（每天给药 1 次）。

(6) 溶栓治疗结束后 24 h 除需观察生命体征外，通常还需行核素肺灌注扫描、肺动脉造影、CT 肺动脉造影等，以观察溶栓治疗的疗效。

(7) 使用普通肝素或低分子肝素后，可给予口服抗凝剂（其中华法林最常用）。华法林与肝素并用，直到 INR 为 2.0~3.0 时即可停用肝素。有患者对小剂量华法林极为敏感，当 INR 过高时，应减少或停服华法林。可按以下公式推算减药后的 INR 值：INR 下降 = 0.4+3.1×华法林减少的百分比。必要时可通过应用维生素 K 来纠正。对危急的 INR 延长患者，重组人Ⅶ因子浓缩剂可迅速防止或逆转出血。

5. 溶栓治疗疗效的观察指标

(1) 症状减轻，特别是呼吸困难好转。

(2) 呼吸频率和心率减慢，血压升高，脉压增大。

(3) 动脉血气分析示 PaO_2 上升，$PaCO_2$ 回升，pH 下降，合并代谢性酸中毒者 pH 上升。

（4）ECG 检查提示有急性右心室扩张表现（如右束支传导阻滞，V_1S 波挫折，$V_{1\sim3}S$ 波挫折、粗钝消失等）好转，胸前导联 T 波倒置加深（或直立不变）。

（5）X 线胸片显示的肺纹理减少或稀疏区变多、肺血流不均改善。

（6）超声心动图表现包括室间隔左移减轻、右心房和右心室内径缩小、右心室运动功能改善、肺动脉收缩压下降、三尖瓣反流减轻等。

（四）急性肺栓塞的抗凝治疗

1. 普通肝素

（1）先以 2000～5000 U 或 80 U/kg 静脉注射，继之以 18 U/（kg·h）持续静脉滴注。

（2）静脉注射负荷量 2000～5000 U，再按照 250 U/kg 的剂量每 12 h 皮下注射 1 次。调节注射剂量，使 APTT 在注射后的 6～8 h 达到治疗水平。

（3）注意事项包括以下几点。

1）开始治疗最初 24 h 内每 4～6 h 测定 APTT 1 次，使之达到并维持正常的 1.5～2.5 倍；达到稳定治疗水平后，每天测定 APTT 1 次。

2）对于血小板减少症的高风险患者，建议在应用普通肝素的 4～14 d 内（或直至停用普通肝素），每隔 2～3 d 行血小板计数检查 1 次。

3）如果血小板计数下降＞基础值 50% 和（或）出现动静脉血栓的征象，则应停用普通肝素，并改用非肝素类抗凝剂。

4）对于高度可疑或确诊的血小板减少症患者，不推荐应用维生素 K 拮抗剂，除非血小板计数恢复正常（通常达到 150×10^9 个/L）。

2. 华法林

（1）初始剂量 3～5 mg，＞75 岁和出血高危患者应从 2.5～3 mg 起始。

（2）肝素应用开始后第 1～3 天加用口服。

（3）与肝素使用重叠 4～5 d，当连续 2 d 监测 INR 达到 2.5（2～3）时，或 PT 延长至正常值的 1.5～2.5 倍时，可停用肝素，单独口服华法林。

（4）疗程为 3～6 个月。

3. 低分子肝素

低分子肝素的使用方法及注意事项见表 2-31。

表 2-31 低分子肝素的使用方法及注意事项

低分子肝素	使用方法（皮下注射）	注意事项
依诺肝素	100 U/kg，每 12 h 1 次，或 1.0 mg/kg，每 12 h 1 次	单日总量不超过 180 mg
那曲肝素	86 U/kg，每 12 h 1 次，或 0.1 mL/10 kg，每 12 h 1 次	单日总量不超过 17100 U
达肝素	100 U/kg，每 12 h 1 次，或 200 U/kg，每天 1 次	单日总量不超过 18000 U
磺达肝癸钠	·5.0 mg（体重＜50 kg），每天 1 次。 ·7.0 mg（体重 50～100 kg），每天 1 次。 ·10.0 mg（体重＞100 kg），每天 1 次	—

4. 附表（表 2-32）

表 2-32 根据 APTT 调整普通肝素剂量的方法

APTT	初始剂量及调整剂量	下次 APTT 测定的时间间隔/h
治疗前检测基础值	初始剂量：先以 80 U/kg 静脉注射，继以 18 U/（kg·h）静脉滴注	4~6
<35 s（<1.2 倍正常对照值）	先静脉注射 80 U/kg，然后静脉滴注，将剂量增加 4 U/（kg·h）	6
35~45 s（1.2~1.5 倍正常对照值）	先静脉注射 40 U/kg，然后静脉滴注，将剂量增加 2 U/（kg·h）	6
46~70 s（1.5~2.3 倍正常对照值）	无须调整剂量	6
71~90 s（2.3~3.0 倍正常对照值）	静脉滴注剂量减少 2 U/（kg·h）	6
>90 s（>3 倍正常对照值）	停药 1 h，然后静脉滴注剂量减少 3 U/（kg·h）	6

三、附件：2011 年 AHA 肺栓塞及深静脉血栓指南

（一）大面积肺栓塞、次大面积肺栓塞的定义

（1）大面积肺栓塞：急性肺栓塞伴有持续性低血压（收缩压＜90 mmHg 至少 15 min，除非肺栓塞所致的心律失常、血容量不足、败血症或左心室功能障碍外）、无脉，或持续严重的心动过缓（心率＜40 次/分，有休克症状或体征）。

（2）次大面积肺栓塞：急性肺栓塞不伴全身性低血压（收缩压≥90 mmHg），但有右心室功能障碍或心肌坏死的证据。

（3）RVD 存在以下至少 1 项：①右心室扩张（在心动超声图及胸部 CT 上右心室直径/左心室直径＞0.9）或心动超声图上存在右心收缩功能障碍；②BNP＞90 pg/mol、NT-proBNP＞500 pg/mol 或 ECG 改变（新发的完全性或不完全性右束支传导阻滞、前间壁 ST 段抬高或压低、T 波倒置）。

（4）心肌坏死：cTnI＞0.4 ng/mol 或 cTnT＞0.1 ng/mol。

（二）对急性肺栓塞初始抗凝治疗的建议

（1）对确诊的急性肺栓塞和无抗凝治疗禁忌证的患者，应给予皮下注射低分子肝素，在监测凝血功能的情况下静脉注射或皮下注射普通肝素，在无监测凝血功能的情况下根据体重皮下注射普通肝素、磺达肝癸钠（Ⅰ级推荐，A 级证据）。

（2）对中高危的急性肺栓塞及无抗凝治疗禁忌证的急性肺栓塞患者，在诊断期间应该给予抗凝治疗（Ⅰ级推荐，C 级证据）。

第二章　急性血栓性疾病的救治流程

（三）对急性肺栓塞溶栓治疗的建议

（1）对大面积的急性肺栓塞伴有可耐受的出血并发症的患者，可考虑行溶栓治疗（Ⅱa级推荐，B级证据）。

（2）对次大面积急性肺栓塞伴低出血风险且有不良预后临床证据（新发血流动力学不稳定、呼吸衰竭恶化、严重右心功能障碍或大面积心肌坏死）者，可考虑行溶栓治疗（Ⅱb级推荐，C级证据）。

（3）对低风险的急性肺栓塞患者，不推荐溶栓治疗（Ⅲ级推荐，B级证据）。

（4）对有轻微的右心功能紊乱、心肌坏死及无临床恶化的次大面积肺栓塞患者，不推荐溶栓治疗（Ⅲ级推荐，B级证据）。

（5）对未明确原因的心搏骤停患者，不推荐溶栓治疗（Ⅲ级推荐，B级证据）。

（四）对取栓术及碎栓术的建议

（1）对有溶栓治疗禁忌证或溶栓治疗无效的大面积肺栓塞患者，可行栓子清除术、碎栓术或外科取栓术（依据当地专家经验，通过导管或手术进行）（Ⅱa级推荐，C级证据）。

（2）对溶栓治疗后仍不稳定的大面积肺栓塞患者，可行导管取栓术、碎栓术或外科取栓术（Ⅱa级推荐，C级证据）。

（3）对不能接受溶栓治疗或溶栓治疗后仍不稳定的大面积肺栓塞患者，若导管取栓术或外科取栓术在当地无法实现，则可考虑将其转移到有这方面经验的医院（Ⅱa级推荐，C级证据）。

（4）对有不良预后临床证据（新发血流动力学不稳定、呼吸衰竭恶化、严重右心功能障碍或大面积心肌坏死）的急性次大面积肺栓塞患者，可行导管取栓术或外科取栓术（Ⅱb级推荐，C级证据）。

（5）对低危急性肺栓塞或有轻微的右心功能紊乱、心肌坏死及无临床恶化的次大面积肺栓塞患者，不推荐导管取栓术和外科取栓术（Ⅲ级推荐，C级证据）。

（五）对急性肺栓塞患者植入下腔静脉滤器的建议

（1）对确诊为急性肺栓塞（或近端深静脉血栓）的成年患者，若有抗凝治疗禁忌证或活动性出血，则应接受下腔静脉滤器植入（Ⅰ级推荐，C级证据）。

（2）对下腔静脉滤器植入后无抗凝治疗禁忌证及活动性出血的患者，可恢复抗凝治疗（Ⅰ级推荐，B级证据）。

（3）对植入临时下腔静脉滤器的患者，应在特定时间窗评估临时下腔静脉滤器回收的可能性（Ⅰ级推荐，C级证据）。

（4）对抗凝治疗后仍复发的急性肺栓塞患者，可考虑行下腔静脉滤器植入（Ⅱa级推荐，C级证据）。

（5）对需要植入永久下腔静脉滤器的深静脉血栓及肺栓塞患者，如有长期抗凝治疗禁忌证，则可选择植入永久下腔静脉滤器设备（Ⅱa级推荐，C级证据）。

（6）对下腔静脉滤器有时间限制迹象的深静脉血栓及肺栓塞患者，如有短期抗凝治疗禁忌证，则可选择植入临时下腔静脉滤器设备（Ⅱa级推荐，C级证据）。

（7）对心肺储备非常差的急性肺栓塞（包括大面积肺栓塞）患者，可考虑释放下腔静脉滤器（Ⅱb级推荐，C级证据）。

（8）在治疗急性肺栓塞的过程中，不应把下腔静脉滤器当作抗凝及全身溶栓的辅助治疗常规使用（Ⅲ级推荐，C级证据）。

（六）对卵圆孔未闭肺栓塞治疗的建议

（1）对大面积或次大面积肺栓塞患者，可以考虑通过心动超声检查或经颅多普勒进行危险分层，进而筛选卵圆孔未闭（Ⅱb级推荐，C级证据）。

（2）对任何类型的肺栓塞患者，若发生反常栓塞（如血栓滞留在未闭卵圆孔内），则可考虑通过手术取栓（Ⅱb级推荐，C级证据）。

（七）对髂静脉血栓、股静脉血栓初始抗凝治疗的建议

（1）对证实有由肝素诱导的血小板减少症的髂静脉血栓、股静脉血栓的患者，可给予静脉注射普通肝素（Ⅰ级推荐，A级证据）、皮下注射普通肝素（Ⅰ级推荐，B级证据）、皮下注射低分子肝素（Ⅰ级推荐，A级证据）、皮下注射磺达肝癸钠（Ⅰ级推荐，A级证据）。

（2）对怀疑或证实有肝素诱导的血小板减少症的髂静脉血栓、股静脉血栓患者，可直接给予凝血酶抑制剂治疗（Ⅰ级推荐，B级证据）。

（八）对髂静脉血栓、股静脉血栓长期抗凝治疗的建议

（1）对将口服华法林作为首次长期抗凝治疗方法的髂静脉血栓、股静脉血栓的成年患者，应使用华法林叠加初始抗凝剂至少5 d，至INR≥2.0至少24 h，然后维持INR2.0～3.0（Ⅰ级推荐，A级证据）。

（2）对伴有1个可逆危险因素的首发髂静脉血栓、股静脉血栓患者，应于抗凝治疗3个月后停止抗凝治疗（Ⅰ级推荐，A级证据）。

（3）对复发及不明原因的髂静脉血栓、股静脉血栓患者，应进行至少6个月的抗凝治疗及考虑定期评估继续抗凝治疗利弊的长期抗凝治疗（Ⅰ级推荐，A级证据）。

（4）对髂静脉血栓、股静脉血栓的癌症患者，应进行低分子肝素单药抗凝治疗3～6个月或伴随其癌症治疗（如化疗）进行抗凝治疗（Ⅰ级推荐，A级证据）。

（5）对深静脉血栓患者，可考虑采取低分子肝素单一疗法（Ⅱb级推荐，C级证据）。

（九）对加压治疗的建议

（1）髂静脉血栓、股静脉血栓患者应每天穿压力为30～40 mmHg、与膝盖同高的弹力加压袜至少2年（Ⅰ级推荐，B级证据）。

（2）既往有髂静脉血栓、股静脉血栓及症状性血栓后综合征（PTS）的患者，每天穿压力为30～40 mmHg、与膝盖同高的弹力加压袜是合理的（Ⅱa级推荐，C级证据）。

（3）髂静脉血栓、股静脉血栓伴严重水肿的患者，可考虑每天穿压力为30～40 mmHg、与膝盖同高的弹力加压袜，接受间断或连续的充气加压治疗（Ⅱb级推荐，B级证据）。

（十）对髂静脉血栓、股静脉血栓患者植入下腔静脉滤器的建议

（1）对任何有抗凝治疗禁忌证及活动性出血的急性近端深静脉血栓（或急性肺栓塞）的成年患者，应植入下腔静脉滤器（Ⅰ级推荐，B级证据）。

(2) 对下腔静脉滤器植入后无抗凝治疗禁忌证及活动性出血的患者，可恢复抗凝治疗（Ⅰ级推荐，B级证据）。

(3) 对植入临时下腔静脉滤器的患者，应在特定时间窗评估临时下腔静脉滤器回收的可能性（Ⅰ级推荐，C级证据）。

(4) 对抗凝治疗后仍复发的急性肺栓塞患者，可考虑植入下腔静脉滤器（Ⅱa级推荐，C级证据）。

(5) 对需要植入永久下腔静脉滤器的髂静脉血栓、股静脉血栓患者，如有长期抗凝治疗禁忌证，则可选择永久下腔静脉滤器设备（Ⅱa级推荐，C级证据）。

(6) 对下腔静脉滤器有时间限制迹象的髂静脉血栓、股静脉血栓患者，如有短期抗凝治疗禁忌证，则可选择临时下腔静脉滤器设备（Ⅱa级推荐，C级证据）。

(7) 对抗凝治疗后仍复发的深静脉血栓（无肺栓塞）患者，可考虑释放下腔静脉滤器（Ⅱb级推荐，C级证据）。

(8) 在治疗髂静脉血栓、股静脉血栓的过程中，不应常规使用下腔静脉滤器（Ⅲ级推荐，B级证据）。

（十一）对血管内溶栓术及外科静脉取栓术的建议

(1) 对有肢体循环受损的髂静脉血栓、股静脉血栓患者，应考虑行血管内溶栓术或机械溶栓术（Ⅰ级推荐，C级证据）。

(2) 对髂静脉血栓、股静脉血栓患者，若存在血管内溶栓术的适应证，但缺乏血管内溶栓术的条件，则应考虑将其转移至有条件的医院（Ⅰ级推荐，C级证据）。

(3) 对抗凝治疗后血栓仍迅速发展的髂静脉血栓、股静脉血栓患者，可考虑行血管内溶栓术或机械溶栓术（Ⅱa级推荐，C级证据）。

(4) 对抗凝后症状持续恶化的髂静脉血栓、股静脉血栓患者，可考虑行血管内溶栓术或机械溶栓术（Ⅱa级推荐，B级证据）。

(5) 对急性髂静脉血栓、股静脉血栓患者，血管内溶栓术及机械溶栓术可作为一线治疗方案，以防止被选的低危出血患者发生PTS（Ⅱa级推荐，B级证据）。

(6) 对髂静脉血栓、股静脉血栓患者，可考虑由经验丰富的外科医师行外科静脉取栓术（Ⅱb级推荐，B级证据）。

(7) 对髂静脉血栓、股静脉血栓患者，不应常规给予全身溶栓治疗（Ⅲ级推荐，A级证据）。

(8) 对有慢性深静脉血栓症状（＞21 d）的大多数患者和有高危出血并发症的患者，不应行血管内溶栓术及机械溶栓术（Ⅲ级推荐，B级证据）。

（十二）对经皮腔内血管成形术及支架植入术的建议

(1) 对行血管内溶栓术、机械溶栓术及外科静脉取栓术后发生阻塞性疾病的患者，可考虑于髂静脉处植入支架（Ⅱa级推荐，C级证据）。

(2) 对单独发生于股总静脉的阻塞性疾病的患者，可考虑行经皮腔内血管成形术（Ⅱa级推荐，C级证据）。

(3) 对有明显PTS及髂静脉阻塞的患者，植入髂静脉支架可改善症状、促进溃疡愈合（Ⅱa级推荐，C级证据）。

(4) 对行静脉支架植入术后的患者,可给予与未植入支架的髂静脉血栓、股静脉血栓患者相同剂量、相同监测内容及相同持续时间的抗凝治疗(Ⅱa 级推荐,C 级证据)。

(5) 对行静脉支架置入术后仍有高危再发血栓的患者,可考虑联合应用抗血小板治疗及抗凝治疗(Ⅱb 级推荐,C 级证据)。

(十三) 对慢性血栓栓塞性肺动脉高压诊断评价的建议

(1) 对有不明原因的呼吸困难、运动异常及右心衰竭的临床证据,伴或不伴静脉血栓栓塞史的患者,应进行慢性血栓栓塞性肺动脉高压评估(Ⅰ级推荐,C 级证据)。

(2) 急性肺栓塞发病 6 周后的心动超声检查可筛查持续性肺动脉高压,并可预测慢性血栓栓塞性肺动脉高压的进展(Ⅱa 级推荐,C 级证据)。

第四节 急性肢体缺血的救治流程

一、急性肢体缺血的快速诊断

(一) 急性肢体缺血的快速诊断

1. 临床"6P"征——可疑

(1) 疼痛(pain)。

(2) 感觉异常(paresthesia)。

(3) 运动障碍(paralysis)。

(4) 无脉(pulseless-ness)。

(5) 苍白(pallor)。

(6) 皮肤温度改变(poikilothemia)。

2. 辅助检查——确诊

(1) 连续多普勒超声:能准确评价下肢动脉疾病的位置、严重程度和进展,可用于血管重建术后的定量随访(Ⅰ级推荐)。

(2) 双功超声:具体如下。

1) Ⅰ级推荐:①肢体双功超声用于判断外周动脉病变的解剖位置和狭窄程度;② 股-腘或股-胫-足静脉旁路移植术后建议用双功超声进行常规随访。最短随访间隔时间大约为 3、6、12 个月,之后间隔 1 年。

2) Ⅱ级推荐:① 肢体双功超声有助于选择适于接受介入干预的患者;② 肢体双功超声有助于选择进行旁路移植手术的患者和选择手术吻合的部位。

3) Ⅱb 级推荐:① 还没有很好确定经皮介入血管成形术后应用双功超声评价血管长期通畅的意义;② 合成材料的股-腘旁路术后应用双功超声进行常规监测。

(3) CTA:① 肢体 CTA 可用于判断下肢动脉病变的解剖学位置和狭窄程度;②对有磁共振血管显像(MRA)禁忌证的患者,肢体 CTA 可作为 MRA 的替代检查方法(Ⅱb 级推荐)。

(4) MRA:① 四肢 MRA 可诊断外周动脉疾病的解剖位置和狭窄程度;② 四肢

MRA 可用于筛选需介入治疗的下肢动脉疾病患者（Ⅰ级推荐）。

（5）其他：如数字减影血管造影（DSA）。

急性肢体缺血影像学检查方法的比较见表 2-33。

表 2-33 急性肢体缺血影像学检查方法比较

方法	可用性①	精确性	无创性	治疗能力	完整血管树和临近组织的评估
彩超	±	++	−	−	+
CTA	++	+++	−	−	+++
MRA	+	++	−	−	++
DSA	++	+++	+	+	+

注：①可用性主要取决于当地条件。

3. 排除以下疾病

（1）排除引起非动脉粥样硬化的疾病，如动脉创伤、血管痉挛、动脉炎、高凝状态、骨-筋膜室综合征、动脉夹层和动脉压迫（如腘窝囊肿）。

（2）排除动脉血栓形成或栓塞。

（二）急性肢体缺血的临床分类

急性肢体缺血的临床分类见表 2-34。

表 2-34 急性肢体缺血的临床分类

等级	分类	感觉障碍	运动障碍	预后
Ⅰ	有活力	无	无	不会立即影响预后
Ⅱ，A	轻度威胁	无或小部分（足趾）	无	迅速处理可保肢
Ⅱ，B	严重威胁	超过足趾	轻/中度	迅速重建血运可保肢
Ⅲ	不可逆	重度、麻木	重度、麻痹	大部分肢体组织缺失，神经性损伤不可逆

二、急性肢体缺血的治疗

（一）急性肢体缺血的治疗流程

急性肢体缺血的治疗流程见图 2-18。

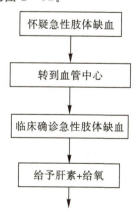

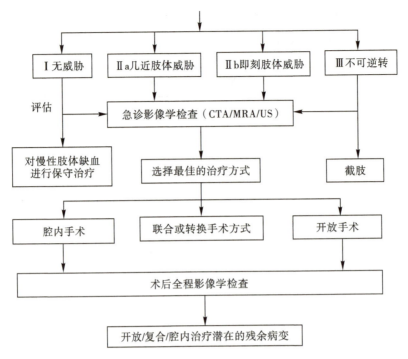

图 2-18 急性肢体缺血的治疗流程

(二) 急性肢体缺血的治疗方法

1. 药物治疗

抗凝剂通常选用普通肝素或低分子肝素。抗凝剂可抑制血栓进展,发挥抗感染作用,减轻缺血症状。应用抗凝剂时,需监测血小板计数,警惕发生由肝素诱导的血小板减少症。抗血小板药(如阿司匹林、氯吡格雷和西洛他唑等)可以控制心血管及其他部位动脉硬化闭塞症的进展,用于度过急性期后的治疗。前列腺素类药(如前列地尔或贝前列素钠等)可以有效减轻静息痛,促进肢体溃疡愈合。

推荐意见 1:药物治疗仅作为急性外周动脉缺血的基础治疗及手术后的长期治疗。

推荐意见 2:对所有急性外周动脉缺血的患者,如无禁忌证,则一旦确诊,就应立即开始抗凝治疗。

2. 开放手术治疗

开放手术治疗的具体术式包括以下几点。①动脉切开取栓术:为由心源性或其他来源栓子脱落引起的急性动脉栓塞的首选治疗方法。②动脉旁路术或动脉外旁路术:对存在动脉硬化狭窄基础、动脉狭窄的急性缺血患者,可考虑采用动脉旁路术或动脉外旁路术。手术时首选自体大隐静脉作为移植材料,其远期通畅率优于人工血管的远期通畅率。如需行膝下动脉旁路术,则可选择自体静脉加人工血管的复合动脉旁路术。③截肢术:对于肢体已严重坏死、顽固缺血性静息痛、合并感染或败血症的患者,若肢体无法挽救,则需在全身情况恶化前截肢。此时紧急截肢是救命的唯一选择。

推荐意见 3:对于威胁肢体的严重缺血患者,如预期寿命>2 年,则在自体静脉可用且全身情况允许的情况下,可通过开放手术治疗急性外周动脉缺血。

3. 腔内治疗

腔内治疗的最大优势是创伤小、并发症发生率低且疗效好。腔内治疗包括以下几种。①经皮导管灌注溶栓术：经外周静脉进行系统溶栓往往治疗效果有限。而经动脉内置管、局部灌注溶栓是有效的微创治疗方法。但血栓完全溶解需要时间，对于急性缺血且侧支循环较差者应慎重选择。②经皮导管血栓抽吸术：可快速取出血栓，恢复动脉血流，是最常用的治疗急性外周动脉缺血的有效治疗方法。③经皮机械取栓术：近年来出现了多种腔内机械取栓装置，可以快速复通血管，缩短缺血再灌注时间。

腔内治疗适用于：发病14 d内的患者；不愿意接受传统外科手术治疗者；血管超声检查显示血管闭塞部位有血栓存在者；传统外科转流手术失败者；导丝和导管可通过闭塞动脉段50%以上距离者。

推荐意见4：腔内治疗已经逐步取代开放手术，成为外周动脉重建的首选方法。

4. 急性外周动脉缺血的长期治疗和随访

对于肢体缺血时间长、平面高、侧支循环差者，应警惕急性肾功能衰竭，可给予碱化尿液、利尿治疗，必要时早期开始血液滤过或血液透析。缺血再灌注可引起组织水肿，严重时可出现骨-筋膜室综合征，应及时行骨-筋膜室切开减压术。急性外周动脉缺血者均应长期口服抗血小板药。根据患者远端吻合口的部位、流出道血管的条件及通畅情况，应适当加用抗凝剂。此外，应控制血压、血糖、血脂等动脉硬化的危险因素。

推荐意见5：进行急性外周动脉缺血血运重建后，要密切关注缺血再灌注损伤导致的局部并发症和全身并发症。

推荐意见6：在无禁忌证的前提下，行急性外周动脉缺血血管重建术的患者均应长期口服抗血小板药。

第五节 下肢深静脉血栓的救治流程

一、下肢深静脉血栓（DVT）的诊断流程和临床可能性评估

（一）下肢DVT的诊断流程

下肢DVT的诊断流程见图2-19。

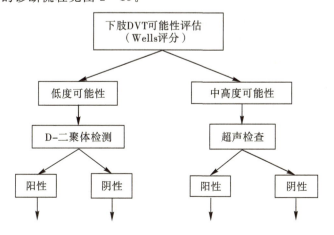

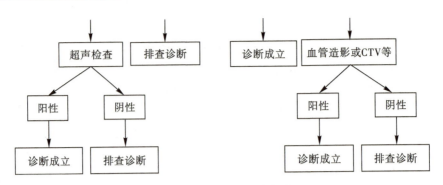

图 2-19 下肢 DVT 的诊断流程

(二) 下肢 DVT 的临床可能性评估

下肢 DVT 的临床可能性评估见表 2-35。

表 2-35 预测下肢 DVT 的临床模型（Wells 评分）

病史及临床表现	评分
肿瘤	1
瘫痪或近期对下肢进行石膏固定	1
近期卧床≥3 d 或近 12 周内进行大手术	1
沿深静脉走行的局部压痛	1
全下肢水肿	1
与健侧相比，小腿肿胀周径＞3 cm	1
既往有下肢 DVT 病史	1
凹陷性水肿（症状侧下肢）	1
有浅静脉的侧支循环（非静脉曲张）	1
有类似或与下肢 DVT 相近的诊断	-2

临床可能性：低度≤0 分；中度 1~2 分；高度≥3 分。若双侧下肢均有症状，则以症状严重的一侧为准。

二、下肢 DVT 的治疗流程

下肢 DVT 的治疗流程见图 2-20。

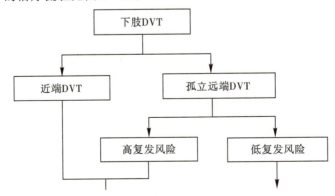

第二章 急性血栓性疾病的救治流程

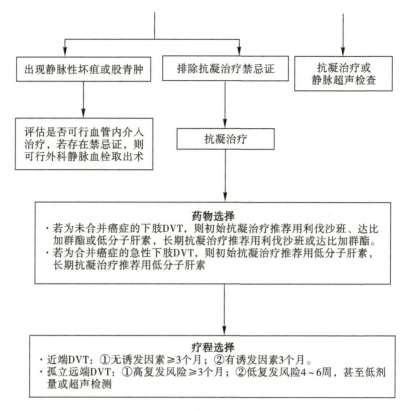

图 2-20 下肢 DVT 的治疗流程

（一）抗凝治疗

抗凝治疗既是首选治疗，也是基本治疗，对于降低 PE 及 PTS 的发生率及减缓 DVT 进一步蔓延、再发及死亡有重要作用。

推荐意见 1：对所有明确诊断的近端 DVT 患者，应进行抗凝治疗。

推荐意见 2：具有高复发风险的孤立远端 DVT 患者应同近端 DVT 患者一样接受抗凝治疗；对复发风险低者，可考虑缩短治疗时间（4～6 周），甚至减少抗凝剂的剂量或者进行静脉超声监测。

推荐意见 3：对未合并癌症的急性下肢 DVT 患者，初始抗凝治疗推荐用利伐沙班、达比加群酯或低分子肝素（Ⅰ级推荐，C 级证据），长期抗凝治疗推荐用利伐沙班或达比加群酯（Ⅱ级推荐，B 级证据）。

推荐意见 4：对合并癌症的急性下肢 DVT 患者，初始抗凝治疗推荐用低分子肝素（Ⅰ级推荐，B 级证据），长期抗凝治疗推荐用低分子肝素（Ⅱ级推荐，C 级证据）。

推荐意见 5：对继发于可逆危险因素（如手术、长途旅行、外伤等）的近端 DVT 患者，推荐进行抗凝治疗 3 个月（Ⅰ级推荐，B 级证据）。

推荐意见 6：对无诱发因素的 DVT 患者，无论是近端还是远端，均推荐进行抗凝治疗≥3 个月（Ⅰ级推荐，B 级证据）。

推荐意见 7：在无诱发因素的初发近端 DVT 患者中，对低中度出血风险者给予延长抗凝治疗（Ⅰ级推荐，B 级证据），对高度出血风险者给予抗凝治疗 3 个月（Ⅰ级推荐，B级证据）。

推荐意见8：对无诱发因素的复发DVT患者，如出血风险为低危，则推荐延长抗凝治疗，其效果优于抗凝治疗3个月的效果（Ⅰ级推荐，B级证据）；如出血风险为中危，则建议延长抗凝治疗时间，其效果优于抗凝治疗3个月的效果（Ⅱ级推荐，B级证据）；如出血风险为高危，则建议进行抗凝治疗3个月，其效果优于延长抗凝治疗的效果（Ⅱ级推荐，B级证据）。

推荐意见9：对恶性肿瘤相关的下肢DVT患者，推荐延长抗凝治疗。

推荐意见10：对高复发风险的孤立远端DVT患者，抗凝治疗应至少达到3个月（与近端DVT患者的相同）。

推荐意见11：对低复发风险的孤立远端DVT患者，抗凝治疗可以为4~6周，甚至减少抗凝剂的剂量或者进行静脉超声监测。

（二）溶栓治疗

溶栓治疗有导管引导的溶栓治疗（CDT）及全身溶栓治疗两种。临床上目前推荐首选CDT。CDT是应用溶栓导管将溶栓药物直接注入血栓部位，而全身溶栓治疗则是全身静脉用药，相比之下，CDT具有血栓溶解率高、治疗时间短、出血量少、PTS发生率低及并发症少等优势。

溶栓药物有UK、重组链激酶、rt-PA、r-PA、替奈普酶及巴曲酶。

溶栓治疗的不良反应主要为出血，不良反应严重时应停药，必要时应输血或进行手术干预。溶栓治疗不良反应的主要监测指标为血浆纤维蛋白原、血小板计数、D-二聚体。

CDT的适应证：急性近端DVT（髂静脉、股静脉、腘静脉）、全身状况好、预期寿命＞1年和低出血并发症风险。

溶栓治疗的禁忌证：溶栓药物过敏；近期（2~4周内）有活动性出血（包括严重的颅内、胃肠道、泌尿道出血）；近期接受过大手术、活检、心肺复苏、不能实施压迫的穿刺；近期有严重的外伤；严重且难以控制的高血压（血压＞160/110 mmHg）；严重的肝功能、肾功能不全；细菌性心内膜炎；出血性或缺血性脑卒中史；动脉瘤、主动脉夹层、动静脉畸形；年龄＞75岁和妊娠。

（三）血管介入治疗

下肢DVT的血管介入治疗主要包括CDT、经皮机械血栓清除术（PMT）及机械除栓治疗。其中PMT通常与溶栓治疗相结合。

推荐意见12：对下肢DVT患者，不推荐常规应用血管介入治疗（Ⅱb级推荐，C级证据）。

推荐意见13：对急性症状性髂静脉血栓且出血风险为低危者，可考虑进行血管介入治疗（Ⅱa级推荐，B级证据）。

推荐意见14：对进展中的股腘/静脉血栓的患者，尽管已进行抗凝治疗或症状严重，仍可考虑进行血管介入治疗（Ⅱb级推荐，B级证据）。

推荐意见15：若出血风险为低危者出现静脉性坏疽或股青肿，则应考虑进行血管介入治疗（Ⅰ级推荐，B级证据）。

(四)外科血栓清除术

外科血栓清除术是消除血栓的有效方法,可迅速解除静脉梗阻。常用 Fogarty 导管经股静脉取出髂静脉血栓,用挤压驱栓或顺行取栓清除股/腘静脉血栓。

推荐意见16:对于出现静脉性坏疽或股青肿的患者,若存在 CDT 禁忌证,则可行外科静脉血栓清除术(Ⅱa 级推荐,A 级证据)。

推荐意见17:以下患者可从外科血栓清除术中受益:急性髂静脉血栓、股静脉血栓首次发作者;症状持续时长<14 d 者;有出血风险者;可自主活动、具有良好功能和可接受的预期寿命者(Ⅱb 级推荐,C 级证据)。

(五)合并髂静脉狭窄或闭塞的处理

髂静脉狭窄或闭塞在下肢 DVT 的发病中起重要作用,在 CDT 或手术取栓后,对髂静脉狭窄可采用球囊扩张、支架置入等方法予以解除,以降低血栓复发率、提高中远期通畅率、降低 PTS 的发生率。

推荐意见18:若成功行 CDT 或切开取栓后血管造影发现髂静脉狭窄>50%,则建议首选球囊扩张、支架置入术,必要时采用外科手术解除髂静脉阻塞。

(六)下腔静脉滤器

下腔静脉滤器可以预防和减少 PE 的发生,因为下腔静脉滤器长期植入可导致下腔静脉阻塞和 DVT 复发等并发症,所以为减少这些远期并发症,建议首选可回收的下腔静脉滤器或临时下腔静脉滤器,待发生 PE 的风险过后再取出下腔静脉滤器。

推荐意见19:对接受单纯抗凝治疗的下肢 DVT 患者,不推荐常规应用下腔静脉滤器,对有抗凝治疗禁忌证或并发症,或在充分抗凝治疗的情况下仍发生 PE 者,建议植入下腔静脉滤器。对下列患者可以考虑植入下腔静脉滤器:①髂静脉、股静脉或下腔静脉内有漂浮血栓者;②急性下肢 DVT,拟行 CDT、PMT 或手术取栓等血栓清除术者;③具有急性 DVT、PE 高危因素的行腹部、盆腔或下肢手术者。

(七)压力治疗

清除血栓后,对患肢可使用间歇加压充气治疗或穿弹力袜,以预防血栓复发。

第三章 外科急危重症的救治流程及常用手术

第一节 急性致命性创伤的救治流程

急性致命性创伤的救治流程见图 3-1。

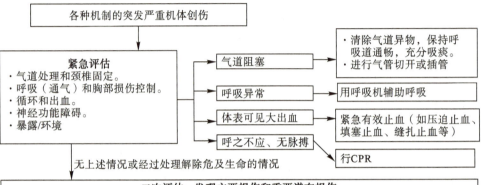

第三章 外科急危重症的救治流程及常用手术

O（operation），手术治疗
- 对严重创伤患者实施早期损伤控制措施（包括手术控制出血、控制污染、简易闭合胸腹伤口、固定重要部位的骨折及术后处理）。
- 对盆腔活动性出血、实质脏器动脉出血进行介入治疗。
- 做确定性修复手术

- 采取其他止血措施（如给予药品、血液制品）。
- 处理严重酸中毒，纠正凝血功能异常。
- 保温和纠正低体温。
- 做好疼痛管理（给予吗啡0.1 mg/kg）。
- 镇静：给予地西泮5～10mg或劳拉西泮1～2mg，肌内注射或静脉注射，或艾贝宁持续静脉注射（生理盐水＋艾贝宁200μg，酌情控制速度，当老年患者、低血压患者应用时，应严密监测）

- 绝对卧床，取复苏体位。
- 建立有效的静脉通道（如中心静脉置管、骨髓腔穿刺等），必要时建立多个静脉通道。
- 留尿管和胃管，记录每小时出入量（特别是尿量）。
- 监测心电、血压、脉搏和呼吸，维持生命体征稳定。
- 注射破伤风抗毒素或破伤风人免疫球蛋白。
- 进行动态血气分析，注意乳酸浓度的变化

- 可按部位或系统将致命创伤分为3类12种，对不同部位的致命创伤给予针对性处理。
- 进一步处理其他情况（如感染性疾病），治疗严重感染，处理广泛的软组织损伤，治疗其他特殊急诊问题

图 3-1 急性致命性创伤的救治流程

第二节 复合伤的救治流程

复合伤的救治流程见图 3-2。

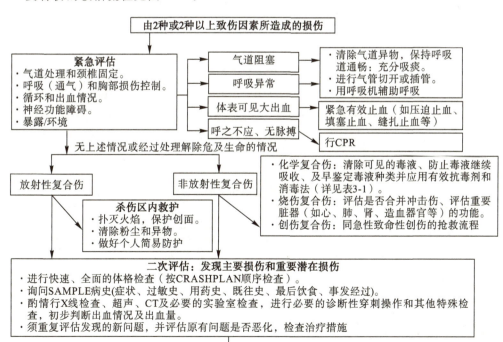

```
                    ↓
┌─────────────────────────────────────────────────────────────┐
│           V（ventilation），保持通气                         │
│ ·保持气道通畅，进行有效通气和给氧，维持血氧饱和度于95%       │
└─────────────────────────────────────────────────────────────┘

┌─────────────────────────────────────────────────────────────┐
│           I（infusion），补液扩容及防治休克                  │
│ ·快速输注晶体液（生理盐水和乳酸林格液1000～2000 mL）和胶体液 │
│  （羟乙基淀粉和低分子右旋糖酐）500～1000 mL，以补充血容量。 │
│ ·紧急配血、备血，当发生活动性失血、血红蛋白＜100 g/L时，应考 │
│  虑紧急输血：可酌情选用红细胞和血浆，两者比例应为1：1。      │
│ ·若补足液体后血压仍不稳定，则可给予血管活性药［首选去甲肾上腺│
│  素0.1～2 μg/（kg·min）］。                                 │
│ ·纠正凝血障碍，给予新鲜冰冻血浆、血小板、冷沉淀(或纤维蛋白原)│
│ ·对未进行确切性止血的患者（除老年患者、既往高血压患者外），应│
│  进行限制性液体复苏（维持收缩压在80 mmHg左右）              │
└─────────────────────────────────────────────────────────────┘

┌─────────────────────────────────────────────────────────────┐
│           P（pulsation），监护并保证循环稳定                 │
│ ·进行心电监护、维护心泵功能，以保证循环稳定；尽早进行血流动力│
│  学监测                                                      │
└─────────────────────────────────────────────────────────────┘

┌─────────────────────────────────────────────────────────────┐
│           C（control），立即控制明显的外出血                 │
│ ·进行局部加压包扎止血、临时指压止血、填塞止血、抬高患肢止血、│
│  强屈关节止血、扎止血带止血、穿休克裤止血等措施              │
└─────────────────────────────────────────────────────────────┘

┌─────────────────────────────────────────────────────────────┐
│           O（operation），手术治疗                           │
│ ·对严重创伤患者实施早期损伤控制措施（包括手术控制出血、控制污│
│  染、简易闭合胸腹伤口、固定重要部位的骨折及术后处理）。     │
│ ·对盆腔活动性出血、实质脏器动脉出血进行介入治疗。           │
│ ·做确定性修复手术                                           │
└─────────────────────────────────────────────────────────────┘

┌──────────────────────────────────┐  ┌──────────────────────────────────┐
│·采取其他止血措施（药品、血液制品）│  │·绝对卧床，取复苏体位。          │
│·处理严重酸中毒，纠正凝血功能异常。│  │·建立有效的静脉通道（如中心静脉置│
│·保温和纠正低体温。                │  │ 管、骨髓腔穿刺等），必要时建立多│
│·做好疼痛管理（给予吗啡0.1 mg/kg）。│  │ 个静脉通道。                    │
│·镇静：给予地西泮5～10 mg或劳拉西 │  │·留尿管和胃管，记录每小时出入量  │
│ 泮1～2 mg，肌内注射或静脉注射，或│  │ （特别是尿量）。                │
│ 艾贝宁持续静脉注射（生理盐水+艾贝│  │·监测心电、血压、脉搏和呼吸，维持│
│ 宁200 μg，酌情控制速度；当老年患 │  │ 生命体征稳定。                  │
│ 者、低血压患者应用时，应严密监测）│  │·注射破伤风抗毒素或破伤风人免疫球│
│                                    │  │ 蛋白。                          │
│                                    │  │·进行动态血气分析，注意乳酸浓度的│
│                                    │  │ 变化                            │
└──────────────────────────────────┘  └──────────────────────────────────┘

┌─────────────────────────────────────────────────────────────┐
│·可按部位或系统将致命创伤分为3类12种，对不同部位的致命创伤应 │
│ 进行针对性处理。                                            │
│·进一步处理其他情况（如感染性疾病），治疗严重感染，处理广泛的│
│ 软组织损伤，治疗其他特殊急诊问题                            │
└─────────────────────────────────────────────────────────────┘
```

图 3-2 复合伤的救治流程

各种毒剂和对应抗毒剂见表 3-1。

表 3-1 各种毒剂和对应抗毒剂

毒剂	对应抗毒剂
神经性毒剂	阿托品、东莨菪碱、贝那替秦、氯解磷定、苯那辛、地西泮、2% $NaHCO_3$
糜烂性毒剂	硫代硫酸钠、二巯基丙醇、二巯丙磺钠、漂白粉
全身性毒剂	亚硝酸异戊酯、亚硝酸钠、硫代硫酸钠、依地酸钠钙
窒息性毒剂	乌洛托品、氨茶碱、地塞米松、普鲁卡因
刺激性毒剂	抗烟剂（由氯仿、酒精、氨水等合成）
失能性毒剂	毒扁豆碱、解毕灵

第三节 多发伤的救治流程

多发伤的救治流程见图 3-3。

急救原则

早期抢救生命；中期防治感染和MODS；后期矫正和治疗各种后遗症、畸形

↓

生命支持

- 呼吸道管理：保持气道通畅，清除口腔异物，必要时进行气管插管或气管切开；保持有效呼吸，必要时用呼吸机辅助呼吸。
- CPR：对伴有胸骨骨折、多发肋骨骨折、血气胸、心脏压塞、心肌破裂者，可开胸行胸内心脏按压。
- 抗休克治疗：①因多发伤患者大多伴有休克，故应对未确切性止血的患者进行限制性液体复苏，尽早进行血流动力学监测；②迅速建立2条以上静脉通路，进行深静脉插管；③立即快速输注乳酸林格液或5%葡萄糖氯化钠1000~2000 mL；④补充小剂量高渗液（7.5%氯化钠200 mL），在休克早期有较好的复苏效果；⑤补充胶体液（血浆、白蛋白、右旋糖酐），晶体液：胶体液=2:1；⑥若休克时间较长，则依据血气分析结果补充5%$NaHCO_3$

↓

急救

- 诊断与治疗同时进行；按CRASHPLAN字母顺序进行动态检查，以便及时发现新情况或原有情况变化。
- 对以颅脑损伤为主的患者，在生命体征允许的情况下，应先输注甘露醇，再进行各项检查。
- 存在休克时，应尽早进行液体复苏；存在出血时，应进行成分输血，红细胞：血浆=1:1；血浆不单独作为胶体液或血浆蛋白使用。
- 将各部位创伤视为一个整体，依据伤情需要从整体上制订抢救措施、手术顺序及器官功能的监测与支持，不可将各部位损伤孤立开来

↓

进一步救治

- 颅脑外伤的处理：关键是预防因颅内高压导致的脑疝。只要病情允许，就应尽早行头颅CT，以明确是否有颅内出血、脑挫裂伤及脑组织受压等情况，评估是否需急诊行开颅血肿清除术和（或）减压术。
- 胸部伤的处理：当胸部多发伤合并腹部损伤时，多数情况下可先行胸腔闭式引流术，再处理腹内脏器损伤和四肢开放性损伤。若置管后一次性引流量≥1500 mL或3 h内引流速度仍>200 mL/h，则应行开胸探查。对多发肋骨骨折、有反常呼吸、伴心脏大血管损伤者，应争分夺秒地进行手术止血。
- 腹部脏器损伤的治疗：进行诊断性穿刺、腹部影像学检查等；当有急诊手术指征时，应争取早期、快速手术。进腹后首先探查主要的受伤器官，有效止血后快速输血补液，血压稳定后再彻底、逐一探查腹内脏器，不应遗漏。
- 四肢伤的处理：除周围血管损伤大出血或创伤性截肢需要紧急救治外，在有内脏伤合并骨折时，骨折的处理多可延迟到重要内脏致命伤处理完毕、患者血流动力学稳定后进行。X线检查需在患者没有重要内脏伤和严重休克时进行，最好在急诊室内用小型X线摄像机在不搬动患者的情况下摄片。
- 多发伤的处理：多发伤容易漏诊与误诊，具体表现如下。①早期表现隐匿，腹内实质性器官伤早期出血不多，生命体征变化不明显；颅脑创伤早期昏迷时间短，缺乏典型的腹内或颅内出血表现；②四肢伤可掩盖内脏伤；③早期多个系统伤不严重，分科处理后互相推诿；④车辆撞压致头部、胸部、腹部、四肢均受伤，涉及多个专科，在救治顺序、指挥协调、手术人员安排、用药选择等方面常造成混乱和重复，以致发生意外

图 3-3 多发伤的救治流程

第四节 批量伤病员的现场分拣流程及方法

当出现批量伤病员时，若伤病员的数量和严重程度超过本救治单位的现场救治能力，则应充分发挥现有的人力、物力，以抢救尽可能多的伤病员为救治原则。

一、现场检伤分类（收容分拣）的方法

现场检伤分类（收容分拣）的方法见图3-4。现场检伤分类要求做到简单、快速。方法：指导可以行走的人员移动到一个指定位置。

图3-4 现场检伤分类（收容分拣）的方法

二、医疗检伤分类（救治分拣）的方法

（一）START检伤分类的流程（图3-5）

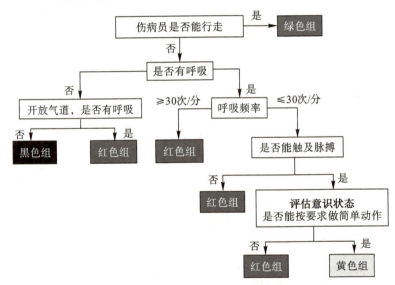

图3-5 START检伤分类的流程

医疗检伤分类分组：具体如下。

(1) 危重伤：适用于有生命危险、需立即救治的伤病员，用红色标记。
(2) 重伤：适用于伤情并未立即危及生命、但必须进行手术的伤病员，用黄色标记。
(3) 轻伤：适用于所有轻伤（包括精神创伤）的伤病员，用绿色标记。
(4) 濒死伤：适用于抢救费时、困难，救治效果差，生存机会不大的危重伤病员，用黑色标记。

(二) 人卫版检伤分类的流程（图3-6）

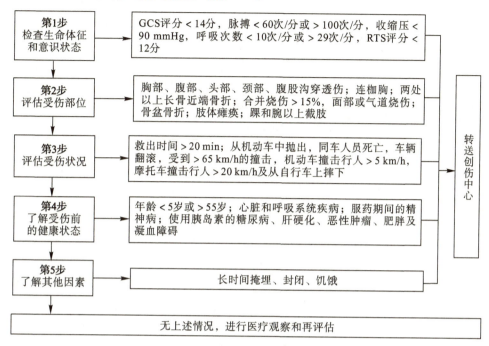

图3-6 人卫版检伤分类的流程

(三) SALT检伤分类的流程

与START检伤分类相比，SALT检伤分类是基于资源与伤情的分类方法，两者之间相差灰色姑息治疗组，其意义在于使灾难现场的有限资源能够得到最大化利用（图3-7、表3-2）。

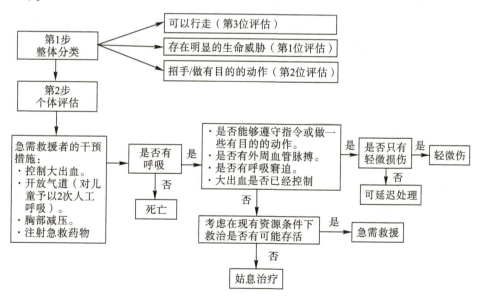

图3-7 SALT检伤分类的流程

表 3-2　SALT 检伤分类对应表

分类	颜色	说明
急需抢救者	红色	通过紧急抢救，伤病员可以存活
可延迟抢救者	黄色	伤病员需要治疗，但短时间内不会危及生命
轻伤者	绿色	受伤轻微或生病，不用治疗或需简单处理
姑息治疗者	灰色	虽存活，但现有的医疗资源无法救治或存活概率低
死亡者	黑色	没有自主呼吸，已死亡

四、医疗检伤分类标签示例（图 3-8）

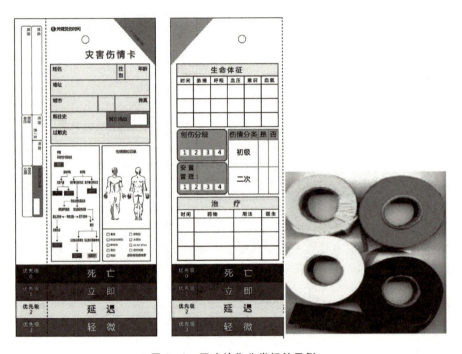

图 3-8　医疗检伤分类标签示例

五、检伤分类后的转运原则

1. 转运指征

（1）为灾难现场减负。

（2）危重伤病员需要消耗大量的医疗资源和占据一定的护理空间。

（3）改善危重伤病员的医疗救治条件。

（4）为特殊伤病员（烧伤、挤压伤）提供专项救治。

2. 延迟转运指征

（1）伤病员被污染。

（2）伴有传染病。

(3) 病情不稳定。

(4) 无知情同意或相关许可。

第五节　开胸心脏按压术的操作流程

一、操作步骤

（1）患者取仰卧位。对患者的皮肤可只做简单消毒处理或先不消毒，待心脏复跳后再补做消毒处理和铺单；自胸骨左缘至腋前线沿乳房下皱褶或第 4、5 肋间切开胸壁皮肤及皮下组织；通过手术切口钝性分离进入胸膜腔；插入菲诺切托（Finochietto）拉钩牵拉肋骨，以进入左侧胸腔并暴露心包，如出现胸腔大量出血，则应寻找并控制其来源；用组织镊将部分心包提起并置于膈神经前，在膈神经前方用组织剪由头至尾剪开心包，暴露心脏，如遇到心包积血，则应探查并对已发现的心脏损伤进行适当的初步修复。

（2）如发生心室纤维性颤动，则在按压心脏的同时静脉注射肾上腺素 1 mg，使颤动波由细变粗，再静脉注射 2% 利多卡因 1～2 mg/kg，若条件允许，则可立即行电除颤。

（3）将两片用生理盐水蘸湿的（或用生理盐水纱布包裹的）电极板分别紧贴在左、右心室壁上，能量 5～90 J。当 1 次电击无效时，可继续按压心脏并重复注射拟肾上腺素类药，然后再次电击。必要时可提高电压。当反复电击无效时，应加用 5% $NaHCO_3$ 200～300 mL，或 11.2% 乳酸钠 100～200 mL，以纠正缺氧后的酸中毒，必要时可反复注射。同时，可在心室内注射 1% 普鲁卡因 5 mL，或利多卡因 100 mg，或普鲁卡因胺 100～200 mg，以降低心肌的应激性。

（4）静脉给药为首选，静脉以膈肌以上者为好，气管内给药为次选。可注射 10% 葡萄糖酸钙或 3%～5% 氯化钙 10 mL，以增强心肌张力。

（5）应注意循环量是否充足，考虑加快输血，甚至进行动脉输血，并可直接经主动脉加压注射血液，以改善冠状动脉灌注。只要心肌对各种治疗有反应，就应坚持抢救。

（6）在心跳恢复、血压逐渐稳定后，胸壁和心包切口即开始出血，应进行仔细结扎止血，并冲洗心包腔和胸腔。在膈神经后侧做心包引流切口，缝合心包。在第 8 肋间腋后线做胸腔插管引流后，分层缝合胸壁。

二、按压方法

（1）单手按压法：术者站在患者左侧，右手握住心脏，其中拇指和大鱼际放在右心室前侧，另外 4 指平放在左心室后侧，按压频率为 60～80 次/分。

（2）单手压向胸骨法：术者右手拇指牢牢固定于切口前方（即胸骨上），其余 4 指放在左心室后方，将心脏压向胸骨纵隔面，进行有节奏地推挤。按压时，力的传导为右手掌指—左心室壁—室间隔—右心室壁—胸骨。相当于两个面的力量均匀压在室间隔。按压频率成人为 60～80 次/分。注：按压时不要压心房，不要使心脏扭转移位，手指力量不要作用在心脏的一点上；每次按压完要迅速放松，使腔静脉血充分回流入心房、心室。

（3）双手按压法：右手放在心脏后面，左手放在心脏前面，两手有节奏地按压和放松。

三、按压有效判断标准

（1）心肌张力逐渐增强，柔软、扩大的心脏变硬、变小，心肌颜色由暗红转为鲜红。当有心室纤维性颤动时，肌纤维细小的颤动可逐渐变粗，最后甚至自动恢复心跳。

（2）面色好转，瞳孔缩小，呼吸恢复，可触及大动脉搏动，血压逐渐恢复。

开胸心脏按压术见图3-9。

图3-9 开胸心脏按压术

开胸心脏电除颤术见图3-10。

图3-10 开胸心脏电除颤术

四、术中注意事项

（1）在发现患者意识丧失、呼吸停止、脉搏和心音消失及测不到血压等症状后，应当机立断，立刻进行胸外心脏按压和人工呼吸。

（2）进行抢救时，要沉着、冷静，随时观察患者情况的变化，及时采取相应措施。对每一项措施及患者情况的变化，必须由专人及时按顺序详细记录。

（3）进行胸外按压时，应细致，忌使用暴力，以免造成肋骨骨折。

（4）如在开胸切开皮肤时见有活动性出血，则说明心跳并未停止，此时应立即中止手术，严密观察。

（5）心跳恢复后，有可能再度停搏或发生心室纤维性颤动，抢救人员应留在现场，严密观察。在心脏输出量减少前就应做心脏按压，以防发生再次停搏。

（6）进行心脏按压时，不要切开心包，但可在心脏前侧分开纵隔胸膜，以使按压更为有效。如心包外按压不能使心脏复跳或有心室纤维性颤动，则在做心包外除颤失败时，应在膈神经前方切开心包，直接按压心脏。

五、术后处理

(1) 注意血压：出现低血压时，应及时查明原因，针对各种情况进行治疗。升压药可以提高血压，但应在血压回升稳定后及时逐渐减量，直至停用。如脉压小、心音低、心率快而弱、末梢循环逐渐恶化和要加大升压药浓度才能维持血压平稳，则可加用冬眠药物、血管舒张药（如硝普钠或苄胺唑啉等），以改善微循环，增加内脏灌注，减轻心脏负担。当发生心力衰竭时，可用西地兰等强心药物。

(2) 呼吸功能维持：给予人工呼吸或机械通气。

(3) 预防和治疗脑水肿：具体包括以下几点。

1) 降温：应及早用冰块降温，最好用冰袋或冰帽进行头部选择性降温，使体温降至 30～33 ℃，头部温度降至 28 ℃。若心跳恢复后脑组织缺氧还不能立即纠正，则应继续降温，直至中枢神经功能恢复、听觉恢复并稳定。

2) 人工冬眠：冬眠药物有氯丙嗪 50 mg、异丙嗪 50 mg、哌替啶 100 mg 合为 1 剂或双氢麦角碱 0.6 mg、异丙嗪 50 mg、哌替啶 100 mg 合为 1 剂。每次可用 1 剂、半剂或更小剂量。

3) 实施脱水疗法：20％甘露醇（或 25％山梨醇）250 mL，或 50％葡萄糖 100 mL 快速静脉滴注，或机内注射/静脉注射呋塞米等脱水剂，以消除脑水肿。即使正常复苏后，也应将输液量限制在 1500～2000 mL/d，以保持脱水状态，但应保持尿量在 30 mL/h 以上。

4) 控制抽搐：静脉注射或肌内注射安定 5～10 mg 或苯巴比妥钠 0.1～0.2 g，可控制抽搐，须注意避免呼吸抑制。

5) 进行高压氧治疗：在 3 个大气压环境下吸氧，可增加血氧张力 15～20 倍，减轻脑缺氧，但应避免氧中毒。

6) 应用钙通道阻滞剂：因利多氟嗪可较硝苯地平、尼莫地平更少引起低血压和心脏传导阻滞，故临床将之用于脑保护，剂量为 1 mg/kg。

7) 应用游离基清除剂：如维生素 C、维生素 E、硒酸盐、L-蛋氨酸、氯丙嗪、异丙嗪等。

8) 应用大剂量肾上腺皮质激素：常用地塞米松，首次剂量为 1 mg/kg，维持量为 0.2 mg/（kg·h）。

9) 纠正酸碱及电解质平衡紊乱：常用的碱性缓冲药为 5％$NaHCO_3$，亦可用 11.2％乳酸钠。①所需 5％$NaHCO_3$ 量（mL）=［正常的 CO_2 结合力（60％容积）-测得的 CO_2 结合力/2.24］×0.5×体重（kg）。先补充半量，然后按情况增减。②所需 11.2％乳酸钠量（mL）=［正常的 CO_2 结合力-测得的 CO_2 结合力/2.24］×0.3×体重（kg）。11.2％乳酸钠的用法同 5％$NaHCO_3$ 的用法。

(4) 肾功能不全的治疗：具体如下。

1) 少尿期：限制进液量为 500 mL/d，热量 2000 cal，限制蛋白质，只给碳水化合物和脂肪。如有高钾血症，则可用 $NaHCO_3$（或乳酸钠）和葡萄糖及胰岛素治疗。严重少尿或无尿时，应做腹膜透析或血液透析。

2) 多尿期：及时按尿量补充丢失的大量水和电解质。

第六节 急性胰腺炎的救治流程

急性胰腺炎的救治流程见图 3-11 及表 3-3～表 3-6。

急性胰腺炎的诊断

下列 3 项标准中符合 2 项即可诊断为急性胰腺炎：
- 上腹部持续性疼痛。
- 血清淀粉酶和（或）脂肪酶浓度至少高于正常上限值的 3 倍。
- 腹部影像学检查结果符合急性胰腺炎的影像学改变

早期治疗

- 液体治疗：应在诊断急性胰腺炎后即刻进行。首选乳酸林格液、生理盐水等晶体液。开始时以 5～10 mL/（kg·h）的速度进行治疗。早期复苏目标：MAP＞65 mmHg，尿量＞0.5 mL/（kg·h），CVP 为 8～10 mmHg，中心静脉血氧饱和度≥70%。
- 急诊经内镜逆行胆胰管成像：仅适用于急性胰腺炎合并胆管炎及持续性胆管梗阻的患者，应在入院 24 h 内完成（对持续性胆管梗阻的患者可放宽至入院后 72 h 内）。
- 镇痛治疗：根据病情合理选择镇痛药物与镇痛方式。对明显疼痛的患者应在入院 24 h 内给予镇痛治疗。
- 营养支持治疗：在胃肠功能耐受的情况下，尽早开展经口营养支持治疗或肠内营养支持治疗。
- 高脂血症性急性胰腺炎：对急性胰腺炎合并静脉乳糜状血或血甘油三酯浓度＞11.3 mmol/L 者，需采用综合治疗手段，以快速降低甘油三酯浓度，目标是甘油三酯浓度＜5.65 mmol/L。
- ACS 的早期处理：主要为通过增加腹壁顺应性、清除胃肠内容物、引流腹腔及腹膜后积液等综合措施来降低腹内压，不建议早期行开腹手术。
- 预防性使用抗生素：不推荐常规使用抗生素预防胰腺感染或胰周感染。
- 药物治疗：缺乏针对胰腺炎的特异性药物。中药大黄、芒硝及复合制剂（如清胰汤、大承气汤等）有助于促进患者胃肠道功能恢复，减轻腹痛、腹胀症状，可选择使用

后期治疗

- 感染性胰腺坏死（IPN）的诊断：当急性胰腺炎患者出现发热、腹痛、全身状况恶化等感染症状时，应考虑为 IPN 的可能。
- IPN 的治疗：常需手术治疗。应用抗菌药物及穿刺引流可使部分患者免于手术。微创清创治疗逐渐成为 IPN 手术的主流方式，开腹手术可作为微创清创治疗失败后的补充手段。IPN 的治疗以外科 "Step-up" 策略为主。对部分经严格选择的患者，可直接进行手术治疗。目前 IPN 的手术干预时机为发病 4 周后。
- 经皮穿刺置管引流（PCD）及内镜下穿刺引流：胰腺感染或胰周感染是 PCD 和内镜下穿刺引流的重要指征，可在急性胰腺炎病程早期进行 PCD 和内镜下穿刺引流。对存在大量腹腔或腹膜后积液合并 ACS 的患者，应进行穿刺引流。早期（＜72 h）拔除引流管，有助于减少继发感染。
- 胰瘘与胰管断裂综合征的处理：首选内镜下治疗。
- 急性胰腺炎后门静脉、脾静脉血栓形成及胰源性门静脉高压的处理：无须抗凝治疗。
- 急性胰腺炎并发肠瘘、腹腔出血的处理：结肠瘘常见，治疗包括通畅引流及行造口转流术。对腹腔出血者，行血管造影检查，以明确出血部位。如为动脉出血，则行血管栓塞术治疗；如未明确出血部位或栓塞失败，出血持续，则可行手术治疗。
- 胆源性胰腺炎胆囊切除：对胆源性胰腺炎合并胆囊结石的患者，应尽早行胆囊切除术

图 3-11 急性胰腺炎的救治流程

第三章 外科急危重症的救治流程及常用手术

表 3-3 改良 CT 严重指数评分标准

类型	特征	评分（分）
胰腺炎性反应	正常胰腺	0
	胰腺和（或）胰周炎性改变	2
	单发/多发积液区或胰周脂肪坏死	4
胰腺坏死	无胰腺坏死	0
	坏死范围≤30%	2
	坏死范围>30%	4
	胰腺外并发症，包括胸腔积液、腹腔积液、血管或胃肠道受累	2

注：改良 CT 严重指数评分为炎性反应、坏死与胰腺外并发症评分之和。

表 3-4 急性胰腺炎分级诊断系统

分级系统	轻症	中度重症	重症	危重症
RAC 分级	无器官功能障碍和局部并发症	出现一过性（≤48 h）器官功能障碍和（或）局部并发症	出现持续性（>48 h）器官功能障碍	无
DBC 分级	无器官功能障碍和胰腺（胰周）坏死	出现一过性（≤48 h）器官功能障碍和（或）无菌性坏死	出现持续性（>48 h）器官功能障碍或感染性坏死	出现持续性（>48 h）器官功能障碍和感染性坏死

注：RAC 分级即修订版 Atlanta 分级，依据改良 Marshall 评分系统进行器官功能障碍诊断；DBC 分级即基于决定因素的分级，依据 SOFA 评分系统进行器官功能障碍诊断。

表 3-5 改良 Marshall 评分系统的评分内容和等级

系统	指标	评分				
		0	1 分	2 分	3 分	4 分
呼吸系统	PaO_2/FiO_2	>400	301~400	201~300	101~200	≤101
泌尿系统	血肌酐 [μmol/L (mg/dL)]	≤134 (≤1.4)	134~169 (1.4~1.8)	170~310 (1.9~3.6)	311~439 (3.6~4.9)	>439 (>4.9)
心血管系统	收缩压/mmHg	>90	<90，输液有应答	<90，输液无应答	<90，pH 值<7.3	<90，pH 值<7.2

注：①既往有慢性肾衰竭的患者的评分依据基线肾功能进一步恶化的程度而定，对于基线血肌酐浓度≥134 μmol/L（1.4 mg/dL）者尚无正式的修订方案；②未使用正性肌力药物。

表 3-6　非机械通气患者 FiO_2 的估算

吸氧（L/min）	FiO_2/%
室内空气	21
2	25
4	30
6～8	40
9～10	50

第七节　毒蛇咬伤的救治流程

毒蛇咬伤的救治流程见图 3-12。

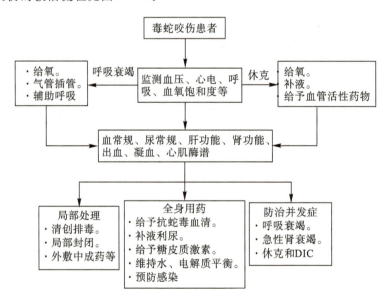

图 3-12　毒蛇咬伤的救治流程

有毒蛇与无毒蛇咬伤的区别见表 3-7。

表 3-7　有毒蛇与无毒蛇咬伤的区别

	项目	有毒蛇	无毒蛇
蛇特征	头型	多数呈三角形，亦有椭圆形	多数呈椭圆形，少数呈三角形
	体背斑纹	体背有特殊斑纹，斑纹粗短、不匀称	体背多呈暗色，无斑纹，较匀称
	尾巴外观	短钝或偏扁	长、细
	习性	不甚怕人，爬行慢	怕人，爬行快捷
	牙痕	1 对，深、浅、粗、细依蛇种而论	呈锯齿状、浅小、密集成排

续表

项目		有毒蛇	无毒蛇
伤情	疼痛	剧痛、灼痛逐渐加重，有麻木感	疼痛不明显、不加剧
	出血	可见出血不止	出血少或不出血
	肿胀	瘀斑、血疱、变黑、坏死、进行性肿胀	无肿胀
	淋巴结	附近淋巴结肿痛	无
	全身症状	较快出现	除紧张外无症状
	血、尿检查	早期异常	无异常

第八节　节肢动物咬/蜇伤的救治流程

节肢动物咬/蜇伤的救治流程见图3-13。

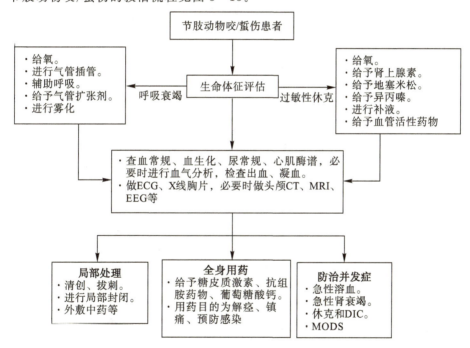

图3-13　节肢动物咬/蜇伤的救治流程

第九节 其他动物咬伤的救治流程

其他动物咬伤的救治流程见图3-14。

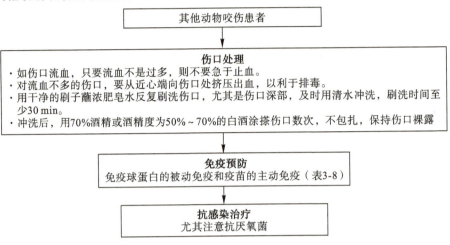

图 3-14 其他动物咬伤的救治流程

其他动物咬伤较为常见的是犬咬伤,表3-8中列举了狂犬病的暴露分级及处置原则。

表 3-8 狂犬病的暴露分级及处置原则

暴露分级	接触方式	暴露程度	暴露后免疫预防处理
Ⅰ	符合以下情况之一者:①接触或喂养动物;②完整皮肤被舔舐;③完好的皮肤接触狂犬病动物或狂犬病患者的分泌物或排泄物	无	若确认接触方式可靠,则无须处置
Ⅱ	符合以下情况之一者:①裸露的皮肤被轻咬;②无出血的轻微抓伤或擦伤	轻度	①处理伤口;②注射狂犬病疫苗
Ⅲ	符合以下情况之一者:①单处或多处贯穿皮肤的咬伤或抓伤;②破损的皮肤被舔舐;③开放性伤口或黏膜被唾液污染(如被舔舐);④暴露于蝙蝠出没的环境中	重度	①处理伤口;②注射狂犬病被动免疫制剂(抗狂犬病血清/狂犬病患者免疫球蛋白);③注射狂犬病疫苗

注:接种程序有以下两种。①5针法程序:第0、3、7、14和28天各接种1剂,共5剂。②"2-1-1"程序:第0天接种2剂(左、右上臂三角肌各接种1剂),第7天和第21天各接种1剂,共接种4剂(只适用于我国已批准可使用此程序的狂犬病疫苗产品),接种途径为肌内注射,2岁及2岁以上儿童和成人的接种部位在上臂三角肌,2岁以下儿童的注射部位在大腿前外侧肌。

第十节 淹溺的救治流程

淹溺的救治流程见图3-15。

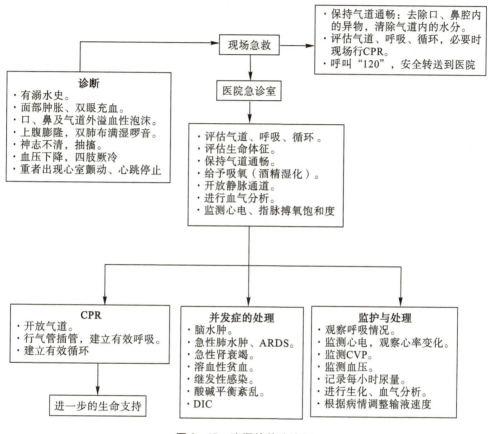

图3-15 淹溺的救治流程

海水淹溺与淡水淹溺的病理特点比较见表3-9。

表3-9 海水淹溺与淡水淹溺的病理特点比较

项目	海水淹溺	淡水淹溺
血液总量	减少	增加
血液形状	浓缩显著	稀释显著
红细胞损害	很少	大量
血浆电解质变化	钠、钙、镁、氯离子增加	K^+浓度增加，Na^+、Ca^{2+}、Cl^-浓度减少
心室颤动	极少发生	常见
主要致死原因	水肿、心力衰竭	脑水肿、心力衰竭、心室颤动

第十一节　烧伤的救治流程

烧伤的救治流程见图 3－16。

烧伤的诊断标准

我国采用的烧伤诊断标准如下：
- 轻度烧伤：Ⅱ°＜10%，小儿＜5%。
- 中度烧伤：Ⅱ° 11%～30%或Ⅲ°＜10%，小儿Ⅱ° 6%～15%或Ⅲ°＜5%。
- 重度烧伤：Ⅱ° 31%～50%，或Ⅲ° 11%～20%，或合并全身情况较重，已有休克、复合伤、合并中毒、合并伤、重度吸入性损伤；小儿Ⅱ° 16%～25%或Ⅲ° 6%～10%。
- 特重度烧伤：Ⅱ° 51%或Ⅲ°＞21%

↓

烧伤总面积计算（中国九分法）

100%体表总面积中：
- 头颈部占9%（9×1）（头部、面部、颈部各占3%）。
- 双上肢占18%（9×2）（双上臂7%，双前臂6%，双手5%）。
- 躯干前后占27%（9×3）（前躯13%，后躯13%，会阴1%）。
- 双下肢占46%（双臀5%，双大腿21%，双小腿13%，双足7%）（9×5+1）。
- 女性双足和臀各占6%。

简便计算方法是以患者本人手掌（包括手指掌面）的面积来计算。其面积为体表总面积的1%，以此可以计算小面积烧伤；若为大面积烧伤，则需用100减去用患者手掌测量的未受伤皮肤面积的份数

↓

烧伤深度

- Ⅰ° 烧伤的特点是红斑、疼痛和没有水疱，3～5 d会痊愈。
- Ⅱ° 烧伤或非全层烧伤的特点是呈红色或斑驳色，伴有肿胀和水疱，表面可能有渗出，潮湿，对疼痛敏感。
- Ⅲ° 烧伤或全层烧伤的特点是皮肤发黑或呈皮革样，也可能呈半透明、斑驳样或蜡白色，无痛且常常是干燥的

↓

气道吸入伤提示

- ①面部的烧伤；②烧焦的眉毛和鼻毛；③口、咽部碳末的沉积和急性炎性的改变；④含碳的痰；⑤意识障碍和（或）受困于火灾现场的病史；⑥头部和躯干暴露于火灾中；⑦身陷火灾中的患者碳氧血红蛋白＞10%。
- 存在任何上述现象均提示有急性吸入性损伤。对该类患者，应进行包括气道支持在内的即刻的和切实的治疗，并应将其转送至烧伤中心

图 3－16　烧伤的救治流程

烧伤早期的处理原则见图 3－17。

烧伤早期的处理原则

→ 现场处理
- 迅速脱离热源。
- 清除污染物。
- 充分补液。
- 肌内注射破伤风

→ 早期处理
- 保护烧伤区，清除外源性污染。
- 防治低血容量和休克。
- 治疗局部感染和全身感染。
- 防止发生多系统功能衰竭。
- 促进创面尽早愈合

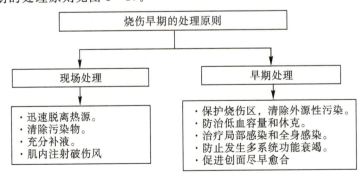

图 3－17　烧伤早期的处理原则

一、烧伤补液

全国烧伤会议推荐公式：具体如下。

(1) 烧伤后第 1 个 24 h 输液量：每 1% 烧伤面积（Ⅰ°、Ⅱ°）按体重给予胶体液和电解质液 1.5 mL/kg，外加基础水分 2000 mL。胶体液和晶体液的比例根据伤情一般为 0.5：1。

(2) 烧伤后第 1 个 24 h 的输液量：胶体液和电解质液量=烧伤面积（Ⅱ°、Ⅲ°）×体重（kg）×1.5 mL（儿童为 1.8 mL，婴儿为 2.0 mL），另加基础水分 2000 mL（儿童为 70～100 mL/kg，婴儿为 100～150 mL/kg）。

(3) 烧伤后第 2 个 24 h 的输液量：胶体液与电解质液量一般为烧伤后第 1 个 24 h 的 1/2 量，基础水分不变。

二、特殊烧伤的处理

(一) 化学烧伤

(1) 若可以，则立即用淋浴或水管以大量清水冲走化学物质，持续 20～30 min（若为碱烧伤，则要求清洗更长时间）。

(2) 若干粉还在皮肤上，则在冲洗前应先擦掉。

(3) 中和剂并不比清水更有益，原因在于中和剂的反应本身可能会产生热量，导致进一步的组织损伤。

(4) 当眼睛被碱烧伤后，应于烧伤后的起初 8 h 持续用清水冲洗。

(二) 严重电灼伤

(1) 注意气道和呼吸，在未受累肢体建立静脉通路，进行 ECG，放置尿管。

(2) 若尿色深，则提示尿中有血红蛋白。在治疗肌红蛋白浓度高前，不要等待实验室的证实。

(3) 在成人，补液应该增加，以保证至少 100 mL/h 的尿量。若增加补液后尿色不变清，则应立即给予 25 g 甘露醇，并将 12.5 g 甘露醇加至随后的液体中，以维持利尿。

(4) 纠正代谢性酸中毒时，应维持足够的灌注压，用 $NaHCO_3$ 碱化尿液，增加血红蛋白在尿中的溶解度。

第十二节　手术分级及手术医师分级

一、手术分级

(1) 一级手术：指风险较低、过程简单、技术难度低的手术。

(2) 二级手术：指有一定风险、过程复杂程度一般、有一定技术难度的手术。

(3) 三级手术：指风险较高、过程较复杂、难度较大的手术。

(4) 四级手术：指风险高、过程复杂、难度大的手术。

二、手术医师分级和手术范围选择的原则

(1) 低年资住院医师：在上级医师指导下，可主持一级手术。

(2) 高年资住院医师：在熟练掌握一级手术的基础上，在上级医师临场指导下可逐步开展二级手术。

(3) 低年资主治医师：可主持二级手术，在上级医师临场指导下逐步开展三级手术。

(4) 高年资主治医师：可主持三级手术。

(5) 低年资副主任医师：可主持三级手术，在上级医师临场指导下逐步开展四级手术。

(6) 高年资副主任医师：可主持四级手术，在上级医师临场指导下或根据实际情况可主持新技术、新项目手术及科研项目手术。

(7) 主任医师：可主持四级手术及一般新技术、新项目手术或经主管部门批准的高风险科研项目手术。

(8) 专项手术的准入资格者：对资格准入手术，除必须符合上述规定外，手术主持人还必须是已获得相应专项手术的准入资格者。

第十三节 急诊外科围手术期管理流程

一、手术审批

(1) 二级手术审批由二线医师负责，二级择期手术应报告三线医师或科主任核准。

(2) 三级手术由科主任、三线医师审批，科主任应同三线医师、二线医师查房，组织术前讨论，决定手术方案等，必要时报院长或主管副院长批准。

(3) 对四级手术、危险性较大的手术、诊断未明确且病情危重又必须探查的手术，科主任应报告医务科，由分管副院长批准。

(4) 二级以上择期手术的通知单均应由二线医师以上的医师审核、签字，并在术前一天中午12时前送达麻醉科，急诊手术由值班二线医师审核签字。

(5) 二级以上手术的通知单应送麻醉科。

(6) 对择期手术，麻醉科应按手术单上通知的手术时间进行准备，手术室人员应提前1 h接患者入手术室；对急诊手术，可由手术医师护送患者入手术室时与麻醉医师交接。

二、术前管理

(1) 经治医师须认真询问病史，主刀医师应对患者进行全面的体格检查，做出对原发病及并存病的正确、完整的术前诊断，以及手术风险的评估。

(2) 经治医师必须及时完成术前小结。对入院后的急诊手术患者，主刀医师需及时亲自检查，并明确手术指征、手术风险及相应的应急措施。

(3) 对中等难度（二级手术或三级手术以上）、新开展及再次开展的择期手术，要认真执行术前讨论制度，必要时邀请麻醉科、护理部等相关科室人员参加并做好记录。

(4) 认真做好术前沟通，沟通要体现人文关怀。术前谈话由主治医师及主治医师以上的医师负责，对危重、疑难、风险较大的手术，主刀医师应亲自向患者或其委托人说明手术的必要性、手术方案、手术风险、术后并发症等，并请患者本人或其委托人签署手术和麻醉知情同意书、输血知情同意书等。

(5) 严格执行手术分级管理制度，按手术的大小、级别合理安排相应人员手术，并按一定的权限和程序进行手术审批。

(6) 对患者实施具体的术前准备。
(7) 术前通知麻醉医师。

三、术中管理

(1) 手术过程中，主刀医师对患者全面负责，组织和指挥手术全过程。
(2) 手术过程中如有意外发生或遇有疑难问题，则主刀医师必须当机立断、控制危情，必要时立即请上级医师到场解决，或邀请其他医师进行术中紧急会诊。
(3) 对手术切除的标本，应给患者家属过目并进行病理检查，若需改变原手术方案，则应及时向患者家属或其委托人告知理由，征得患者家属或其委托人签字同意后方能施行。
(4) 手术完毕时，应严格执行查对制度，清点敷料和手术器械等。

四、术后管理

(1) 术后应由麻醉医师亲自护送患者过床，过床时应注意患者的生命体征。对危重患者、全麻患者及大手术后的患者，主刀医师或第1助手应亲自与麻醉医师共同将其送回病房。
(2) 主刀医师或第1助手应于术后及时完成第1次术后病程记录和手术记录，对重危患者应于术后立即完成，并向患者家属或其委托人告知手术情况及注意事项。
(3) 将患者送回病房后，主刀医师或第1助手应向值班医护人员交班，对危重患者应在医师交班本上重点交班，并与接班医师床头交接，交代术后注意事项及主要处理措施。
(4) 术后应严密观察、分析病情变化，以早期发现并发症并妥善处理。

第十四节　胸腔闭式引流术的操作流程

胸腔闭式引流术的操作流程见图3-18。

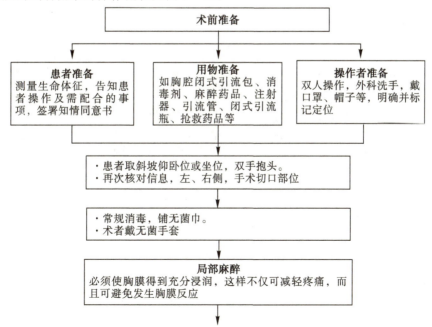

↓

- 先用注射器做胸膜腔穿刺，以确定最低引流位置。
- 对于气胸，应定位在患侧锁骨中线第2肋间；对于液胸或血胸，应定位在患侧腋前线4、5肋间，腋中线或腋后线第6、7肋间。
- 做皮肤切口，用直钳分开各肌层，最后分开肋间肌，向胸膜腔内置入较大橡胶管，引流管侧孔应入胸膜腔1 ~ 2 cm，伸入胸膜腔的长度一般不超过4 ~ 5 cm。
- 有条件时，可考虑置入带"猪尾巴"的腹腔引流管，用以替代传统胸腔闭式引流管。
- 用缝线将引流管固定于胸壁皮肤上，在引流管末端连接无菌水封瓶。
- 定期更换引流瓶内的液体，定期挤压引流管，保持引流管管腔通畅，记录每小时或24 h的引流量。
- 若引流后肺膨胀良好，已无气体、液体排出，则在行胸部影像学检查核实后，可在患者深吸气屏气时拔除引流管，然后用凡士林纱布与胶布封闭伤口

图 3－18　胸腔闭式引流术的操作流程

第十五节　清创缝合术的操作流程

清创缝合术的操作流程见图 3－19。

术前准备

患者准备
综合评估病情，做好影像学准备，防止感染，签署知情同意书，调整至良好麻醉状态

用物准备
- 手术器械。
- 药品。
- 无菌敷料

操作者准备
进行外科手消毒，戴口罩、帽子、手套，了解伤情，制订手术方案

↓

清洗去污
- 清洗皮肤：用无菌纱布覆盖伤口，再用乙醚或酒精擦去伤口周围皮肤上的油污。
- 清洗伤口：用无菌生理盐水及3%过氧化氢溶液交替冲洗，除去伤口内的污物、血凝块和异物

↓

清理伤口
- 进行麻醉，擦干皮肤，消毒皮肤，铺盖消毒手术巾，准备手术。
- 术者重新进行手部消毒，穿手术衣、戴手套后即可清理伤口。①皮肤清创：将伤口周围不整的皮肤缘切除1 ~ 2 mm，切除失活组织和明显挫伤的创缘组织。②清除失活组织：充分暴露潜行的创腔，必要时切开，彻底清除其内的异物、血肿；沿肢体长轴切开深筋膜，彻底清创，尤其是对坏死的肌肉，应切至出血、刺激组织有收缩为止。③重要组织清创：具体如下。a.血管：对轻度污染者，切除血管外膜；对严重损伤、出现栓塞者，予以切除，若为小血管，则可结扎。b.神经：对污染轻者，用生理盐水棉球轻拭；对污染重者，切除神经外膜，尽可能保留其分支。c.肌腱：对损伤严重、失活者，予以切除；对未受伤者，小心加以保护。d.骨折：清除污染的骨折端，对骨折端进入骨髓腔者，可用刮匙刮除，慎重去除小骨片，切勿清除与周围组织有联系的小骨片；对游离大骨片，可用0.1%苯扎溴铵浸泡5 min，再用生理盐水清洗后原位回植。e.再次清洗：用生理盐水冲洗2或3次，用0.1%苯扎溴铵溶液浸泡3 ~ 5 min或用3%过氧化氢溶液浸泡，再用生理盐水冲洗。更换手术器械、手套，在伤口处再铺一层无菌巾

↓

修复伤口
- 组织修复：骨折的整复和固定。①血管修复：一期吻合/自体血管移植。②神经修复：一期吻合，当缺损＞2 cm时，应进行自体神经移植，如条件不许可，则进行二期处理。③肌腱修复。④伤口引流。
- 伤口闭合：对未超过6 ~ 8 h（若为位于颜面部及头部的伤口，则可延长至12 h）的清洁伤口可进行一期缝合；对污染重的或特殊部位不能彻底清创的伤口，应延期缝合

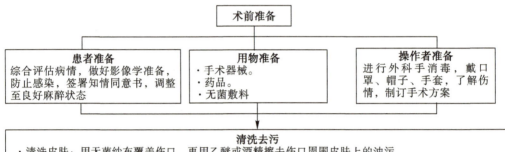

图 3－19　清创缝合术的操作流程

第十六节　绷带包扎的操作原则与基本方法

一、绷带包扎的操作原则

（1）包扎前，应以无菌敷料覆盖伤口及创面。固定包扎关节时，应使其处于功能位。

（2）注意"三点一走行"：一般应自远心端向近心端包扎，在开始处做环形2周并固定绷带头，以后包扎应使绷带平贴肢体或躯干，并紧握绷带，勿使落地。包扎时每周用力要均匀、适度，并遮过前周绷带的1/3～1/2，太松易滑脱，太紧易导致血运障碍，一般以能置入操作者1或2指为宜。

（3）最好将患者的指端、趾端暴露在外面，以观察肢体血循环情况。

（4）左手持绷带头，右手持绷带卷，以绷带外面贴近包扎部位。

二、绷带包扎的基本方法

（1）环形包扎法：适用于包扎肢体较小或圆柱形部位，亦用于各种包扎起始和终止时。

（2）螺旋形包扎法：适用于包扎周径近似均等的部位。

（3）螺旋反折包扎法：适用于包扎周径不均等的部位，如前臂、小腿、大腿等。

（4）"8"字包扎法：适用于包扎肩、肘、腕、踝等关节部位；操作时，应注意在关节窝处垫棉垫。

（5）回返包扎法：适用于包扎头顶、指端和肢体残端。

第十七节　石膏固定术的操作流程

石膏固定术的操作流程见图3-20。

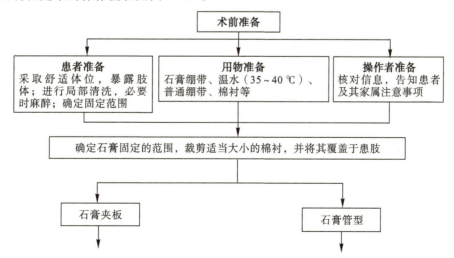

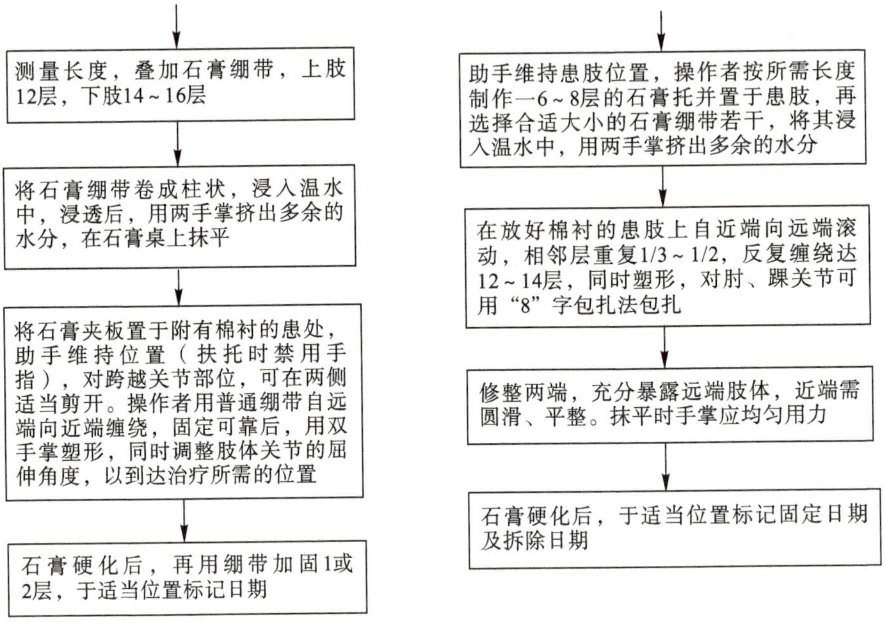

```
                    ↓                                           ↓
┌─────────────────────────────┐              ┌─────────────────────────────────┐
│ 测量长度，叠加石膏绷带，上肢  │              │ 助手维持患肢位置，操作者按所需长度  │
│ 12层，下肢14~16层            │              │ 制作一6~8层的石膏托并置于患肢，再  │
└─────────────────────────────┘              │ 选择合适大小的石膏绷带若干，将其浸  │
                    ↓                         │ 入温水中，用两手掌挤出多余的水分    │
┌─────────────────────────────┐              └─────────────────────────────────┘
│ 将石膏绷带卷成柱状，浸入温水  │                              ↓
│ 中，浸透后，用两手掌挤出多余  │              ┌─────────────────────────────────┐
│ 的水分，在石膏桌上抹平        │              │ 在放好棉衬的患肢上自近端向远端滚    │
└─────────────────────────────┘              │ 动，相邻层重复1/3~1/2，反复缠绕达   │
                    ↓                         │ 12~14层，同时塑形，对肘、踝关节可  │
┌─────────────────────────────┐              │ 用"8"字包扎法包扎                  │
│ 将石膏夹板置于附有棉衬的患处，│              └─────────────────────────────────┘
│ 助手维持位置（扶托时禁用手    │                              ↓
│ 指），对跨越关节部位，可在两侧│              ┌─────────────────────────────────┐
│ 适当剪开。操作者用普通绷带自远│              │ 修整两端，充分暴露远端肢体，近端需  │
│ 端向近端缠绕，固定可靠后，用双│              │ 圆滑、平整。抹平时手掌应均匀用力    │
│ 手掌塑形，同时调整肢体关节的屈│              └─────────────────────────────────┘
│ 伸角度，以到达治疗所需的位置  │                              ↓
└─────────────────────────────┘              ┌─────────────────────────────────┐
                    ↓                         │ 石膏硬化后，于适当位置标记固定日期  │
┌─────────────────────────────┐              │ 及拆除日期                         │
│ 石膏硬化后，再用绷带加固1或   │              └─────────────────────────────────┘
│ 2层，于适当位置标记日期       │
└─────────────────────────────┘
```

图 3-20　石膏固定术的操作流程

第四章 常用床旁辅助诊疗技术的操作流程

第一节 经皮气管切开术的操作流程

一、经皮气管切开术的适应证与禁忌证

（一）经皮气管切开术的适应证

与传统气管切开术相似，经皮气管切开术适用于各类需要紧急行开放气道的患者，其适应证具体如下。

（1）任何原因引起的严重喉阻塞。

（2）下呼吸道分泌物阻塞，如由昏迷、颅脑病变、多发神经炎、呼吸道烧伤、胸部外伤等原因所致的下呼吸道分泌物不能排出。

（3）某些手术（如颌面部、口腔、咽部、喉部手术）的前置手术。

（二）经皮气管切开术的禁忌证

1. 绝对禁忌证

（1）进行特别紧急外科处理时，应使用环甲膜切开术。

（2）儿童。

（3）无法识别气管的生理解剖位置。

（4）气管切开部位已经感染、恶化。

2. 相对禁忌证

实施下列手术时有一定危险程度。

（1）甲状腺增大。

（2）气管切开部位已进行过外科手术，如甲状软骨切除术等。

（3）易导致流血的因素，如抗凝治疗等。

二、经皮气管切开术的标准程序及并发症

（一）经皮气管切开术的标准程序

（1）术前与患者或其家属说明手术相关事项并签署知情同意书。

（2）术前4 h禁食。

（3）了解患者的凝血功能状况，必要时予以纠正凝血功能障碍。

（4）确保吸引装置的功能正常。

（5）呼吸机备于床边且功能正常。

（6）备齐所需用物。

(7) 准备麻醉插管箱,确保喉镜等功能正常。
(8) 准备无菌手术台。
(9) 为患者取适当体位,并在床头备好站灯。
(10) 吸入高浓度氧,确保术前患者处于最佳氧合状况。
(11) 必要时于手术前、手术后给予镇静药。
(12) 术中仔细观察患者的生命体征,注意血流动力学变化及氧合状况。
(13) 管床护士在术中配合术者及时吸除分泌物,维持气道通畅。
(14) 管床护士及时、准确地记录相关信息。

(二)经皮气管切开术的并发症

(1) 早期:窒息或呼吸骤停,出血,手术邻近部位的食管、喉返神经、胸膜顶损伤,气胸,纵隔气肿,环状软骨损伤等。

(2) 中期:气管炎、支气管炎、血管腐蚀后大出血、肺不张、气管套管脱出、气管套管阻塞、皮下气肿、吸入性肺炎和肺脓肿等。

(3) 后期:顽固性气管皮肤瘘管、喉或气管狭窄、气管软化、拔管困难、气管食管瘘、气管切开伤口瘢痕高起或挛缩等。

三、经皮气管切开术的术后护理

(1) 妥善固定导管,必要时给予适当镇静、保护性约束,防止意外脱管、拔管。
(2) 及时吸痰,保持气道通畅。
(3) 保持颈部切口清洁,预防感染。
(4) 保持适宜的温度和湿度:室温22 ℃左右,湿度60%～70%。
(5) 保持固定带清洁、干燥。观察伤口有无发红、异常分泌物和皮肤刺激,保持局部皮肤清洁、干燥。
(6) 观察患者口腔黏膜,做好口腔护理。
(7) 观察患者症状和体征的变化情况,以及时发现相关并发症。
(8) 及时拔管,如原发病已痊愈、呼吸道分泌物不多,则可按程序尝试拔管。拔管时间一般在术后1周以上。拔管前,先试堵管1～3 d,从半堵到全堵管口,如无呼吸困难,则可拔管。

四、经皮气管切开术的操作步骤

经皮气管切开术的操作步骤见图4-1。

体位
协助患者取仰卧位,垫高肩部,使颈部完全伸展,充分显露操作部位

↓

定位
· 第1~3气管软骨环间隙。
· 当气管内有气管插管时,要调整气囊位置到声带上方(放气,拔出至气管软骨环之上,距门齿约18 cm,充气),以避免发生穿刺困难、损伤气管插管

↓

第四章 常用床旁辅助诊疗技术的操作流程

图 4-1 经皮气管切开术的操作步骤

五、经皮气管切开术的具体操作

（1）取仰卧位，垫高肩部，完全伸展颈部，充分显露操作部位（图 4-2）。

图 4-2 暴露操作部位

（2）定位于第 1~3 气管软骨环间隙（图 4-3）。

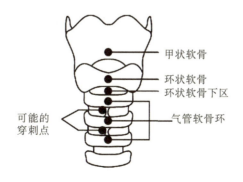

图 4-3 定位

(3) 物品准备（图4-4）。

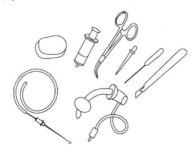

图4-4 物品准备

(4) 进行气囊注气、试水。
(5) 进行局部麻醉、穿刺（图4-5）。

图4-5 进行局部麻醉、穿刺

(6) 置入导丝（图4-6），置入扩张器（图4-7）。

图4-6 置入导丝　　　　图4-7 置入扩张器

(7) 送入扩张钳并扩张气管（图4-8）。

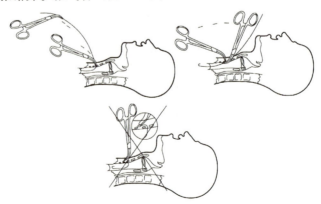

图4-8 送入扩张钳并扩张气管

（8）置入气管套管（图4-9）。

图4-9 置入气管套管

六、实施经皮气管切开术期间的注意事项

（1）紧急经皮气管切开术选择的气管部位为第2、3气管软骨环，正好是甲状腺峡部的位置，手术必须穿过甲状腺，要求术者动作快捷、轻柔，扩张隧道的直径应稍大于气管切开导管的外径，尽量缩短自扩张到气管套管置入的时间，待气管切开套管置入后，即可起到一定的压迫止血作用。

（2）紧急经皮气管切开术的关键即能否顺利置入导丝，若顺利置入导丝，则手术可望成功。对已行经口或经鼻气管插管者，经皮穿刺时穿刺针可直接刺入气管导管腔内，此时亦能很顺利地插入导丝，但用扩张器扩张时其顶端阻力大，且经口或鼻气管插管导管时会因导丝移位而导致手术失败，或虽勉强置入，但气管切开套管导丝不能拔出。

（3）紧急经皮气管切开术必须确保在扩张钳顶端刚过气管前壁时进行扩张，扩张力量应柔和，持续用巧力，否则会因气管前是供血丰富的甲状腺而容易造成大出血。若遇颈部组织肥厚，扩张钳的顶端不能一次到达气管壁，则可分2或3次完成扩张任务，但此时出血量较大。

（4）进行床旁紧急经皮气管切开术前，也应准备普通气管切开包，若手术失败，则应迅速改行常规气管切开术或环甲膜切开术，以确保患者安全。

第二节 有创血流动力学监测的操作流程

一、有创动脉血压监测的操作流程

（一）有创动脉血压监测的操作

有创动脉血压监测的操作见图4-10。

适应证
- 各类危重患者和复杂大手术及有大出血的手术。
- 体外循环直视手术。
- 低温治疗或需控制性降压的手术。
- 患严重低血压、休克，需要反复测量血压的患者。
- 需反复采取动脉血标本做血气分析的患者。
- 需要应用血管活性药物的患者。
- 接受CPR后的患者

Allen试验的具体方法：双手拇指分别触摸患者的桡动脉、尺动脉搏动处，嘱患者将手高举过头顶并连续握拳和松拳3次；压迫阻断桡动脉、尺动脉血流，直至手部变苍白；放平前臂，解除桡动脉压迫，记录手部转红的时间。手部转红时间3~7 s为正常，表示尺动脉畅通和掌弓循环良好，8~15 s表示掌弓循环不良，>15 s表示有尺动脉供血障碍，禁止选桡动脉穿刺置管

禁忌证
- 穿刺部位或其附近存在感染病灶。
- 凝血功能障碍：对已使用抗凝剂的患者，最好选用表浅且处于机体远端的血管。
- 患有血管疾病的患者，如脉管炎等。
- 手术操作涉及同一部位。
- 对艾伦（Allen）试验阳性者，禁止行桡动脉穿刺

穿刺部位
- 桡动脉：首选途径，位置表浅且相对固定，穿刺易于成功。但应首先进行Allen试验。
- 股动脉：次选途径，遇桡动脉穿刺困难时可选用，应注意预防感染和加强固定。
- 腋动脉、肱动脉、足背动脉：少用

术前准备
动脉套管针（根据患者血管的粗细选择）、腕关节垫枕（或一卷绷带）、压力换能器、监护仪、肝素稀释液（肝素钠12500 U+生理盐水500 mL）、2%利多卡因（5 mL×1支）、5 mL注射器、无菌手套、无菌治疗巾

穿刺方法
- 患者仰卧，前臂伸直，掌心向上并固定，在腕部垫枕，使手背屈曲60°。
- 常规消毒、铺巾，摸桡动脉搏动最明显处，用2%利多卡因做皮丘。
- 套管针与皮肤呈30°，与桡动脉走形相平行进针，当有血液溢至针尾时，表示针头已进入动脉，此时可将套管针放低，与皮肤呈10°，再进针2 mm。
- 固定枕芯，顺势将外套管送入桡动脉内并推至所需深度，拔出枕芯，穿刺成功。
- 接压力换能器，调零，测压。
- 妥善固定套管针，取下腕部垫枕，用肝素稀释液冲洗

图4-10 有创动脉血压监测的操作流程

（二）动脉压波形的识别与分析

动脉压波形的识别与分析见图4-11、图4-12。

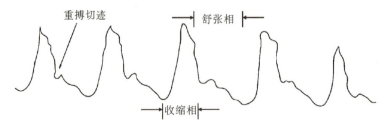

图4-11 正常动脉压的波形

A. 圆钝波；B. 低平波；C. 高尖波；D. 不规则波。

图 4-12 异常动脉压的波形

（三）有创动脉血压监测的护理

1. 压力换能器

确保患者置管侧的桡动脉与压力传感器、右心房始终维持在同一水平。注意观察动脉压力的波形，若出现波形振幅变弱或呈一条直线，则应立即对患者的颈动脉搏动进行检查。排除心搏骤停后，观察套管针是否阻塞、移位、脱落。

2. 监护仪校零

对监护仪进行预先校零，将换能器与大气相通，使监护仪的压力基线定位于零点，因为各种因素会对测压装置产生影响，使监护仪的数值发生偏差，所以必须重新校对零点。

3. 保持管道畅通

妥善固定套管针、延长管及测压肢体，避免导管受压或扭曲。保持三通开关使用方向正确。为保证动脉测压管的通畅，应用肝素稀释液定时冲洗。加压气袋的压力应大于 300 mmHg。一次性测压管和压力换能器内应充满液体，排尽空气，各接头应连接紧密，以防止漏气、漏血。采集血标本后，用肝素稀释液冲洗干净，使管内无残留血迹。若发生堵塞，则不可盲目用力冲管，以防因栓子脱落而造成栓塞。确定堵塞后，应立即拔管。

4. 妥善固定

采用透明贴膜时，若有出血或渗血，则应及时更换。因为延长管质地较硬，所以应注意连接是否牢固。进行各项治疗、护理时，应避免牵拉导管，同时将动脉置管处暴露在外，以便于观察导管固定是否牢固，避免滑脱。

5. 预防感染

用碘伏消毒动脉穿刺处，更换透明敷贴，1 次/日。保持置管周围皮肤清洁、干燥。若发生污染，则应及时更换，尽量减少留置时间。患者病情稳定后，应尽早拔除导管。

6. 并发症的观察及护理

（1）预防动脉内血栓、气栓形成：每次经测压管抽取动脉血后，应立即用肝素稀释液进行快速冲洗，以防发生凝血；管道内如有血块堵塞，则应及时予以抽出，切勿推进血块，以防发生动脉血栓栓塞；在调试零点、采血等操作过程中，应严防因气体进入桡动脉内而造成气体栓塞。

（2）预防出血和血肿：动脉测压装置中任一环节连接松脱，都可导致快速出血；发生凝血机制障碍或应用抗凝剂后，均可增加穿刺部位出血的发生率，应将测压系统完全暴露，以便于直视；穿刺失败或拔管后，应有效压迫止血，压迫止血应超过 5 min，并用弹力宽胶布加压覆盖；必要时对局部用绷带加压包扎，30 min 后予以解除。

(四) 进行有创动脉血压监测时的注意事项

(1) 直接测压和间接测压之间有一定差异，直接测压的数值比间接测压的数值高出 5~20 mmHg。

(2) 不同部位的动脉压差，仰卧时，从主动脉到远心端的周围动脉，收缩压依次升高，而舒张压依次降低。

(3) 用肝素稀释液冲洗测压管道，以防止发生凝血。

(4) 校对零点，换能器应与心脏在同一水平。

(5) 采用换能器测压时，应定期对测压仪进行校验。

二、CVP 监测的相关知识

(一) CVP 监测的操作流程

CVP 监测的操作流程见图 4-13。

适应证
- 需要开放静脉通路、但又不能经外周静脉置管者。
- 需要输注刺激性、腐蚀性或高渗性药液者。
- 需要进行血流动力学监测的危重患者。
- 需要为快速容量复苏提供充分保障的患者。
- 需要血流管路治疗（如血液净化、ECMO等）的患者

禁忌证
- 绝对禁忌证包括穿刺静脉局部感染或血栓形成。
- 相对禁忌证为凝血功能障碍

穿刺部位
首选颈内静脉和锁骨下静脉，次选股静脉

术前准备
中心静脉导管（1套）、压力换能器、监护仪。肝素稀释液（肝素钠12500 U+生理盐水500 mL），2%利多卡因5 mL×1支。5 mL注射器、20 mL注射器、无菌手套

穿刺方法
- 患者平卧，头低20°~30°或取肩枕过伸位，头转向对侧。
- 找出胸锁乳突肌的锁骨头、胸骨头和锁骨形成的三角区，该区的顶端为穿刺点，这是最常用的路径（中路）。或在甲状软骨水平、胸锁乳突肌内侧缘、颈动脉搏动的外侧缘平行进针（前路）。也可在胸锁乳突肌、颈外静脉交点上缘进针，向前对准胸骨上切迹（后路）。
- 常规消毒、铺巾，用2%利多卡因局部浸润麻醉。
- 用盛有肝素生理盐水的注射器接穿刺针，左手食指定点，右手持针，在选定的穿刺点进针，针轴与额平面呈45°。
- 边进针边抽回血，当回抽十分通畅时，经注射器针尾插入引导钢丝，退出穿刺针，沿引导钢丝置入静脉导管，一般静脉导管插入深度为12~15 cm。
- 确认静脉导管回血通畅，连接测压系统，用透明敷贴覆盖局部。
- 穿刺结束后应行床旁X线检查，确定导管放置的位置

导管护理的注意事项
- 密切观察穿刺局部有无血肿、皮肤血液循环及伤口贴膜状态。
- 保持各管道通畅，定时用肝素生理盐水冲洗测压管道；如管道内有血块堵塞，则对小栓子用肝素抗凝，栓子可缓慢自溶。如栓子超过3 cm，则应拔出导管。
- 妥善固定导管、延长管及测压肢体，防止导管受压或扭曲。
- 注意导管在体外的刻度，以确定导管是否移位

图 4-13 CVP 监测的操作流程

（二）CVP 波形的识别与分析

CVP 波形的识别与分析见图 4-14。

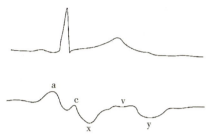

三个正波：a、c、v。两个负波：x、y。a 波：心房收缩。c 波：三尖瓣关闭所产生的轻度压力升高。v 波：伴随右心室收缩，由心房膨胀的回力所致。x 波：右心房舒张。y 波：三尖瓣开放，右心室排空。

图 4-14　CVP 的正常波形

（三）CVP 波形监测的护理

（1）备齐用物，连接测压管道系统，保证连接紧密，将测压管道系统与肝素稀释液相连接，冲洗管腔。

（2）向患者解释，以取得配合。

（3）协助患者取平卧位，每次测压前均应重新测定零点位，保持测压管零点始终与右心房处于同一水平（取平卧位时，将压力传感器置于腋中线第 4 肋水平；取其他体位时，将压力传感器置于胸骨右缘第 2~4 肋间）。

（4）因患者躁动、咳嗽、呕吐或用力均可影响 CVP 值，故应在患者安静 10~15 min 后再行测压。

（5）测压时，应先排尽测压管中的气泡，防止因气体进入静脉内而造成气栓。每次测压后及时将三通管转向生理盐水输入通路做持续点滴，以防血凝块堵塞静脉。应用监护仪连接测定 CVP 时，应采用持续冲洗装置，以保持测压管通畅。

（6）如需利用测压管路输液，则可通过连接另一三通管进行，但不能向测压管路内输入血管活性药物或钾溶液，以防止因测压时药物输入中断或输入过快而引起病情变化。

（7）测压过程中应保证整个管道的密闭性；若压力波形消失或数值明显异常，则应立即检查管道系统是否连接正确、整个管路是否密闭，检查管路内是否有气泡，检查深静脉导管是否通畅、有无血块等并采取相应的处理措施。

（8）预防感染，操作过程中注意遵循无菌原则，连接管道时，注意严格消毒接头。

（9）测量完毕，及时记录。

（10）协助患者取舒适体位。

三、肺动脉压监测（Swan-Ganz 漂浮导管）的操作流程

（一）肺动脉压监测（Swan-Ganz 漂浮导管）的操作

Swan-Ganz 漂浮导管示意图见图 4-15。肺动脉压监测（Swan-Ganz 漂浮导管）的操作流程见图 4-16。

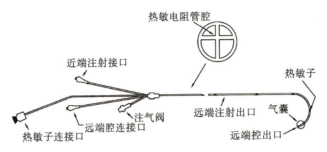

图 4-15 Swan-Ganz 漂浮导管示意图

适应证
- 左心功能不全 EF < 40% 或 CI < 2.0 L/(min·m²)
- ACS 血流动力学不稳定。
- 心源性、低血容量性休克或多脏器功能衰竭。
- 右心衰竭、肺动脉高压、严重腹水和慢性阻塞性肺病。
- 监测强心药或主动脉内球囊反搏（IABP）的治疗效果。
- 心脏大血管手术估计伴大出血或大量体液丧失

禁忌证

绝对禁忌证：
- 当发生三尖瓣或肺动脉瓣狭窄时，肺动脉导管无法通过，若通过狭窄部位，则可加重阻碍血流通过。
- 当发生导管所经过路径有肿块或血栓，插管时可能导致脱落而引起肺栓塞。
- 当发生法洛四联症时，右心室流出道十分敏感，导管通过肺动脉时，常可诱发右心室漏斗部痉挛，进而导致发绀加重。

相对禁忌证：
- 凝血功能异常，权衡利弊，慎重选择肺动脉压监测，必要时进行纠正后再进行操作。
- 为严重心律失常患者行肺动脉导管置管时，常可诱发一过性房性或室性心律失常，可能使原有的心律失常恶化，使血流动力学更不稳定。
- 为近期置起搏导管者行肺动脉导管插管或拔管时，有可能因碰触起搏导线而致其脱落

穿刺部位
颈内静脉、锁骨下静脉、股静脉

术前准备
- 药品准备：利多卡因、硝酸甘油、肾上腺素、阿托品、地西泮、地塞米松、西地兰、胺碘酮、普罗帕酮、NaHCO₃、多巴胺、肝素稀释液。用肝素稀释液（生理盐水500 mL+肝素50～100 mg）冲洗装置。
- 器械准备：缝合包（1个）、无菌手套。
- 仪器准备：监护仪（包括血流动力学监测系统）、心排血量测定仪、压力换能器、除颤仪。对仪器性能进行调试，固定压力换能器，使之与患者的右心房同高，然后校正零点。
- Swan-Ganz 漂浮导管准备：①用肝素稀释液反复冲洗导管的右心房管腔及肺动脉管腔，使此两腔内充满肝素稀释液；②向球囊内注入气体，观察有无充气、漏气和回缩，再将导管球囊置于无菌生理盐水中，观察注意有无漏气，然后抽空气囊备用；③检查穿刺针、导丝、扩张器及鞘管能否配套使用，并用肝素稀释液冲洗后备用。
- 为近期置起搏导管者行肺动脉导管插管或拔管时，有可能因碰触起搏导线而致其脱落

操作方法
- 患者平卧，头转向左侧，保持30°头低位，确定颈内静脉入路（前路、中路、后路）。
- 常规消毒、铺巾，用2%利多卡因局部浸润麻醉。
- 穿刺成功并送入导丝后，拔出穿刺针，用刀片稍扩大穿刺口，将套有静脉扩张器的导管鞘经导丝引导送入颈内静脉。退出导丝及扩张器，从旁路输液管抽到静脉血后注入肝素稀释液，经外套管置入Swan-Ganz漂浮导管。
- 将Swan-Ganz漂浮导管插入15～20 cm即进入右心房，监护仪上可显示右心房内压力的波形，立即将导管内气囊充气，使导管随血流经三尖瓣漂至右心室，出现右心室压力波形，随之漂至肺动脉，最后进入肺动脉远端嵌入，监护仪上出现肺动脉楔压波形，测定数据后放瘪气囊，充气时间不超过3 min，监护仪可迅速显示肺动脉压波形。
- 当证实导管位置良好后，在皮肤外缝合1针，以固定导管，在穿刺点上覆盖无菌敷料，用胶布固定

图 4-16 肺动脉压监测（Swan-Ganz漂浮导管）的操作

（二）Swan-Ganz 漂浮导管护理的注意事项

（1）防止导管移位：注意导管在体外的刻度及波形，以确定其在体内的深度，防止发生导管移位。

（2）防止导管栓塞：定时检查管道有无扭曲、打折、受压，保持各管道通畅，每隔 1～2 h 用肝素稀释液冲洗肺动脉导管和右心导管。

（3）合理监测：持续监测时，导管顶端最好在肺动脉内；未监测时，导管气囊应处于放气状态；测 PAWP 时，应尽量缩短嵌入时间（在 30 s 内完成），以防止发生肺梗死。

（4）防止感染：严格执行无菌操作，观察局部皮肤温度及颜色变化。

（5）精确校正零点：零点确定在患者平卧时的右心房水平，如低于此水平，则所测压力偏高；反之，则偏低。测压时，嘱患者平静呼吸，深吸气时所测得的肺动脉压会明显低于平静时所测得的肺动脉压 Swan-Ganz 漂浮。

（6）留置时间：一般 Swan-Ganz 漂浮导管的留置时间为 3～5 d，也可保留至 9 d 或更长，但临床上一般对 Swan-Ganz 漂浮导管留置 5 d 以上压力数值（表 4-1）的可信度表示怀疑。如出现血栓性静脉炎或栓塞，则应拔除 Swan-Ganz 漂浮导管。Swan-Ganz 漂浮导管留置的最佳时间为 48～72 h。

表 4-1 Swan-Ganz 漂浮导管各部位压力的正常值

部位	压力正常值
CVP	5～12 cmH$_2$O
右心房压	−1～8 mmHg
右心室压	18～30 mmHg
肺动脉楔压	5～15 mmHg

（三）肺动脉压的监测

肺动脉压的监测进程见图 4-17。

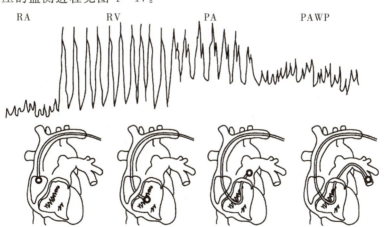

RA—右心房；RV—右心室；PA—肺动脉；PAWP—肺动脉楔压。

图 4-17 肺动脉压的监测进程

(四) Swan-Ganz 漂浮导管血流动力学监测的护理

（1）根据病情及时测定各参数，应将换能器置于心脏右心房水平，每次测压前均应校正零点。

（2）及时纠正影响压力测定的因素（如咳嗽、呕吐、躁动、抽搐和用力等），应在安静休息 10~15 min 后再行测量。

（3）持续、缓慢滴注 0.01% 肝素液，以防发生凝血，保持管腔通畅。

（4）固定管道，以防发生移位或脱出。当波形改变时，应调整位置，使其正确，必要时行床头 X 检查或床旁超声，以了解导管位置。

（5）测定肺动脉楔压时充气量不超过 1.5 mL，应间断、缓慢充气，以免气囊破裂；测定应在 30 s 内完成，以防发生肺梗死。

（6）严格执行无菌操作，测压时应注意预防污染。

（7）持续进行心电监护，严密监测心律变化，导管的拔除应在心电监护下进行。

四、脉搏指示连续心输出量监测（PICCO）的操作流程

(一) PICCO 的操作

PICCO 的操作见图 4-18。

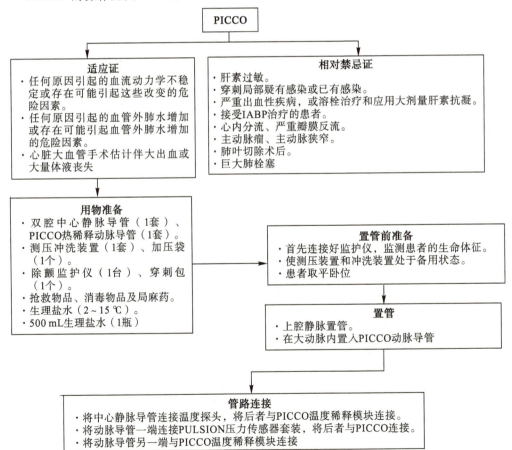

第四章 常用床旁辅助诊疗技术的操作流程

```
                    ↓
┌─────────────────────────────────────────────────────────┐
│                    测量前准备                              │
│ ·开机：打开机器电源开关。                                    │
│ ·输入患者的姓名、性别、年龄、身高、体重等信息。                    │
│ ·将换能器压力调零，将换能器参考点置于腋中线第4肋间心房水平      │
└─────────────────────────────────────────────────────────┘
┌─────────────────────────────────────────────────────────┐
│                    参数测量                                │
│ ·从中心静脉注入一定量的冷盐水（2~15℃），使之流经上腔静脉—右心房—右心室—肺动脉—血管外肺│
│  水—肺静脉—左心房—左心室—升主动脉—腹主动脉—股动脉—PICCO导管接收端。           │
│ ·单次测量参数：心输出量、全心舒张末期容积、胸腔内血容积、血管外肺水、肺毛细血管通透性指数。 │
│ ·连续测量参数：脉搏连续心输出量、每搏量、动脉压、全身血管阻力、每搏量变异        │
└─────────────────────────────────────────────────────────┘
```

图 4-18 PICCO 的操作

（二）PICCO 的配合要点及护理

1. 置管中的配合

（1）协助医师进行皮肤消毒及插管等操作。

（2）密切观察患者 ECG 及生命体征的变化，发现问题及时处理。

（3）协助置管者清理用物。

2. 置管后的护理

（1）做好中心静脉导管的护理（见本节"二、CVP 监测的操作程序"部分）。

（2）股动脉导管测压及护理措施包括以下几点。

1）严格执行无菌操作。

2）正确连接，保持管路连接紧密且管路内无气泡。

3）保持导管在位、管路通畅，使用加压袋，用肝素稀释液持续冲洗，保持测压系统密闭。

4）在患者安静的状态下，将换能器置于正确位置（平卧位腋中线第 4 肋间），测压前调零。

5）持续监测股动脉压力的波形及数值，以及时发现异常并处理。

（3）局部护理措施包括以下几点。

1）深静脉导管的护理同前文。

2）对股动脉穿刺部位使用透明贴膜。对透明贴膜应 24 h 更换一次，以后每周更换一次，必要时及时更换。

3）局部换药消毒使用碘伏，自然待干。

4）当穿刺点出现红肿、脓性分泌物等时，应及时提醒，留取培养标本，必要时拔除导管。

（4）做好并发症（如疼痛、炎症、出血、空气栓塞、局部血肿、气胸、心律失常、感染等）的监测及护理。

（5）预防感染的措施包括以下几点。

1）用无菌敷料覆盖穿刺部位，必要时更换敷料。

2）保持测压系统密闭。

3）对接触导管的手进行卫生处置，输液或静脉注射前、后应严格消毒。

4）输注营养液和血制品后，应及时用生理盐水冲洗。

5）尽量避免自中心静脉导管内抽血。

（6）拔管后的护理措施具体包括以下几点。

1）遵医嘱留取培养标本并送检。

2）拔管后，按压穿刺点至不出血，静脉穿刺按压 5 min，动脉穿刺按压 10 min 以上，对穿刺局部用弹力绷带加压包扎。对有出血倾向、导管留置时间长或有其他出血可能者延长按压时间。

3）停止按压后，用无菌纱布敷料覆盖局部皮肤，继续关注局部止血效果。

第三节　IABP 的操作流程

一、IABP 的适应证及禁忌证

（一）适应证

（1）缺血性心脏病导致的心源性休克及严重并发症（如急性二尖瓣关闭不全、室间隔穿孔等）。

（2）急性病毒性心肌炎导致的心肌功能损伤。

（3）难以脱离体外循环或预计术后严重心功能低下的高危心外围手术期患者。

（4）围手术期顽固性低心排血量、药物治疗难以奏效者。

（5）终末期心脏病等待安置人工心脏辅助装置或心脏移植患者的短期心功能支持。

具体血流动力学指标如下：①动脉收缩压＜90 mmHg，平均动脉压＜50 mmHg，舒张压＜60 mmHg，多巴胺用量＞10 ug/（kg·min），并用两种升压药，血压仍呈下降趋势；②肺动脉楔压＞16～18 mmHg，左心房压＞20 mmHg，CVP＞15 cmH$_2$O；③心排血指数＜2 L/（min·m^2），尿量＜0.5 mL/（kg·h），末梢循环差，手、足凉；④精神萎靡，组织供氧不足，动脉或静脉血氧饱和度低。

（二）禁忌证

（1）主动脉病变或创伤，如主动脉瘤、主动脉夹层动脉瘤、主动脉外伤等。

（2）严重主动脉瓣关闭不全。

（3）心源性或非心源性终末期患者。

（4）不可逆性脑损伤患者。

（5）严重动脉粥样硬化病变（主动脉及周围血管）。

（6）严重的出血倾向和出血性疾病。

（7）心室颤动、心脏停搏。

二、IABP 的术前准备

（一）用物准备

物品准备包括 IABP 机（使用前检查其性能并接通电源、检查氦气压力）、主动脉球囊导管（1 套）、压力传感器、肝素生理盐水冲洗液、备皮包、超声机、无菌消毒用

第四章 常用床旁辅助诊疗技术的操作流程

品、无菌治疗巾、无菌手套、静脉置管包、2%利多卡因等。

(二) 患者准备

(1) 首先根据医嘱给予患者一定量的肝素。
(2) 选择动脉,检查置管一侧的股动脉、腘动脉及足背动脉的搏动情况。

(三) 术者准备

(1) 术者戴帽子、口罩,穿手术衣,进行局部消毒,铺巾。
(2) 注意严格执行无菌操作,铺巾范围要覆盖腿部、腹部、胸部及颈部。
(3) 做好主动脉球囊的准备。

三、IABP 导管置入的操作流程

IABP 导管置入的操作流程见图 4-19。

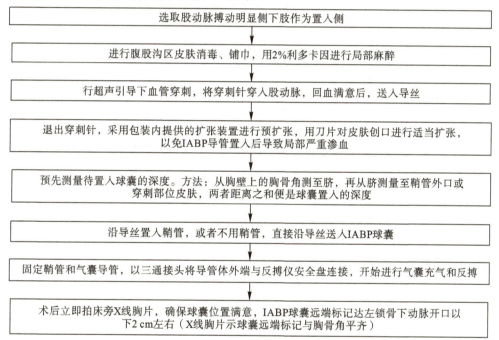

图 4-19　IABP 导管置入的操作流程

四、IABP 的操作步骤

IABP 的操作步骤见图 4-20。

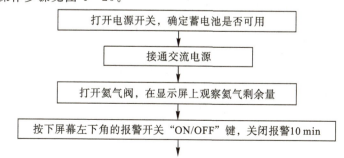

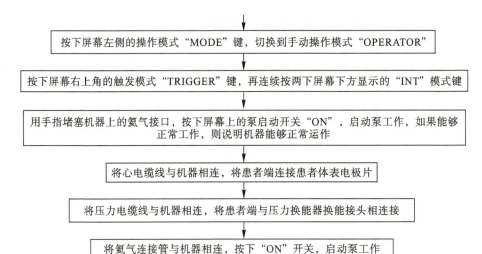

图 4-20 IABP 的操作步骤

五、IABP 的注意事项

（1）长时间不使用时，请注意充电，两周 1 次，每次 12 h。

（2）使用前注意检查氦气剩余量，不用时关闭阀门。

（3）置管优先选择导管室操作；紧急状况下也可进行床旁操作，操作前请先测量。

（4）穿刺请使用配套的专用鞘管，按照标准流程操作。

1）穿刺针的角度不要超过 45°。

2）置入导丝时避免频繁回抽。

3）导管不要打折。

4）置入导管前请先抽真空并将止血鞘撕去。

5）在导管置入的过程中全程用导丝牵引。

6）导管到位后，将中央腔连接三通压力延长管，回抽后注入肝素稀释液。

（5）应将电极片贴牢固，以保证有一个良好的心电波形。

（6）应避免与其他仪器共用一个接线板。

（7）保持输液袋加压 300 mmHg，每小时冲洗中央腔 1 次，保持通畅。

（8）对压力参数有疑问时，可手动校对零点。

（9）应监测患者的凝血状况。

（10）定时检查下肢和左上肢的血供状况。

（11）若反搏过程中发现 IABP 导管的氦气管内有血液，则应立即取出 IABP 导管并更换整个导管，勿再反搏。

（12）有报警时，应先看是什么报警，处理后再按 "RESAT" "ON" 键。

（13）停泵时间不要超过 0.5 h，否则容易形成血栓。

（14）拔管时机器要处于 "OFF" 状态。

六、IABP 导管拔除的指征

(1) 多巴胺用量<5 ug/（kg·min）且依赖性小，减药后对血流动力学影响小。
(2) 心排血指数>2.0 L/（min·m²）。
(3) MAP>90 mmHg。
(4) 尿量>1 mL/（kg·h）或尿量>30 mL/h。
(5) 手、足暖，末梢循环好，意识清醒，问答问题正确。
(6) 已撤除呼吸机且血气正常。
(7) 当减少反搏频率或反搏幅度时，上述指标稳定。

七、IABP 导管拔除的流程

IABP 导管拔除的流程见图 4-21。

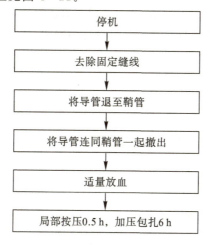

图 4-21　IABP 导管拔除的流程

八、IABP 的常见并发症

（一）肢体缺血

1. 原因

血栓形成；动脉撕裂或夹层；鞘管或球囊导管堵塞血流。

2. 处理

积极检查，减轻束缚；无鞘安置；撤除并换对侧；如果撤除球囊导管后，仍有严重肢体缺血存在，则应考虑采取外科手术治疗。

（二）穿刺部位出血和血肿

1. 原因

球囊插入时损伤动脉；穿刺部位导管过度拉动；抗凝治疗过度。

2. 处理

手术创面出血可降低抗凝治疗过度的影响、补充凝血因子；采用按压、缝合的方法应对局部出血；如果出血不能止住或发生腹膜后血肿，则考虑行外科手术。

（三）感染

1. 原因

感染多数由伤口出血未及时处理或无菌操作不当造成。

2. 处理

应评价感染能否控制及是否需要拔除球囊导管。

（四）球囊破裂

1. 原因

接触尖锐的器械；球囊外膜不正常的折叠造成球囊易于劳损；钙化斑块的摩擦。如果发生穿孔，则可见以下症状：反搏仪报警；导管管道中可见到出血点；反搏压的波形突然改变。

2. 处理

一旦怀疑球囊破裂，则必须立即停止反搏，取出球囊导管，改变患者体位为垂头仰卧位。如患者仍需 IABP 辅助，则插入新的球囊导管。

（五）血小板减少

1. 原因

球囊机械损伤、异物引起的炎性反应或肝素诱导等均可导致血小板减少。

2. 处理

应动态监测血小板计数，必要时输注血小板。

（六）主动脉夹层

1. 原因

主动脉夹层发生在插入球囊导管时，可表现为背痛或腹痛、血容量减少或血流动力学不稳定。

2. 处理

进行紧急处理。

（七）血栓形成

1. 原因

反搏时可能会形成血栓。

2. 处理

血栓形成的表现及治疗应根据损伤脏器来决定。IABP 工作期间需要严格进行抗凝治疗。

九、IABP 的护理

（一）患者准备

（1）确保患者及其家属理解操作前的宣教内容，耐心解答患者及其家属提出的问题，必要时强化相应信息。

（2）确认患者或其已签署知情同意书。

（3）确保中心静脉通路和外周静脉通路已开通。中心静脉通路用于滴注血管活性药物，外周静脉通路用于输注液体。

（4）置患者于仰卧位，对置管部位进行皮肤准备与消毒。

(二) 置管期间的护理常规

1. 心血管系统

（1）每 15 min 监测血流动力学状况一次，平稳后每小时监测一次，包括心率、动脉血压、平均动脉压、肺动脉压、PAWP、CVP 等。

（2）按常规监测心排血量、CI、外周循环阻力；每班及有变化时描记辅助波形。

（3）维持有效的舒张压抬高（最高舒张压－最高收缩压＞15 mmHg）及最低舒张期末压。

（4）查心肌酶谱、12 导联 ECG（必要时）。

2. 呼吸系统

（1）每小时进行肺部听诊一次，使用无菌技术吸痰。

（2）监测动脉血气。

（3）每日拍摄 X 线胸片一次，以了解肺部情况及球囊位置。

3. 泌尿系统

（1）监测每小时尿量，注意尿色。

（2）记录每小时出入量。

（3）每日进行血电解质化验一次。

（4）拍摄 X 线胸片，检查球囊位置，确定有无肾动脉阻塞。

4. 外周血管

（1）每 15 min 检查置管侧足背动脉搏动一次，观察同侧肢体的颜色并测量其温度，每小时记录一次。

（2）抬高床头≤30°。

（3）避免置管侧肢体屈曲。

（4）及时抽取凝血检查标本，注意抗凝治疗的并发症。

（5）观察置管处的出血情况。

第四节 ECMO 的操作流程

一、ECMO 的常规操作流程

ECMO 的常规操作流程见图 4-22。

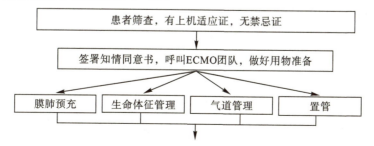

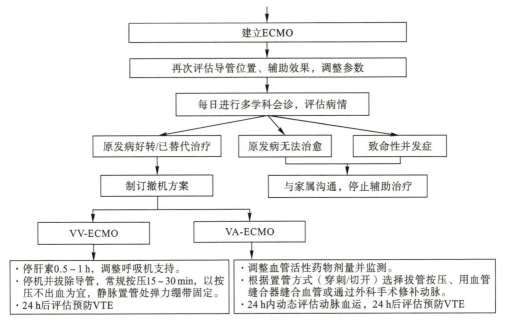

VA-ECMO 指静脉-动脉体外膜肺氧合。

图 4-22 ECMO 的常规操作流程

二、成人 VV-ECMO 的适应证和相对禁忌证

（一）适应证

成人 VV-ECMO 的适应证包括以下一种或几种。

（1）经最佳医学处置后，包括在没有禁忌证的情况下使用俯卧位，低氧性呼吸衰竭患者的 $PaO_2/FiO_2 < 80$ mmHg。

（2）经最佳常规机械通气（呼吸频率 35 次/分，平台压 ≤ 30 cmH_2O），高碳酸性呼吸衰竭患者的 pH 值 <7.25。

（3）作为通向肺移植的桥梁或治疗移植后原发性移植物功能障碍的方法。

（4）成人 VV-ECMO 的具体适应证如下：①ARDS（如病毒性、细菌性和吸入性肺炎）；②急性嗜酸性粒细胞性肺炎；③弥漫性肺泡出血或肺出血；④严重哮喘；⑤胸外伤（如创伤性肺损伤和严重肺挫伤）；⑥严重吸入性损伤；⑦较大的支气管胸膜瘘；⑧肺移植围手术期（如治疗肺移植术后原发性移植物功能障碍和作为通向移植物的桥梁）。

（二）相对禁忌证

（1）中枢神经系统出血。

（2）严重的中枢神经系统损伤。

（3）中枢神经系统病变不可逆和功能丧失。

（4）全身性出血。

（5）有抗凝治疗的禁忌证。

（6）免疫抑制。

（7）年龄较大（死亡风险随着年龄的增加而增加，但没有确定阈值）。

(8) 机械通气 7 d 以上，平台压＞30 cmH$_2$O 和 FiO$_2$＞90%。

注：临床试验使用了以下几个节点来指定 VV-ECMO 的开始：PaO$_2$/FiO$_2$＜80 mmHg（EOLIA 试验），Murray 评分＞3 分（ESAR 试验），没有强有力的数据表明任何一个试验的优越性。

三、成人 VA-ECMO 的适应证和禁忌证

（一）适应证

(1) 心搏骤停 [体外膜肺氧合辅助心肺复苏（ECPR）]。

(2) 以下原因引起的心源性休克：①急性心肌梗死；②急性心肌炎；③缺血性或非缺血性心肌病进展；④由肺栓塞引起的急性右心室衰竭；⑤由肺部疾病引起的右心室衰竭；⑥先天性心脏病进展；⑦心脏移植后原发性移植物功能衰竭和急性同种异体移植物排斥反应；⑧过量服用心脏毒性药物；⑨脓毒症性心肌病；⑩顽固性室性心动过速；⑪左心室辅助装置（LVAD）支持期间的右心室衰竭；⑫体外循环脱机失败。

（二）禁忌证

1. 绝对禁忌证

(1) 严重的不可逆性非心脏脏器功能衰竭（如严重的非缺氧性脑损伤或转移性癌症）限制了患者生存。

(2) 不考虑移植或长期使用 LVAD 的不可逆性心力衰竭。

(3) 主动脉夹层。

2. 相对禁忌证

(1) 严重的凝血功能障碍或抗凝治疗禁忌证（包括晚期肝病）。

(2) 血管通路受限（如严重的外周动脉性疾病、极度肥胖、截肢等）。

四、ECPR 的决策流程、纳入标准和排除标准

（一）决策流程

ECPR 的决策流程见图 4-23。

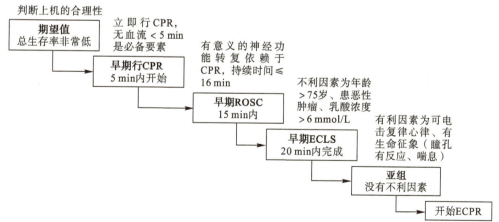

ECLS 指体外生命支持。5 min 内开始 CPR 对后续治疗起决定性作用；ROSC 时间和启动 ECLS 的时间可对预后产生重要影响。

图 4-23 ECPR 的决策流程

（二）纳入标准

（1）年龄＜70 岁。

（2）初始节律为心室颤动或室性心动过速。

（3）目击猝死。

（4）目击者 5 min 内实施 CPR。

（5）开始 CPR 15 min 内未能实现 ROSC。

（三）排除标准

（1）起始节律为心搏骤停。

（2）无目击猝死。

（3）总心搏骤停时间＞60 min。

（4）存在严重的神经系统疾病或全身疾病（如中风、严重痴呆、晚期恶性肿瘤、慢性神经性肌肉营养不良、精神疾病、缺氧性脑损伤等）。

（5）抗凝治疗禁忌证。

（6）急性主动脉夹层。

（7）怀疑出血或由其他非心血管原因引起的休克。

（8）已知"不复苏预嘱"。

五、ECMO 建立的用物准备

ECMO 建立的用物准备见表 4-2。

表 4-2　ECMO 建立的用物准备

类型	具体内容
设备	离心泵（包括手摇驱动系统）、氧合器、空氧混合器、变温水箱、氧气源、电源、备用电池、超声机、床旁拍片机
耗材	高级心脏生命支持（PLS）体外循环套包、动静脉插管、扩张器、刀片、缝合针、缝线
药品	瑞芬太尼 2 mg、咪达唑仑 50 mg、肝素 12500 U、去甲肾上腺素 8 mg、利多卡因 4 mg、多巴酚丁胺 200 mg、人血白蛋白 20 mg、复方氯化钠 1000 mL
其他物品	无菌手术衣、无菌手套、无菌治疗巾、帽子、口罩、换药碗、碘伏消毒液、无菌纱布、静脉切开包、超声探头保护套、无菌耦合剂等

六、ECMO 的预充

ECMO 的预充见表 4-3。

表 4-3 ECMO 的预充

步骤	要点
1	检查外包装、有效期
2	打开外包装，连接静脉引流管与离心泵头入口，用扎带固定
3	连接变温水箱，设置适宜温度，进行水循环，检查氧合器变温系统是否有渗漏，如有渗漏，则应更换 PLS 体外循环套包
4	打开氧合器上端的黄色排气帽，在预充过程中及 ECMO 运行期间均保持排气孔开放，以确保能持续排气
5	连接两根预充管，在两根预充管中间用皮管钳阻断
6	将靠近离心泵头静脉端的预充管针头插入预冲液容器内，将另一根预充管插入预充袋内，利用重力将与预充液容器连接的预充管至离心泵头出口的气体排出，用皮管钳夹住离心泵头出口处
7	在离心泵头涂抹耦合剂后，装入离心泵驱动装置，驱动离心泵，按"钳夹"键确认，消除警报音，将离心泵转速调至 2000 RPM 左右，松离心泵钳夹，预充氧合器与管道
8	当预充袋内的预充液达到 200~400 mL 时，将两根预充管与预充袋连接
9	检查各接头处是否有气泡残存，紧固各接头
10	松两根预充管中间的管道钳，再次确认管路内的预充情况
11	预充结束，PLS 体外循环套包自循环备用
12	插好台上动静脉插管后，打开台上动静脉插管包装，将台上动静脉插管递给台上医师
13	理顺整个循环管路并将之固定于适当位置
14	连接空氧混合器管道（气源—空氧混合器—氧合器），设定 FiO_2 和气体流量

七、ECMO 的插管流程

ECMO 的插管流程见图 4-24。

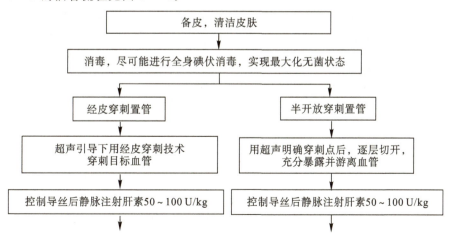

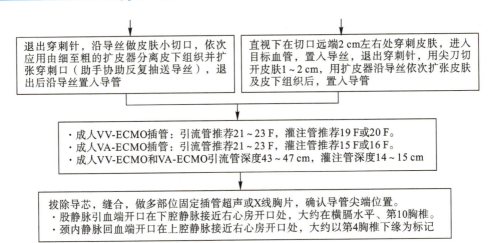

图 4-24 ECMO 的插管流程

八、围手术期的操作流程

围手术期的操作流程见图 4-25。

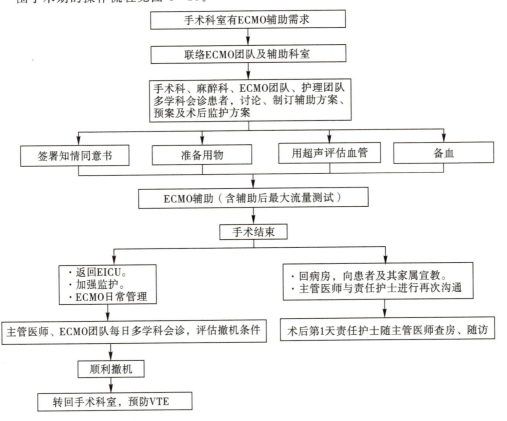

EICU 指急诊重证监护室。

图 4-25 围手术期的操作流程

九、ECMO 撤机

(一) VV-ECMO 的撤机条件

VV-ECMO 的撤机条件见表 4-4~表 4-6。

表 4-4 启动脱机试验的氧合、通气和影像学检查条件

项目	插管患者	非插管患者
氧合	$FiO_2 \leq 60\%$，$PEEP \leq 10\ cmH_2O$，$PaO_2 \geq 70\ mmHg$	在适量需氧的情况下 $PaO_2 \geq 70\ mmHg$（示例：$\leq 6\ L/min$，给予鼻导管或面罩吸氧，或高流量吸氧，$\leq 40\ L/min$，$FiO_2 \leq 30\%$）
通气	潮气量 $\leq 6\ mL/kg$，平台压 $\leq 28\ cmH_2O$，呼吸频率 ≤ 28 次/分，根据患者的临床表现、ABG 显示 pH 和 $PaCO_2$ 在可接受的范围内	根据患者的临床情况，ABG 显示 pH 在可接受的范围内
影像学检查	X 线胸片示肺部情况较前有所改善	—

表 4-5 VV-ECMO 插管患者机械通气脱机试验

项目	容量控制通气模式	压力控制通气模式
呼吸顺应性	放宽对潮气量的限制，由 1 mL/kg 增加至 6 mL/kg，保持平台压 $\leq 28\ cmH_2O$	气道压不超过 28 cmH_2O，确保潮气量增加到 6 mL/kg
临床指标	呼吸频率、每分钟通气量、患者的生理状态和潜在合并症，避免过度呼吸做功	—

表 4-6 脱离 VV-ECMO（建议在减少氧流量和保持较高的血流量的情况下）

步骤	目的	过程
1	降低氧输送分数（FDO_2）	• FDO_2 从 1.0 逐步减少到 0.21，减少约 80%。 • 维持 $SpO_2 > 92\%$ 或 $PaO_2 \geq 70\ mmHg$。 • ABG 在适当范围内
2	降低氧流量	• 逐步降低氧流量，达到 1 L/min 的目标。 • 降低氧流量时及时监测 ABG。 • 根据患者的临床情况保持 pH 在可接受的范围内，不需要过度呼吸做功
3	关闭氧流量的试验	• 如果患者能够耐受 ECMO 停机，则试验关闭氧流量 2~3 h 或更长时间。 • 监测 SpO_2、ABG
4	准备拔管	• 通知拔管者。 • 确认 $PaO_2 \geq 70\ mmHg$ 且 pH 在可接受的范围内。 • 进行 ABO 血型及抗体筛查。 • 根据患者拔管前的镇静状态准备给予镇静。 • 拔管前 1 h 内应维持肝素输注。 • 进行颈静脉插管时取头低足高位。 • 用缝线封闭插管部位，轻轻加压包扎，仔细观察。 • 24 h 后检查有无 DVT

(二) VA-ECMO 的撤机流程

VA-ECMO 的撤机流程见图 4-26。

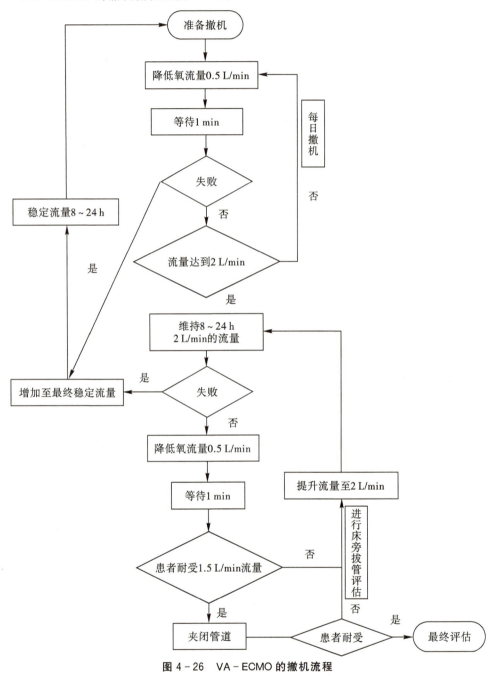

图 4-26 VA-ECMO 的撤机流程

启动撤机试验所需标准：①表现与恢复匹配；②终末器官功能正在改善；③PaO_2/FiO_2 > 100 mmHg；④给予低水平的血管加压素和正性肌力药 [去甲肾上腺素≤4 μg/min，多巴酚丁胺<5 mg/(kg·min)]。下列任何一项都可导致撤机试验失败：①MAP 低于 65～70 mmHg 或从基线下降超过 10 mmHg；②心内充盈压显著增加；③呼吸状态恶化。

十、ECMO 支持的注意事项

(一) VV-ECMO 支持的注意事项

1. 血流动力学

推荐监测 CVP 和有创动脉血压。超声心动图仍然是评估血流动力学功能和指导治疗的一种很好的工具。要实现标准的循环目标〔如 MAP≥65 mmHg、心脏指数＞2.2 L/(min·m^2)、正常乳酸浓度〕，通常需要正性肌力药和血管升压素的支持。由暴露于体外循环后的全身炎症反应或插管过程中的并发症引起的不明原因出血所致的低血容量、严重的血管麻痹可导致低血压和回路血流减少。关于静脉输注晶体液、胶体液或输血的容量复苏的决定应根据患者的具体情况而定。应每日关注血流动力学目标，必要时调整。危重病急性期后提倡采取液体限制的容量复苏法，以避免出现过多的毛细血管渗漏，进而改善肺功能。

2. 通气管理

在 VV-ECMO 期间保护肺功能的一个关键原则是气体交换主要由 ECMO 支持，而不是天然肺，应选择适当的呼吸机参数，以限制呼吸机引起的肺损伤。呼吸机参数应根据 ECMO 支持的条件和患者的呼吸参数及时调整。无论选择何种特定的通气策略，在 VV-ECMO 期间，当未达氧合和 CO_2 清除目标时，均应回到关键原则，通气策略为调整 ECMO 参数，而不是增加呼吸机支持参数。

3. 初始液体管理

ECMO 回路提供气体交换的能力取决于通过氧合器的足够血流量。增加 VV-ECMO 血流量，以达到氧合器的额定流量，可增加全身氧输送。ECMO 治疗期间液体管理的目标最初是确保足够的血容量，以使 ECMO 流量与所需的气体交换相称。这意味着许多患者在 VV-ECMO 开始后需要进行液体复苏。

4. 管路抖动及空吸

在 ECMO 运行过程中，患者的状况和治疗会影响血管内容量。下腔静脉在呼吸、咳嗽或做瓦氏动作时经常表现出节律性的充盈和塌陷。应通过液体管理或减少流量来防止管路抖动，但应尽可能地避免过量液体负荷。血管内容量不足或插管错位可导致空吸，从而导致溶血和空气栓塞。治疗时应降低泵速，根据氧合需要调整呼吸机参数，改变患者体位以增加静脉充盈，根据需要给予液体治疗。

5. 后续液体管理和利尿

开始 ECMO 后，血流量和氧供的增加通常会改善器官功能，在肾功能保留的情况下会导致多尿。多项研究表明，负液体平衡与改善预后有关。VV-ECMO 在初始复苏阶段后，在血流动力学允许的情况下，应尽可能达到液体负平衡。

6. ECMO 支持期间的操作

在 ECMO 支持期间，从静脉穿刺到肝移植的操作都可完成。当需要手术时，应使抗凝作用最小化。ECMO 患者常需行气管切开术，但操作不同于标准气管切开术。气管是通过一个小切口暴露出来的,对所有的切口都应广泛止血。因为患者正在接受 ECMO 支持,所以不需要紧急建立人工气道或从气管插管转换为气管切开。术后手术部位应无出血,随后(几天后常见)应通过充分再探查仔细止血。

要点强调:①目前已有的证据表明,俯卧位治疗 ARDS 对死亡率有明显的益处,ECMO 不应是俯卧位的替代方法,俯卧位是进行 ECMO 前应进行的补充;②在 ECMO 支持期间,应继续坚持肺保护原则,降低机械通气强度,避免气道压力过高;③提前计划潜在的 VV-ECMO 病例;④应根据组织灌注的客观测量指标进行充分的氧合评估,而不是仅根据动脉血氧饱和度;⑤应避免对 VV-ECMO 期间低氧饱和度反应过度并盲目增加呼吸机支持条件;⑥应避免因低氧饱和度而由 VV-ECMO 支持转为 VA-ECMO 支持。

(二) VA-ECMO 支持的注意事项

1. 远端灌注

推荐在 ECMO 建立时完成肢体远端灌注,以预防肢体缺血。应在超声引导下或直视下将远端灌注管置入股浅动脉。如果是经皮方式,则应从股总动脉插管下方、动脉分叉上方穿刺进入股浅动脉。原则上对远端灌注管推荐使用短的 6~8 F 硬质鞘管。对远端灌注管,可通过较短的双公头连接管与动脉插管排气侧孔连接。

2. 左心室减压

VA-ECMO 的一个主要缺点是左心室后负荷明显增加和左心室扩张。高左心室后负荷和低左心室射血功能可影响主动脉瓣开放,导致急性肺水肿或左心室/主动脉根部的灾难性血栓形成。X 线胸片示肺水肿、脉压低于 5~10 mmHg、左心室"烟雾状"图像及超声心动图显示闭合的主动脉瓣伴左室膨胀,都提示应启动干预措施。

3. 循环管理和监测

(1) 有创动脉血压监测(右侧桡动脉)。①脉压:可反映心脏自身收缩力与 ECMO 血流。②氧饱和度:可反映近端主动脉弓氧合/差异性氧合。

(2) 脉搏氧合度(右手)。氧饱和度:可反映近端主动脉弓氧合/差异性氧合。

(3) 肺动脉导管:①监测左心室充盈压是否升高;②辅助判断是否需要进行左心减压;③持续心输出量监测可作为残余肺动脉流量的指征(或者通过 $PetCO_2$ 测定残余肺动脉流量)。

(4) 超声心动图:①可用于早期心脏诊断和识别 VA-ECMO 禁忌证;②可用于提供可视化正确的血管通路和指导插管;③可优化 ECMO 辅助;④可用于血流动力学和心脏状况的系列评估;⑤可用于撤机试验期间的心脏评估。

(5) ECG:建议进行连续多导联 ECG 监测。

(6) 近红外光谱(NIRS):可用于监测肢体(单侧和双侧比较)和脑灌注。

4. 机械通气

(1) 采用肺保护性通气策略,潮气量为 6~8 mL/kg 理想体重。

(2) 避免肺水肿(监测和预防左心室扩张,脉压>10 mmHg,评估主动脉瓣开放状况，高 PEEP，血管扩张药，调整 ECMO 流量，给予适当的正性肌力药、利尿剂）。

（3）尽早活动。

（4）建议进行气管拔管。

5. 其他重症管理

（1）进行规范的抗凝治疗和监测。

（2）建议进行多模式神经监测/神经成像。

（3）密切监测下肢缺血状况和积极治疗（包括取栓术、血管修复术、血运重建术和筋膜切开术）。

（4）考虑药代学影响，调整药物剂量。

（5）尽量维持出、入量平衡或负平衡。

（6）如果有需要，则将 CRRT 设备连接到 ECMO 管路。

要点强调：①重症监护应特别关注全身静脉血氧饱和度（确保有充足的氧气输送）、右侧组织灌注（包括肢体和大脑 NIRS 监测，以便及时诊断差异性氧合）、脉压（可判断自身心脏功能）、肺保护性通气；②间断监测乳酸、游离血红蛋白、D-二聚体、血细胞和其他相关参数，进行神经系统查体；③使用肺动脉导管（Swan-Ganz 漂浮导管）评估左心压力；④标准化多模式神经监测急性脑损伤；⑤待血流动力学稳定后，考虑让患者（特别是预计辅助时间较长的患者）苏醒，进行拔管。

十一、ECMO 期间抗凝管理的流程及常见问题

ECMO 期间抗凝管理的流程见图 4-27。

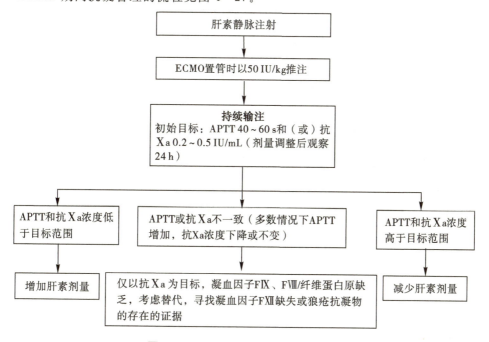

图 4-27 ECMO 期间抗凝管理的流程

ECMO 期间抗凝管理的常见问题见图 4-28。

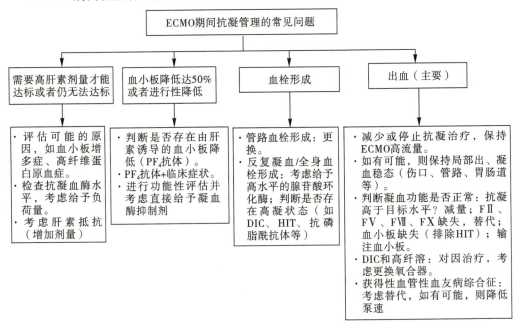

PF_4 指血小板因子 4。

图 4-28 ECMO 期间抗凝的常见问题

注：ECMO 患者的最佳抗凝目标目前尚不清楚，可能会因基础疾病、合并症和血栓/出血风险事件而异。

十二、成人 VV-ECMO 期间低氧血症的处理流程

成人 VV-ECMO 期间低氧血症的处理流程见图 4-29。

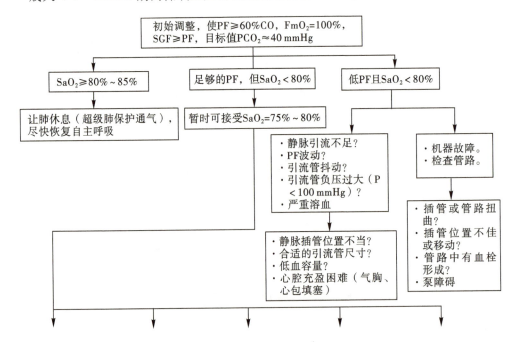

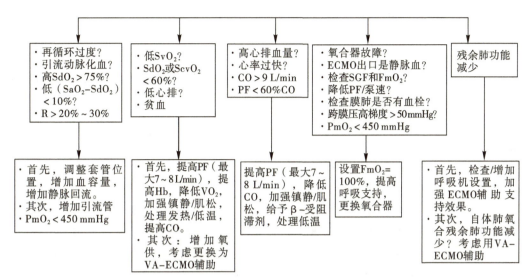

PF 为泵流量，SGF 为通气量，FmO_2 为膜肺通气氧浓度，SaO_2 为动脉血氧饱和度，SdO_2 为引流管中的氧饱和度，R 为再循环分数，SvO_2 为混合静脉血氧饱和度，VO_2 为氧耗，$ScvO_2$ 为中心静脉血氧饱和度，TMP 为跨膜压，PmO_2 为膜肺后氧分压，SmO_2 为膜肺后氧饱和度，RLF 为残余肺功能，SV 为自主呼吸。

图 4-29 成人 VV-ECMO 期间低氧血症的处理流程

十三、ECMO 的护理

（一）ECMO 的护理须知

（1）做好伤口护理，观察穿刺伤口有无红、肿、热、痛等炎症反应。

（2）严格执行无菌操作。

（3）注意下肢有无苍白、发绀、肿胀、动脉搏动等，随时观察，至少每班记录 1 次。

（4）避免在管路上连接输液装置，以防空气进入。

（5）定时翻身及保持管路在位，预防打折、脱出，观察氧合器前后管路的颜色。

（6）记录血泵的转速及血流速，若转速相同而血流速下降，则应即刻通知医师，同时：①检查管路是否有打折，理顺管路；②检查管路是否抖动，如抖动，则表示引血不畅，需调整管路；③监测 CVP 是否升高，若升高，则需排除心包压塞、三尖瓣关闭不全、肺栓塞等病变；④及时监测 ECMO 管路的压力，做鉴别诊断。

（7）记录 ECMO 泵前压力、泵后压力。①泵前压力：测量由静脉引出血液的压力，一般在泵头之前，压力为负压，一般不超过 30 mmHg，负压变大表示吸不到血，负压过高易导致溶血；②泵后压力：指使用氧合器之前的压力，一般不超过 300 mmHg，压力过高表明可能有氧合器血液凝固现象及易导致溶血；③若血流量减少，则应及时通知医师处理。

（二）ECMO 运行中的护理

1. 流量监测

（1）ECMO 开始的 15 min 应尽量提高灌注量，达到全流量［成人 CO 2.2～

2.6 L/（min·m²），新生儿 CO 100～150 mL/（kg·min），儿童 CO 80～120 mL/（kg·min）]的 1/2～2/3。

(2) 机体缺氧改善后，根据心率、血压、CVP、乳酸、SvO_2 等氧的供需平衡调整最适流量，并根据血气分析结果调整酸碱、电解质平衡。待患者病情稳定后，每 3 h 进行 1 次血气分析。将 PaO_2 维持在 60 mmHg 以上，将 $PaCO_2$ 维持在 35～45 mmHg。

(3) 以全身流量的 50% 为佳，氧债多时，可适当增加流量。若流量过大，则可导致血细胞破坏。

(4) 在 ECMO 停机前，应每 1～2 h 递减 1 次流量，当流量＜10 mL/kg 时，可尝试停机。

2. 机械通气及气道监测

ECMO 治疗期间采用保护性通气肺复张策略。先将 ECMO 氧浓度设为 70%～80%，气流量与血流量比为 1∶1，然后再根据血气进行调整。ECMO 中的机械通气可提高肺泡氧分压，降低肺血管阻力。常规低压低频的呼吸治疗可使肺得到休息；应用较高的 PEEP，以防发生肺不张。

(1) 护士密切监测患者呼吸、血氧饱和度情况，每 4 h 监测血气指标 1 次。医师根据血气分析结果调整 ECMO 及呼吸机参数设置。

(2) 密切监测并记录潮气量、气道峰压、平台压、气道阻力和呼吸系统顺应性等，如气道峰压＞30 cmH_2O、呼吸频率＞30 次/分，则应立即通知医师，必要时给予镇静剂或肌松剂，以防止发生气压伤等并发症。

3. ECMO 管路管理

(1) 置入股静脉及颈内静脉导管后，在导管穿刺处皮肤距离穿刺点 10～15 cm 处进行外科缝线固定，然后用无菌纱布覆盖，进行床旁交接班，每天进行穿刺部位换药时，应检查导管位置，测量导管外露长度和固定情况，以防止发生导管脱落。

(2) 在患者更换体位前，应先检查导管固定情况，由 3～5 名护士协助患者进行轴线翻身，注意保护导管，防止脱离；如患者烦躁，则可使用约束带进行约束，必要时给予镇静剂持续静脉泵入。

(3) 尽量不要在管路中连接输液管路进行输液、抽血等操作，以免出现出血或空气栓塞等；如需对管路进行操作，则必须先停止血泵、夹闭前后端管路，再进行操作。

4. ECMO 压力监测

(1) 泵前压力超出正常范围可能的原因有导管位置不当、机体血容量不足等。当出现压力警报时，应迅速查找原因，调整管路位置或补充机体血容量。

(2) 氧合器前压力过高提示氧合器内有血栓形成，可造成溶血，此时应考虑更换氧合器。开始 ECMO 治疗后，每 3 h 记录 1 次泵前与氧合器前压力的变化。

5. ECMO 抗凝监测

进行 ECMO 治疗时，因血液引出体外后需与管路、氧合器等大量非生理性异物表面接触，故必须进行抗凝治疗。一般情况下，在进行 ECMO 插管前给予肝素 50～100 U/kg，待循环平稳后，再根据 ACT、APTT、TEG、血栓前四项、抗Ⅹa 等调整肝素用量，持续泵入肝素，使 ACT 维持在 180～220 s。为了不影响测试结果，应抽取患者非静脉泵入肝素侧肢体外周血 0.25 mL 并加入 ACT 专用试剂条加样池内，仪器可自动完成血液移取及检测，并报告 ACT 结果。

(1) 一般情况下，肝素输注的速度为 4～30 U/(kg·h)。肝素配制：200 U/kg 肝素—50 mL—1 mL/h—4 U/(kg·h)。

(2) 早期 ACT 每小时测 1 次；ACT 稳定后，可每 3～6 h 测 1 次。

(3) 将 APTT 维持在正常值的 1.5～2.5 倍，目标范围为 60～80 s。

(4) 需结合 D-二聚体、TEG 等检查，可控制 APTT 在 50 s 以上。

(5) 可进行抗 Xa 活性检测，其目标范围为 0.2～0.6。在撤除 ECMO 前，应给予肝素负荷量，使 ACT＞400 s，外科拔管后再用鱼精蛋白中和肝素。

6. 温度管理

使用 ECMO 时，注意保持体温在 36～37 ℃。若温度太高，则会使机体耗氧量增加；若温度太低，则易发生凝血机制和血流动力学的紊乱。如果使用 ECMO 期间监测体温升高，则提示患者已出现高热。

7. 基础护理

(1) 术前给予骶尾部、足跟、肩胛、肘关节等骨突及受压皮肤增加透气性强的透明贴保护。

(2) 使用预防性压疮气垫床，在不影响患者血流动力学指标及 ECMO 血流量的情况下进行翻身。

(3) 治疗期间保持床单整洁、干燥，预防皮肤潮湿。

(4) 为预防口、鼻腔出血和感染，可每天 2 次用棉球蘸温水清洁鼻腔，使用氯己定漱口液 20 mL 进行口腔护理，操作时应动作轻柔，以防止损伤鼻腔、口腔黏膜。

(5) 使用专用固定器固定气管插管，以减少对口腔黏膜及舌的损伤。

8. 并发症的监测及处理

(1) 出血：常见出血部位包括插管部位、手术切口等。对气管切开部位明显渗血、置管穿刺部位出血，用棉球蘸取凝血酶冻干粉 500 U 或云南白药涂于气管切开部位或置管穿刺部位，每天 2 次，同时采用油纱布局部压迫止血。

(2) 栓塞：每日交接班时，检查并记录患者的脉搏、肢体感觉等，注意观察有无缺血、僵硬、皮肤发白等；每班交接时，进行 GCS 评分，评估患者的意识状况，及时排除脑卒中；每 4～6 h 观察 ECMO 循环系统内有无血栓形成 1 次，用听诊器听泵的异常声音，用手电筒照射整个体外循环管路。在目视下，血栓表现为管路表面颜色深暗且不随血流移动的区域，如出现＞5 mm 的血栓或仍在继续扩大的血栓，则应考虑更换 ECMO 系统。

(3) 溶血：每 4～6 h 检查患者尿液颜色 1 次，如出现肉眼血尿或深茶色尿，则应立即通知医师；监测血浆游离血红蛋白浓度，如有溶血，则应立即更换氧合器及管路。发生严重溶血时，可行血浆置换。

(4) 感染：将患者置于单间病房，保持空气清洁，加强消毒隔离，限制人员进出，以免发生交叉感染；在进行 ECMO 管路预充、穿刺置管及其他各种有创操作时，应严格遵守无菌原则。对导管穿刺部位,每天消毒 2 次,以穿刺点为中心进行螺旋式消毒,消毒面积>20×20 cm²,待消毒液干后,以无菌透明敷贴覆盖,如有出血或渗出,则应及时更换敷料,保持局部无菌、干燥;加强气道管理,注意气道湿化,及时清除气道分泌物,必要时进行纤维支气管镜下吸痰,以防止发生痰液淤积和肺不张,预防肺部感染。

(5) 神经系统:每小时评估神志、瞳孔、四肢活动 1 次。

9. ECMO 撤机后护理

(1) 终止治疗后,继续观察 1~3 h,待病情稳定后,拔除插管,修复血管缝合切口,撤离机器。

(2) 缝合伤口,用无菌敷料覆盖。

十四、附件

(一) 附件 1:成人 VV - ECMO 的输血策略 (专家共识)

成人 VV - ECMO 的输血策略(专家共识)见表 4-7。

表 4-7 成人 VV - ECMO 的输血策略(专家共识)

项目	具体策略
浓缩红细胞	• 在稳定期患者中,75 g/L 的血红蛋白输注阈值对无出血患是合理的,低于 70 g/L 也是可接受的
血小板	• 血小板输注阈值为 50000/uL 是合理的。 • 若发生血小板减少症且无血小板功能障碍(如血小板聚集度和血小板计数),则不应常规输注血小板。 • 当正在行置管或拔管、有出血史的高风险操作或 ECLS 时,专家认为对有较高出血风险的高危患者,可考虑输注血小板,以维持更高的血小板水平
抗纤溶药	• 因抗纤溶药物在某些病理生理状态下可能会对机体造成伤害,故不建议常规使用抗纤溶药物。 • 没有可靠的数据支持常规监测和纠正纤维蛋白原水平,但在纤维蛋白原水平较低(如<1.0 g/L)和(或)有活动性出血时,则可以考虑补充
FFP/PCC/抗凝血酶	• 常规使用 FFP 不能使无出血的 VV - ECMO 患者的 PT - INR 正常化。 • 常规使用 PCC 不能使无出血的 VV - ECMO 患者的 PT - INR 正常化,在某些生理状态下还可能有害。 • 对 PT - INR>2.0 的患者,可以考虑输注 FFP,但应该在尝试性补充维生素 K(静脉注射 10 mg)后进行。 • 进行置管、拔管和其他有创操作前,可根据临床医师偏好考虑输注 FFP 到目标 PT - INR 为 1.5。 • 对形成肝素抵抗者,可考虑用重组抗凝血酶或 FFP 补充抗凝血酶。强烈建议咨询当地的输血科医师或血液科医师

(二) 附件2：成人 VV-ECMO 期间的通气管理（推荐的机械通气参数）

成人 VV-ECMO 期间的通气管理（推荐的机械通气参数）见表 4-8。

表 4-8 成人 VV-ECMO 期间的通气管理（推荐的机械通气参数）

参数	可接受范围	推荐范围	备注
吸气平台压	≤30 cmH$_2$O	<25 cmH$_2$O	平台压进一步降低到 20 cmH$_2$O 以下可能与呼吸机诱导肺损伤（VILI）减轻和患者预后改善有关
PEEP	10~24 cmH$_2$O	≥10 cmH$_2$O	当 PEEP 不足时，平台压和潮气量减少可导致肺不张，在保持平台压限制时，可根据循证医学法设置 PEEP
呼吸频率	4~30 次/分	4~15 次/分或自主呼吸	主要通过 VV-ECMO 清除 CO$_2$，可减少对高每分钟通气量的需要（可能与更多的 VILI 有关）
FiO$_2$	30%~50%	在维持氧合的情况下尽可能低	氧合主要由 VV-ECMO 提供，可减少机械通气对高 FiO$_2$ 的需求

(三) 附件3：V-A ELSO 中左心室减压的治疗措施和相关疗效

V-A ELSO 中左心室减压的治疗措施和相关疗效见表 4-9。

表 4-9 V-A ELSO 中左心室减压的治疗措施和相关疗效

类型	治疗措施	疗效
非有创	减低 ECMO 流量	√√√
	强心药	√√
	血管扩张药	√√
	增加 PEEP	√√
	利尿剂	√
有创	经主动脉吸引装置：	
	经皮左心室辅助装置	√√√√
	搏动式经主动脉吸引装置	√√√
	房间隔造口术	√√√-√√√
	左心室引流（跨二尖瓣）	√√√√
	肺动脉引流	√√√
	IABP	√√
	跨房间隔心房置管	√√√√
	增加静脉插管	√
	中心 ECLS	√√√

注：EISO 指体外生命支持组织。

第五章 规章制度

第一节 急诊预检分诊流程

急诊预检分诊流程见图 5-1。

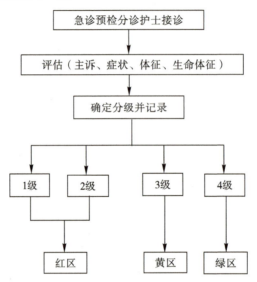

红区为急诊复苏室和抢救室;黄区为优先诊疗区;绿区为普通诊疗区。

图 5-1 急诊预检分诊流程

急诊预检分诊分级及应诊时间见表 5-1。

表 5-1 急诊预检分诊分级及应诊时间

分诊级别	病情严重程度	应诊时间/min
Ⅰ级	濒危患者	即刻
Ⅱ级	危重患者	10
Ⅲ级	急症患者	30
Ⅳ级	非急症患者	240

急诊预检分诊分级标准见表 5-2。

第五章 规章制度

表 5-2　急诊预检分诊分级标准

级别	指标维度	分级指标
1级	危急征象指标	• 心搏骤停。 • 呼吸骤停。 • 气道阻塞或窒息。 • 有休克征象。 • 急性大出血（出血量＞800 mL）。 • 突发意识丧失。 • 癫痫持续状态。 • 有脑疝征象。 • 剧烈胸痛或胸闷（疑似急性心肌梗死、主动脉夹层、肺栓塞、张力性气胸）。 • 特重度烧伤。 • 急性中毒危及生命。 • 复合伤或多发伤
	单项指标	• 体温＜32 ℃或＞41 ℃。 • 心率＜40 次/分或＞180 次/分。 • 呼吸频率≤8 次/分或≥36 次/分。 • 收缩压＜70 mmHg 或＞220 mmHg。 • SpO_2＜80％
	综合指标	• MEWS≥6 分
	其他指标	• 凡分诊护士根据专业判断认为患者存在危及生命并需紧急抢救的情况
2级	危急征象指标	• 持续性胸痛，生命体征稳定，存在高风险或潜在风险。 • 有脑梗死表现，但不符合1级标准。 • 腹痛（疑似绞窄性肠梗阻、消化道穿孔等）。 • 有糖尿病酮症酸中毒表现。 • 有骨-筋膜室综合征表现。 • 急性中毒，但不符合1级标准。 • 突发意识状态改变。 • 精神障碍（有自伤或伤人倾向）
	单项指标	• 心率40～50 次/分或141～180 次/分。 • 收缩压为70～80 mmHg 或200～220 mmHg。 • SpO_2 为80％～90％。 • 疼痛评分为7～10 分（数字疼痛评分法）
	综合指标	• MEWS 为4～5 分
	其他指标	• 凡分诊护士根据专业判断认为患者存在高风险或潜在风险、尚未达到需紧急抢救的情况

续表

级别	指标维度	分级指标
3级	单项指标	·疼痛评分为4~6分（数字疼痛评分法）
	综合指标	·MEWS为2~3分
	其他指标	·急性症状和急诊问题
4级	综合指标	·MEWS为0~1分
	其他指标	·轻症或非急症情况

第二节 急诊ICU患者的准入、转出指征

一、急诊ICU患者的准入指征

ICU收治对象：原则上为各种危重的急性的可逆性疾病患者，主要包括（重要脏器功能监测与治疗+特殊疾病的监测与治疗）以下几类。

（1）各种复杂大手术后的患者，尤其是术前有合并症或术中生命体征不稳定者（如肝移植术后、肾移植术后、心脏外科及颅脑术后）。

（2）各种原因所致的急性呼吸衰竭或慢性呼吸衰竭急性发作者，或其他需要呼吸管理和呼吸支持的患者。

（3）各种类型的休克患者。

（4）心功能不全或有严重心律失常者。

（5）严重复合性创伤者。

（6）器官移植术后的患者。

（7）经治疗有望恢复的MODS患者。

（8）某些意外灾害性疾病（如中暑、淹溺、电击伤等）患者。

（9）各种原因导致心跳、呼吸骤停，在心肺复苏后需给予进一步生命支持者。

（10）各种类型中毒的患者。

（11）重度妊娠合并症、羊水栓塞者。

（12）各种内分泌系统疾病危象者。

（13）严重感染、败血症、感染性休克等生命体征不稳定者。

（14）严重营养及水、电解质、代谢严重失衡者。

（15）各类急性脑功能障碍危重期者。

（16）其他危重症（如癫痫重症等）需ICU监测和治疗者。

下列情况不属于ICU的收治范围：精神病患者、急性重症传染病患者、脑死亡患者、临终状态患者、中枢神经系统永久性伤残（高位截瘫、植物状态等）患者、无急性症状的慢性病患者、恶性肿瘤晚期患者、处于老龄自然死亡过程者、无望或因某种原因家属放弃抢救者、其他不需要ICU监测治疗的疾病患者等。

二、急诊 ICU 患者的转出指征

(1) 急性器官或系统功能衰竭已基本纠正，需要由其他专科进行进一步诊断、治疗。
(2) 病情转入慢性状态。
(3) 患者不能从继续加强监护治疗中获益。

第三节　其他科室危重症患者急诊 ICU 的诊疗流程

其他科室危重症患者急诊 ICU 的诊疗流程见图 5-2。

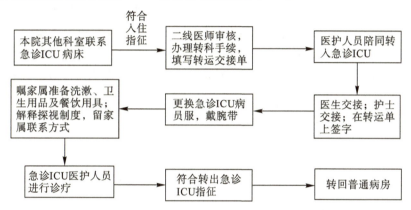

图 5-2　其他科室危重症患者急诊 ICU 的诊疗流程

第四节　EICU 医院感染预防与控制的基本要求

(1) EICU 应建立由科主任、护士长与兼职感控人员等组成的医院感染管理小组，由该小组全面负责本科室医院感染管理工作。
(2) 应制定并不断完善 EICU 医院感染管理相关规章制度，并落实于诊疗、护理工作实践中。
(3) 应定期研究 EICU 医院感染预防与控制工作中存在的问题和改进方案。
(4) 医院感染管理专职人员应对 EICU 医院感染与控制措施落实情况进行督查，做好相关记录并及时反馈检查结果。
(5) 应针对 EICU 医院感染特点建立人员岗位培训和继续教育制度。所有工作人员，包括医师、护士、进修人员、实习学生、保洁人员等，应接受医院感染预防与控制相关知识和技能的培训。
(6) 抗菌药物的应用和管理应遵循国家相关法规、文件及指导原则。
(7) 医疗废物的处置应遵循《医疗废物管理条例》《医疗卫生机构医疗废物管理办法》和《医疗废物分类目录》的有关规定。
(8) 医务人员应向患者家属宣讲 EICU 医院感染预防和控制的相关规定。

第五节　EICU医院感染预防与控制的操作规程

一、建筑布局和设施管理要求

（1）EICU应位于方便患者转运、检查和治疗的区域。

（2）EICU整体布局应以洁、污分开为原则，医疗区域、医疗辅助用房区域、污物处理区域等应相对独立。

（3）床单元使用面积应不少于15 m^2，床间距应大于1 m。

（4）EICU内应至少配备1个单间病室（房），使用面积应不少于18 m^2。

（5）应具备良好的通风、采光条件。医疗区域内的温度应维持在24±1.5 ℃，相对湿度应维持在30%～60%。

（6）装饰应遵循不产尘、不积尘、耐腐蚀、防潮、防霉、防静电、容易清洁和消毒的原则。

（7）不应在室内摆放干花、鲜花或盆栽植物。

二、人员管理

（一）医务人员的管理要求

（1）应配备足够数量、受过专门训练、具备独立工作能力的专业医务人员，EICU专业医务人员应掌握重症医学的基本理论、基础知识和基本操作技术，掌握医院感染预防与控制的知识和技能。护士人数与实际床位数之比应不低于3∶1。

（2）护理多重耐药菌感染或定植患者时，应分组进行，人员相对固定。

（3）患有呼吸道感染、腹泻等感染性疾病的医务人员，应避免直接接触患者。

（二）医务人员的职业防护

（1）医务人员应采取标准防护，防护措施应符合《医院隔离技术标准》（WS/T 311—2023）的要求。

（2）应配备足量的、方便取用的个人防护用品，如医用口罩、帽子、手套、护目镜、防护面罩、隔离衣等。

（3）医务人员应掌握防护用品的正确使用方法。

（4）医务人员应保持工作服的清洁。

（5）进入EICU可不换鞋，必要时可穿鞋套或更换专用鞋。

（6）乙肝表面抗体阴性者，上岗前应注射乙肝疫苗。

（三）患者的安置与隔离

（1）患者的安置与隔离应遵循以下原则。

1）应将感染、疑似感染与非感染患者分区安置。

2）在标准预防的基础上，应根据疾病的传播途径（接触传播、飞沫传播、空气传播）采取相应的隔离与预防措施。

(2) 对多重耐药、泛耐药菌感染或定植患者，应单间隔离；如隔离房间不足，则可将同类耐药菌感染或定植患者集中安置，并设醒目的标识。

（四）探视者的管理

(1) 应明示探视时间，限制探视者人数。

(2) 探视者进入 EICU 应穿专用探视服。对探视服应做到专床专用，探视日结束后清洗、消毒。

(3) 探视者进入 EICU 可不换鞋，必要时可穿鞋套或更换专用鞋。

(4) 探视呼吸道感染性疾病患者时，探视者应遵循《医院隔离技术规范》（WS/T 311—2009）的要求进行防护。

(5) 应谢绝患有呼吸道感染性疾病的探视者。

三、医院感染的监测

(1) 应常规监测 EICU 患者医院感染发病率、感染部位构成比、病原微生物等，做好医院感染监测相关信息的记录。监测内容与方法应遵循《医院感染监测规范》（WS/T 312—2009）的要求。

(2) 应积极开展目标性监测，包括呼吸机相关肺炎、导管相关血流感染、导尿管相关尿路感染、多重耐药菌监测。对于疑似感染患者，应采集相应标本做微生物检验和药敏试验，具体方法参照《医院感染监测规范》（WS/T 312—2009）的要求。

(3) 早期识别医院感染暴发，实施有效的干预措施，具体如下。

1) 应制定医院感染暴发报告制度，医院感染暴发或疑似暴发时应及时报告相关部门。

2) 应通过收集病例资料、流行病学调查、微生物检验分析确定可能的传播途径，据此制订并采取相应的控制措施。

3) 对疑有某种微生物感染的聚集性发生时，应做菌种的同源性鉴定，以确定是否暴发。

(4) 应每季度对物体表面、医务人员手部和空气进行消毒效果监测，当怀疑医院感染暴发、EICU 新建或改建及病室环境的消毒方法改变时，应随时进行监测，采样方法及判断标准应依照《医院消毒卫生标准》（GB 15982—2012）。

(5) 应对监测资料进行汇总，分析医院感染发病趋势、相关危险因素和防控工作中存在的问题，及时采取积极的预防与控制措施。

(6) 应采用信息系统进行监测。

四、器械相关感染的预防和控制措施

（一）中央导管相关血流感染的预防和控制措施

(1) 应严格掌握中央导管留置指征，每日评估留置导管的必要性，尽早拔除导管。

(2) 操作时应严格遵守无菌技术操作规程，采取最大无菌屏障。

(3) 应使用有效含量 ≥2 g/L 的氯己定-乙醇（70% 体积分数）消毒剂局部擦拭 2 或 3 遍，进行皮肤消毒，作用时间遵循产品的使用说明书。

(4) 应根据患者的病情尽可能使用腔数较少的导管。

(5) 置管部位不宜选择股静脉。

(6) 应保持穿刺点干燥，密切观察穿刺部位有无感染征象。

(7) 如无感染征象，则不宜常规更换导管；不宜定期对穿刺点涂抹并送微生物检测。

(8) 当怀疑有中央导管相关血流感染时，如无禁忌证，则应立即拔管，将导管尖端送微生物检测，同时送静脉血进行微生物检测。

（二）导尿管相关尿路感染的预防和控制措施

(1) 应严格掌握留置导尿管的指征，每日评估留置导尿管的必要性，尽早拔除导尿管。

(2) 操作时应严格遵守无菌操作原则。

(3) 对置管时间大于 3 d 者，应持续夹闭、定时开放。

(4) 应保持尿液引流系统的密闭性，不应常规进行膀胱冲洗。

(5) 应做好导尿管的日常维护，防止滑脱，保持尿道口及会阴部清洁。

(6) 应保持尿袋低于膀胱水平，防止发生反流。

(7) 对长期留置导尿管者，应定期更换导尿管，对普通导尿管 7～10 d 更换 1 次，对特殊类型导尿管按说明书更换。

(8) 更换导尿管时，应将集尿袋同时更换。

(9) 采集尿标本做微生物检测时，应在导尿管侧面以无菌操作的方法针刺抽取尿液；因为其他目的采集尿标本时，应从集尿袋开口采集。

（三）呼吸机相关肺炎的预防和控制措施

(1) 应每天评估呼吸机及气管插管的必要性，尽早脱机或拔管。

(2) 若无禁忌证，则应将患者头部、胸部抬高 30°～45°，并应协助患者翻身、拍背及振动排痰。

(3) 应使用有消毒作用的口腔含漱液进行口腔护理，每 6～8 小时 1 次。

(4) 在进行与气道相关的操作时，应严格遵守无菌操作原则。

(5) 应选择经口气管插管。

(6) 应保持气管切开部位的清洁、干燥。

(7) 应使用气囊上方带侧腔的气管插管，及时清除声门下的分泌物。

(8) 气囊放气或拔除气管插管前，应确认气囊上方的分泌物已被清除。

(9) 呼吸机管路湿化液应使用无菌水。

(10) 对呼吸机内、外管路应按照规定方法做好清洁、消毒。

(11) 应每天评估镇静药使用的必要性，尽早停用。

五、手卫生要求

(1) 应配备足够的非手触式洗手设施和速干手消毒剂，洗手设施与床位数的比例应不低于 1∶2，单间病房应每床 1 套。应使用一次性包装的皂液。每床应配备速干手消毒剂。

(2) 干手用品宜使用一次性干手纸巾。

(3) 医务人员手卫生应符合《医务人员手卫生规范》（WS/T 313—2019）的要求。

(4)探视者进入 EICU 前后应洗手或用速干手消毒剂消毒双手。

六、环境清洁、消毒的方法与要求

(1)物体表面清洁、消毒的方法如下。

1)应保持物体表面清洁,当物体表面被患者的血液、体液、排泄物、分泌物等污染时,应随时清洁并消毒。

2)对医疗区域的物体表面,应每天清洁、消毒 1 或 2 次,达到中水平消毒。

3)对计算机键盘应使用键盘保护膜覆盖,对其表面应每天清洁、消毒 1 或 2 次。

4)一般性诊疗器械(如听诊器、叩诊锤、手电筒、软尺等)应专床专用。

5)一般性诊疗器械(如听诊器、叩诊锤、手电筒、软尺等)如交叉使用,则应一用一消毒。

6)对普通患者持续使用的医疗设备(如监护仪、输液泵、氧气流量表等)表面,应每天清洁、消毒 1 或 2 次。

7)对普通患者交叉使用的医疗设备(如超声诊断仪、除颤仪、ECG 机等)表面,直接接触患者的部分应每位患者使用后立即清洁、消毒,不直接接触患者的部分应每周清洁、消毒 1 或 2 次。

8)对多重耐药菌感染或定植患者使用的医疗器械、设备,应做到专人专用,或一用一消毒。

(2)对地面应每天清洁、消毒 1 或 2 次。

(3)在安装空气净化系统的 EICU 内,对空气净化系统出、回风口应每周清洁、消毒 1 或 2 次。

(4)对呼吸机及附属物品的消毒如下。

1)对呼吸机外壳面板应每天清洁、消毒 1 或 2 次。

2)对呼吸机外部管路及配件,应一人一用一消毒或灭菌,对长期使用者应每周更换。

3)呼吸机内部管路的消毒应按照厂家说明书进行。

七、床单元的清洁与消毒要求

(1)对床栏、床旁桌、床头柜等,应每天清洁、消毒 1 或 2 次,达到中水平消毒。

(2)对床单、被罩、枕套、床间隔帘,应保持清洁,定期更换;如有血液、体液或排泄物等污染,则应随时更换。

(3)枕芯、被褥等使用时应保持清洁,防止体液浸湿污染,定期更换;如有血液、体液或排泄物等污染,则应随时更换。

第六节　急诊科突发事件的应急预案

急诊科突发事件的应急预案见图5-3。

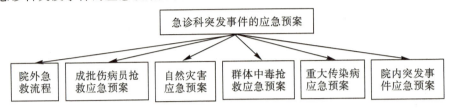

图5-3　急诊科突发事件的应急预案

一、院外急救流程

(一) 具体流程

院外急救的具体流程见图5-4。

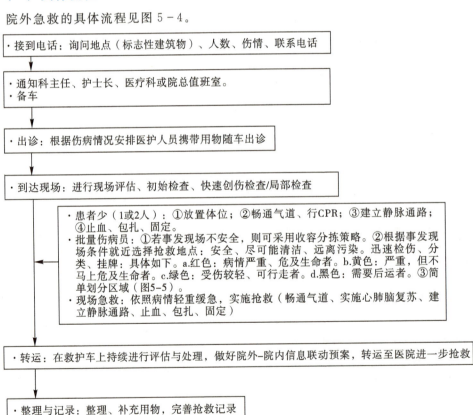

图5-4　院外急救的具体流程

(二) 院外急救区域划分

院外急救区域划分见图5-5。

第五章 规章制度

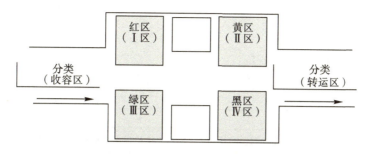

图 5-5　院外急救区域划分

二、成批伤病员抢救应急预案

成批伤病员抢救应急预案见图 5-6。

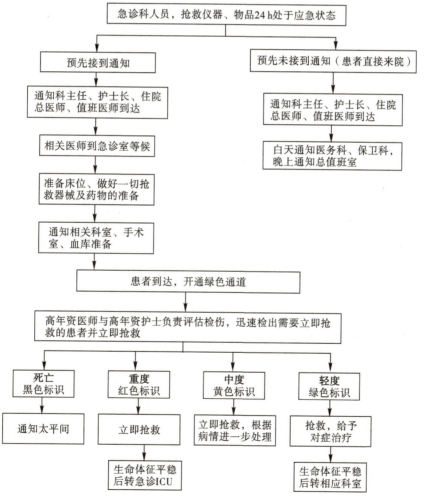

图 5-6　成批伤病员抢救应急预案

三、自然灾害应急预案

自然灾害应急预案见图 5-7。

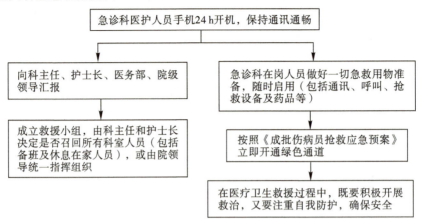

图 5-7　自然灾害应急预案

四、群体中毒抢救应急预案

群体中毒抢救应急预案见图 5-8。

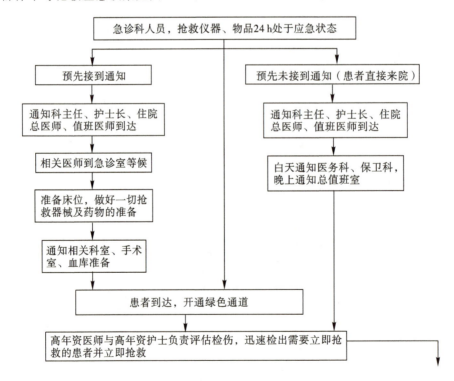

第五章 规章制度

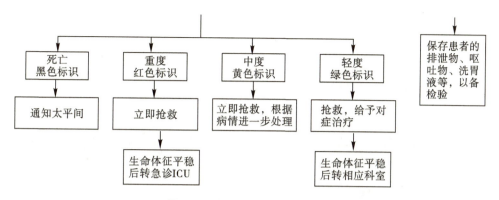

图5-8 群体中毒抢救应急预案

五、重大传染病应急预案

重大传染病应急预案见图5-9。

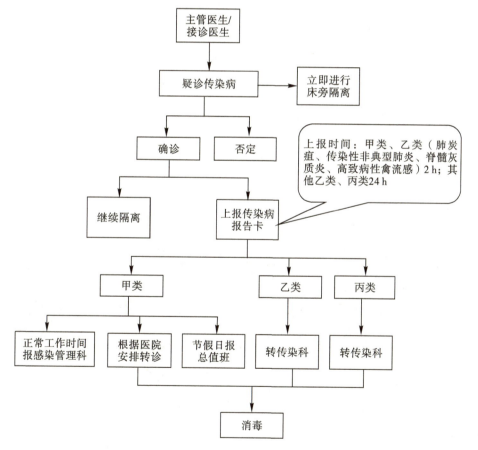

图5-9 重大传染病应急预案

六、院内突发事件应急预案

（一）急救设备突发故障应急预案

急救设备突发故障应急预案见图 5-10。

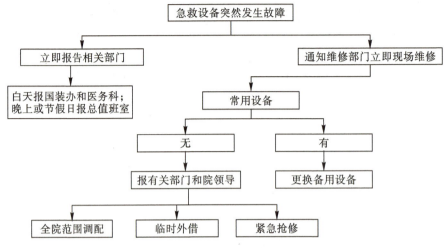

图 5-10 急救设备突发故障应急预案

（二）输血反应应急预案

输血反应应急预案见图 5-11。

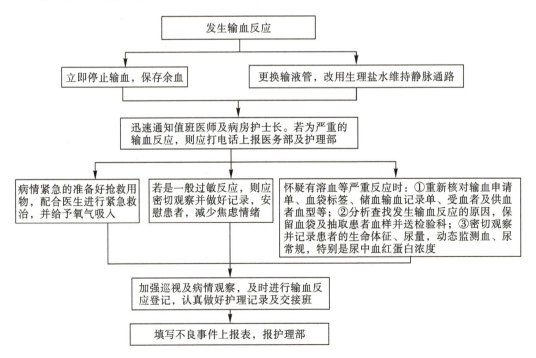

图 5-11 输血反应应急预案

(三) 输液反应应急预案

输液反应应急预案见图 5-12。

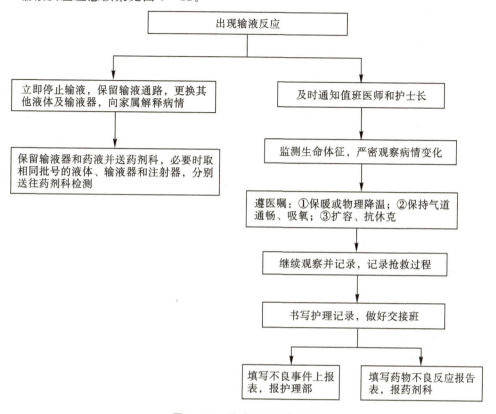

图 5-12 输液反应应急预案

参考文献

[1] CRAIG-BRANGAN K J, DAY M P. Update: AHA guidelines for CPR and emergency cardiovascular care [J]. Nursing, 2020, 50 (06): 58-61.

[2] 葛均波, 徐永健, 王辰. 内科学 [M]. 9版. 北京: 人民卫生出版社, 2018.

[3] 沈洪. 急诊与灾难医学 [M]. 3版. 北京: 人民卫生出版社, 2018.

[4] KUSUMOTO F M, SCHOENFELD M H, BARRETT C, et al. 2018 ACC/AHA/HRS guideline on the fvaluation and management of patients with bradycardia and cardiac conduction delay: a report of the american college of cardiology/american heart association task force on clinical practice guidelines and the heart rhythm society [J]. Circulation, 2019, 140 (08): e382-e482.

[5] 中国医师协会急诊医师分会. 急性循环衰竭中国急诊临床实践专家共识 [J]. 中华急诊医学杂志, 2016, 25 (02): 146-152.

[6] 陈孝平, 汪建平, 赵继宗. 内科学 [M]. 9版. 北京: 人民卫生出版社, 2018.

[7] BARAN D A, GRINES C L, BAILEY S, et al. SCAI clinical expert consensus statement on the classification of cardiogenic shock [J]. Catheter Cardiovasc Interv, 2019, 94 (01): 29-37.

[8] DIEPEN V, SEAN, KATZ, et al. Contemporary management of cardiogenic shock a scientific statement from the american heart association [J]. Circulation, 2017, Oct 17; 136 (16): e232-e268.

[9] 李浪.《2019 SCAI心源性休克分类临床专家共识声明》解读 [J]. 中国循环杂志, 2019, 34 (S01): 3.

[10] 陈良, 陈玉国.《心源性休克的当代管理科学声明》解读 [J]. 实用休克杂志（中英文）, 2018, 2 (01): 3.

[11] EVANS L, RHODES A, ALHAZZANI W, et al. Surviving sepsis campaign: international guidelines for management of sepsis and septic shock 2021 [J]. Intensive Care Med, 2021, 47 (11): 1181-1247.

[12] 曹钰, 柴艳芬, 邓颖. 中国脓毒症/脓毒性休克急诊治疗指南 (2018) [J]. 临床急诊杂志, 2018, 19 (09): 567-588.

[13] 胡豫, 梅恒. 弥散性血管内凝血诊断中国专家共识（2017年版）[J]. 中华血液学杂志, 2017, 38 (05): 361-363.

[14] MCDONAGH T A, METRA M, ADAMO M, et al. 2021 ESC Guidelines for the diagnosis and treatment of acute and chronic heart failure [J]. Eur Heart J, 2021, 42 (36): 3599-3726.

[15] 中国医疗保健国际交流促进会急诊医学分会, 中华医学会急诊医学分会, 中国医

师协会急诊医师分会,等.急性心力衰竭中国急诊管理指南(2022)[J].中华急诊医学杂志,2022,31(08):1016-1041.

[16] 中华医学会,中华医学会临床药学分会,中华医学会杂志社,等.成人社区获得性肺炎基层合理用药指南[J].中华全科医师杂志,2020,19(09):783-791.

[17] 呼吸困难诊断、评估与处理的专家共识组,刘国梁,何权瀛.呼吸困难诊断、评估与处理的专家共识[J].中华内科杂志,2014,53(04):337-341.

[18] 中国医师协会急诊医师分会,中国医疗保健国际交流促进会急诊急救分会,国家卫生健康委能力建设与继续教育中心急诊学专家委员会.无创正压通气急诊临床实践专家共识(2018)[J].中国急救医学,2019,39(01):1-11.

[19] 中华医学会呼吸病学分会哮喘学组.支气管哮喘防治指南(2020年版)[J].中华结核和呼吸杂志,2020,43(12):1023-1048.

[20] 北京医师协会呼吸内科专科医师分会咯血诊治专家共识编写组.咯血诊治专家共识[J].中国呼吸与危重监护杂志,2020,19(01):1-11.

[21] 余振球,陈云.《ISH2020国际高血压实践指南》解读[J].中国乡村医药,2020,27(23):24-25.

[22] 《临床医学研究与实践》编辑部.中国急诊高血压诊疗专家共识(2017修订版)[J].临床医学研究与实践,2018,3(07):201.

[23] 游潮,刘鸣,于学忠.高血压性脑出血中国多学科诊治指南[J].中国急救医学,2020,40(08):689-702.

[24] 彭斌,吴波.中国急性缺血性脑卒中诊治指南2018[J].中华神经科杂志,2018,51(09):666-682.

[25] 中国医师协会心血管外科分会大血管外科专业委员会.急性主动脉综合征诊断与治疗规范中国专家共识(2021版)[J].中华胸心血管外科杂志,2021,37(05):257-269.

[26] 中华医学会神经病学分会神经重症协作组,中国医师协会神经内科医师分会神经重症专业委员会.难治性颅内压增高的监测与治疗中国专家共识[J].中华医学杂志,2018,98(45):3643-3652.

[27] 中国医师协会急诊医师分会,中华医学会急诊医学分会,全军急救医学专业委员会,中国急诊专科医联体,等.急性上消化道出血急诊诊治流程专家共识(2020版)[J].中华急诊医学杂志,2021,30(01):15-24.

[28] 王学峰,王康,肖波.成人全面性惊厥性癫痫持续状态治疗中国专家共识[J].国际神经病学神经外科学杂志,2018,45(01):1-4.

[29] 李晓桐,翟所迪,王强,等.《严重过敏反应急救指南》推荐意见[J].药物不良反应杂志,2019,21(02):85-91.

[30] 中华心血管病杂志编辑委员会中国生物医学工程学会心律分会中国老年学和老年医学学会心血管病专业委员会,等.晕厥诊断与治疗中国专家共识(2018)[J].中华心血管病杂志,2019(02):96-107.

[31] 中国医药教育协会眩晕专业委员会,中国医师协会急诊医师分会.眩晕急诊诊断

与治疗指南（2021 年）[J]．中华急诊医学杂志，2021，30（04）：402-406.

[32] 王杰，杨青，黄怡．肺部感染性疾病支气管肺泡灌洗病原体检测中国专家共识（2017 年版）[J]．中华结核和呼吸杂志，2017，40（08）：578-583.

[33] DEVLIN J W，SKROBIK Y，GÉLINAS C，et al．Clinical Practice Guidelines for the Prevention and Management of Pain，Agitation/Sedation，Delirium，Immobility，and Sleep Disruption in Adult Patients in the ICU [J]．Critical care medicine，2018，46（09）：e825-e873.

[34] 中华医学会重症医学分会．中国成人 ICU 镇痛和镇静治疗指南 [J]．中华危重病急救医学，2018，30（06）：497-514.

[35] 杨磊，张茂．2013 年美国 ICU 成年患者疼痛、躁动和谵妄处理指南 [J]．中华急诊医学杂志，2013，22（12）：1325-1326.

[36] 中国医师协会心血管内科医师分会心力衰竭学组，中国医师协会急诊医师分会循环与血流动力学学组，中国老年医学会心电与心功能分会．多巴胺药物临床应用中国专家共识 [J]．中华医学杂志，2021，101（20）：1503-1512.

[37] 李伦超，单凯，赵雅萍，等．2018 年欧洲肠外肠内营养学会重症营养治疗指南（摘译）[J]．临床急诊杂志，2018，19（11）：723-728.

[38] 中国医师协会急诊医师分会，国家卫生健康委能力建设与继续教育中心急诊学专家委员会，中国医疗保健国际交流促进会急诊急救分会．急性冠脉综合征急诊快速诊治指南（2019）[J]．中华急诊医学杂志，2019（04）：421-428.

[39] 中华医学会心血管病学分会，中华心血管病杂志编辑委员会．急性 ST 段抬高心肌梗死诊断和治疗指南（2019）[J]．中华心血管病杂志，2019（10）：766-783.

[40] 霍勇，葛均波，韩雅玲，等．急性冠状动脉综合征患者强化他汀治疗专家共识 [J]．中国介入心脏病学杂志，2014，22（01）：4-6.

[41] 中华医学会心血管病学分会，中华心血管病杂志编辑委员会．非 ST 段抬高急性冠状动脉综合征诊断和治疗指南（2016）[J]．中华心血管病杂志，2017，45（05）：359-376.

[42] COLLET J P，THIELE H，BARBATO E，et al．2020 ESC Guidelines for the management of acute coronary syndromes in patients presenting without persistent ST-segment elevation [J]．Eur Heart J，2021，42（19）：1908.

[43] 彭斌，吴波．中国急性缺血性脑卒中诊治指南 2018 [J]．中华神经科杂志，2018，51（09）：666-682.

[44] 中华医学会心血管病学分会肺血管病学组．急性肺栓塞诊断与治疗中国专家共识（2015）[J]．中华心血管病杂志，2016，44（03）：197-211.

[45] 姜蓉，刘锦铭．2014 欧洲心脏病学会急性肺栓塞诊断及管理指南解读 [J]．世界临床药物，2016，37（07）：446-452

[46] 柳志红，罗勤．解读 2008 ESC 急性肺栓塞诊断治疗指南——危险分层及诊断策略 [J]．山东医药，2009，49（04）：1-3.

[47] 中华医学会呼吸病学分会肺栓塞与肺血管病学组，中国医师协会呼吸医师分会肺

栓塞与肺血管病工作委员会，全国肺栓塞与肺血管病防治协作组. 肺血栓栓塞症诊治与预防指南［J］. 中华医学杂志，2018，98（14）：1060-1087.

［48］BJÖRCK M，EARNSHAW J J，ACOSTA S，et al. Editor's choice – european society for vascular surgery (ESVS) 2020 clinical practice guidelines on the management of acute limb Ischaemia［J］. Eur J Vasc Endovasc Surg，2020，59（02）：173-218.

［49］马青变，郑亚安，朱继红，等. 中国急性血栓性疾病抗栓治疗共识［J］. 中国急救医学，2019，39（06）：501-531.

［50］李世军，司全金. 2017年欧洲心脏病学会外周动脉疾病诊断与治疗指南解读［J］. 中华老年心脑血管病杂志，2018，20（06）：669-672.

［51］中华医学会外科学分会血管外科学组. 深静脉血栓形成的诊断和治疗指南（第三版）［J］. 中华血管外科杂志，2017（04）：201-208.

［52］创伤失血性休克诊治中国急诊专家共识［J］. 中华急诊医学杂志，2017，26（12）：1358-1365.

［53］李非，曹锋. 中国急性胰腺炎诊治指南（2021）［J］. 中国实用外科杂志，2021，41（07）：739-746.

［54］于学忠. 急诊医学［M］. 北京：人民卫生出版社，2015.

［55］ONNA J E，ABRAMS D，BRODIE D，et al. Management of adult patients supported with venovenous extracorporeal membrane oxygenation (VV–ECMO)：guideline from the extracorporeal life support organization (ELSO)［J］. ASAIO J. 2021；67（06）：601-610.

［56］LORUSSO R，SHEKAR K，MACLAREN G，et al. ELSO interim guidelines for venoarterial extracorporeal membrane oxygenation in adult cardiac patients［J］. ASAIO J，2021，67（08）：827-844.

［57］GUGLIN M，ZUCKER M J，BAZAN V M，et al. Venoarterial ECMO for adults：JACC scientific expert panel［J］. J Am Coll Cardiol，2019，73（06）：698-716.

［58］LEVY J H，STAUDINGER T，STEINER M E. How to manage anticoagulation during extracorporeal membrane oxygenation［J］. Intensive Care Med，2022，48（08）：1076-1079.

［59］MESSAI E，BOUGUERRA A，GUARRACINO F，et al. Low blood arterial oxygenation during venovenous extracorporeal membrane oxygenation：proposal for a rational algorithm–based management［J］. J Intensive Care Med，2016，31（08）：553-560.

［60］SINGH G，NAHIRNIAK S，ARORA R，et al. Transfusion thresholds for adult respiratory extracorporeal life support：an expert consensus document［J］. Can J Cardiol，2020，36（09）：1550-1553.

［61］LÜSEBRINK E，STREMMEL C，STARK K，et al. Update on weaning from veno–arterial extracorporeal membrane oxygenation［J］. J Clin Med，2020，9（04）：992.

[62] 金静芬,陈玉国,朱华栋,等.急诊预检分诊标准(成人部分)[J].中华急危重症护理杂志,2020,1(01):45-48.

[63] 王力红,吴安华,安友仲,等.重症监护病房医院感染预防与控制规范 WS/T 509—2016[J].中国感染控制杂志,2017,16(02):191-194.

[64] 贾会学,彭雪儿,姚希,等.《医院隔离技术规范 WS/T 311—2009》实施情况调查报告[J].中国感染控制杂志,2019,18(05):422-429.

[65] 刘玉村,李六亿,曾光,等.医务人员手卫生规范 WS/T 313—2019[J].中国感染控制杂志,2020,19(01):93-98.

致 谢

　　书本是知识传递与传承的重要载体,是先进思想和重要技术技能传播的重要媒介,书本的出版就是对这种传承和传播最重要的肯定和最重要的体现形式。本书的出版得到了西安交通大学第二附属医院急诊科杜立峰教授的慷慨资助,在此特别致谢!

　　杜立峰(1948年5月8日—2022年3月15日),男,汉族,大学本科,曾任西安交通大学第二附属医院门诊办公室主任、急诊科科长(主任)、急诊科党支部书记等。